智慧人生

庞允雄◎著

中国商业出版社

图书在版编目（CIP）数据

智慧人生 / 庞允雄著. -- 北京：中国商业出版社，2022.11
　　ISBN 978-7-5208-2298-5

Ⅰ.①智… Ⅱ.①庞… Ⅲ.①人生哲学－通俗读物 Ⅳ.①B821-49

中国版本图书馆CIP数据核字(2022)第210761号

责任编辑：管明林

中国商业出版社出版发行
（www.zgsycb.com　100053　北京广安门内报国寺1号）
总编室：010-63180647　编辑室：010-83114579
发行部：010-83120835/8286
新华书店经销
天津和萱印刷有限公司

*

710毫米×1000毫米　　16开　　22.75印张　　379千字
2022年11月第1版　　2022年11月第1次印刷
定价：69.00元

****

（如有印装质量问题可更换）

人生没有彩排
智慧直播人生

智慧直播人生

——开卷益智（代序）

人生几十年，荏苒度年华，称之津津乐道也好，不堪回首也罢，时光流逝一去不复返，岁月刻在自己身上和心上的痕迹是无法抹除的。一辈子就这样走过来了，不管辉煌还是平凡，都得一道坎一道坎地迈过去。怎么迈？迈得成功与否？一切都得由自己来实践与完成，而你的人生价值几何离不开智慧人生与否这个十分现实的话题。唯有拥有智慧的人生，才是真正成功的人生。正是：人生成功事，都在智慧中。

何谓智慧人生？智慧人生就是让自己在生活中有一双慧眼，有一颗慧心，去发现这个世界上真正有大价值的东西并身体力行，去实现人生的最大价值。人生没有彩排，每一天都是现场直播，唯有拥有一双慧眼和一颗慧心，才能洞悉人性世态，也只有洞悉人性世态，才能智慧直播人生。具体来说，一个人能够正确评价环境，能够了解自己的长处和短处，能够知道自己生活的意义，能够履行自己的责任，能够以积极的心态去解决困难，能够了解别人并与之和睦相处……这就是人生智慧的体现。智慧可以照亮人生漫长之路，智慧可以现场点拨直播人生。

教人处世之道的《菜根谭》中有三句名言：第一句"路径窄处，留一步与人行；滋味浓处，减三分让人尝"，意思是：行走在狭窄的道路上，也要记得留一点空间给别人走；遇到再美味可口的饭菜，也要记得留出三分让别人吃。第二句"恩里由来生害，故快意时须早回头，败后或反成功，故拂心处莫便"，意思是：一个人得到恩宠重用的时候，要懂得急流勇退，见好就收；遭遇失败和挫折的时候，不要灰心丧志，轻言放弃。第三句"闲中不放过，忙处有受用；静中不落空，动处有受用"，意思是：我们在空闲的时候，也不要太过放纵自己，轻易浪费宝贵的时间，要利用这段时间做些有益的事，如此在忙碌的时候，就会有受不尽的益处。这些，就是智慧的处世之道，是智慧人生最高的境界！

然而，这些智慧人生的道理，这些智慧人生的真谛，到了大多数人已经弄清楚的时候，他们往往已经用光了人生中的那些最好的时光，这不能不说是一个遗憾！

本书既是一本智慧书，系统阐述了人生成长中各个年龄段的共性特点及智慧方略，又是一本励志书，娓娓道出了人生成败辛酸及回应之道，旨在让读者早点领悟智慧人生真谛，打开心灵的宽阔视野，努力创造人生的最大价值。卡耐基说过："人生的价值，就是创造有价值的人生。正是如此，人生最值得回味的地方并不在功成名就之时。"这是一句至理名言，也是一切人生智慧的思想基础。用心品读，相信每一个人都会受益匪浅。

本书按照人生成长过程分为花季之年、弱冠之年、而立之年、不惑之年、知命之年、花甲之年六个单元（古时弱冠之年、而立之年、不惑之年专指男子，这里泛指人的一个年龄段，不是确指），当中有催人励志的智慧名言，有让人感怀的智慧故事，有发人深思的智慧通言，还有令人大悟的智慧醒言。

书中的每个年龄段的篇章内容，并不囊括该年龄段的全部事项，因为在人生成长过程中有些内容是交叉的，比如惜时、交友、成长、事业、品行、理想、识人、爱心、快乐、爱国等内容就是贯穿于人的一生的过程的，所以在本书中，篇章内容是根据人生不同年龄段的成长特点或核心事项有所侧重而设置的。同样，在每个年龄段中的"××之年的智慧大事"，也不是包括该年龄段的全部大事，而是选择与智慧有关的一些共性的人生事项作些理性的概述。基于花季之年的孩童少不更事的特点，在花季之年特增"管教篇"；鉴于花甲之年后的老人生理规律的状况，在花甲之年特设"孝养篇"。

本书除了让大家了解智慧人生的道理外，还针对人生各个年龄段所遇到的实际问题，为读者提供智慧人生的一些方法论的指导，引导读者树立科学高尚的人生观，智慧解决人生成长过程中的一些问题。

开卷益智。古今中外，卓有成效的人都曾千万次开卷，正是因为开卷读书，他们才能成名成家，成就非凡。孔子读书破万卷，编写修订了《诗》与《书》；司马迁读书破万卷，写成了《史记》，彪炳千秋；李白读书破万卷，斗酒诗百篇；鲁迅读书破万卷，成为中国现代文学的巨匠……"书籍是人类进步的阶梯。"多读书增长知识，使人聪慧，已经成为铁的事实。英国哲学家培根有句名言:"史鉴使人明智,诗歌使人巧慧,数学使人精细,博物使人深沉,伦理使人庄重。"这诸多意思,可一言以蔽之:开卷益智。

当前,我们正处于知识爆炸的时代,在新时代征途中,不管哪个年龄段的人,都要经营好自己的智慧人生,创造人生最大价值,为社会贡献自己的聪明才智,效力祖国,造福人类!

谨此为序。

人生梦画

人生如上山，十年一道坎，十岁一层天；人生如做梦，十年一梦想，一生一梦天。每个十年都有不同的经历，不同的心境；每个十年都有不同的追求，不同的态度。鱼与熊掌不可兼得，在追求的过程中就要看你的人生态度，你该取什么？该舍什么？全在你的智慧选择中。

十岁，擦干眼泪，舍弃攀比。戴上红领巾，扬起红旗一角的人生印记，喜欢听的是风铃叮当，高兴唱的是烂漫童谣，初谙世事，天真烂漫。

二十岁，学会担当，规划未来。走进花季，步入花丛，开始谈理想，风华正茂，气吞山河，满眼是五彩绚烂，满脑是彩色梦想，恨不能长出双翅，穿云破雾，遨游太空。不再计较自己的家庭出身，不再计较父母的职业，学会担当，规划未来，开始迈入成年人行列。

三十岁，成家立业，脚踏实地。三十而立，立业了，选定了奋斗的目标；成家了，对生活也有了切实的感受。一切言谈都变得那么实在，一切行为都为责任而立，精力充沛，意气风发，披荆斩棘，自立自强。正是：春华秋实而立年，风劲扬帆正当时。

四十岁，少说多做，胸有成竹。四十不惑，发展事业的岁月。背上的行囊是责任、是担当，一手拉扯着孩子，一手搀扶着老人，迈开追求的双脚。有主张，有见解，办事果断，行而不惑。不再计较别人的议论，谁爱说啥就说啥，自己想咋过就咋过。

五十岁，淡然得失，学会放下。转眼又是十年，知命之年。曾经沧海，阅人无数，见惯春风秋月，不再大惊小怪；历尽是非成败，不去抱怨世事，不去计较得失。气定神闲看人生，一切顺乎天命，尽我人意。日子要过得充实，开开心心每时每刻。

六十岁，内心宽宏，做到放手。不觉又过十年，迈进了人生的花甲之年。这时，成败已成定局。告别了繁忙的工作，远离名利，不再计较。不累就干，累了就休。心安了，放下了，淡泊了，都懂了，可以快快乐乐安享晚年了。

七十岁，愉悦内心，取悦自己。人到七十古来稀，不要生气，不要动怒，怎么开心怎么活！这个时候的你，不要太考虑家长里短，不要太忧心家庭琐事，为自己多想一点，保持乐观的情绪，学会取悦自己。

十年一道坎，你迈过了几道？人生终将成长，岁月终将老去，没有谁能阻挡得了时间的步伐，我们只能尽量做好每一个阶段的自己。

大凡有大智慧的人，有所为而有所不为，有所求而有所不求，知道什么年龄段该做什么事。人生路上，愿你拥有追逐的自信，也有放下的自如；愿你拥有接受风雨的霸气，也有承担失去的勇气！

十年一道坎，愿你智慧从容，步履轻松，越来越好，开心快活！

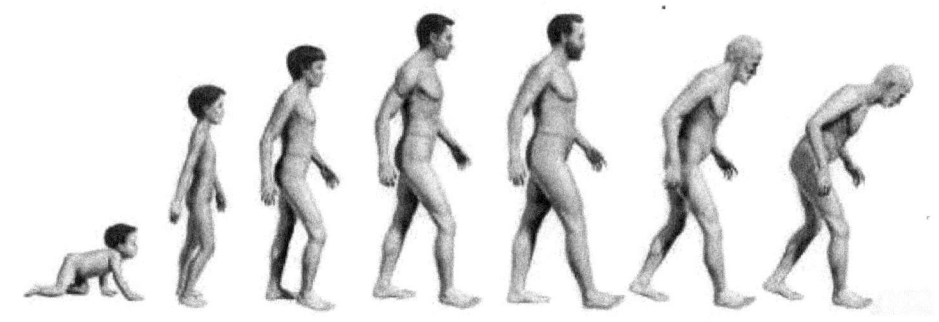

目 录

花季之年 / 1

风华正茂花季年 3

| 少智篇 | 4
智慧名言 4
智慧故事 6
智慧通言 11
智慧醒言 13

| 求学篇 |
智慧名言 15
智慧故事 18
智慧通言 24
智慧醒言 27

| 惜时篇 | 29
智慧名言 29
智慧故事 32
智慧通言 35
智慧醒言 37

| 管教篇 |　　　　　　　　　　　　　　　　　39
　　智慧名言　　　　　　　　　　　　　　　39
　　智慧故事　　　　　　　　　　　　　　　41
　　智慧通言　　　　　　　　　　　　　　　44
　　智慧醒言　　　　　　　　　　　　　　　47

花季之年的智慧大事　　　　　　　　　　51

弱冠之年 / 53

理想花开弱冠年　　　　　　　　　　　　55

| 理想篇 |　　　　　　　　　　　　　　　　56
　　智慧名言　　　　　　　　　　　　　　　56
　　智慧故事　　　　　　　　　　　　　　　58
　　智慧通言　　　　　　　　　　　　　　　63
　　智慧醒言　　　　　　　　　　　　　　　64

| 处事篇 |　　　　　　　　　　　　　　　　67
　　智慧名言　　　　　　　　　　　　　　　67
　　智慧故事　　　　　　　　　　　　　　　69
　　智慧通言　　　　　　　　　　　　　　　75
　　智慧醒言　　　　　　　　　　　　　　　77

| 交友篇 |　　　　　　　　　　　　　　　　80
　　智慧名言　　　　　　　　　　　　　　　80
　　智慧故事　　　　　　　　　　　　　　　83
　　智慧通言　　　　　　　　　　　　　　　89

智慧醒言 ································ 92

成长篇

　　智慧名言 ································ 95
　　智慧故事 ································ 98
　　智慧通言 ······························· 104
　　智慧醒言 ······························· 106

弱冠之年的智慧大事 ······················· 109

而立之年 / 111

春华秋实而立年 ··························· 113

事业篇

　　智慧名言 ······························· 114
　　智慧故事 ······························· 116
　　智慧通言 ······························· 122
　　智慧醒言 ······························· 124

品行篇

　　智慧名言 ······························· 127
　　智慧故事 ······························· 130
　　智慧通言 ······························· 134
　　智慧醒言 ······························· 136

婚恋篇

　　智慧名言 ······························· 139
　　智慧故事 ······························· 142

| 智慧通言 | 148 |
| 智慧醒言 | 151 |

| 挫折篇 | 154

智慧名言	154
智慧故事	157
智慧通言	161
智慧醒言	164

而立之年的智慧大事 … 167

不惑之年 / 171

事业有成不惑年 … 171

| 思维篇 | 172

智慧名言	172
智慧故事	174
智慧通言	180
智慧醒言	182

| 识人篇 | 188

智慧名言	188
智慧故事	190
智慧通言	195
智慧醒言	198

| 爱心篇 | 201

| 智慧名言 | 201 |

智慧故事 203
　　智慧通言 208
　　智慧醒言 211

| 感恩篇 |
　　智慧名言 213
　　智慧故事 216
　　智慧通言 221
　　智慧醒言 223

不惑之年的智慧大事 226

知命之年 / 231

阅历丰富知命年 231

| 经验篇 |
　　智慧名言 232
　　智慧故事 235
　　智慧通言 239
　　智慧醒言 241

| 仕途篇 |
　　智慧名言 244
　　智慧故事 247
　　智慧通言 252
　　智慧醒言 254

| 爱国篇 | 257
　　智慧名言 | 257
　　智慧故事 | 260
　　智慧通言 | 266
　　智慧醒言 | 268

| 快乐篇 | 271
　　智慧名言 | 271
　　智慧故事 | 274
　　智慧通言 | 278
　　智慧醒言 | 281

知命之年的智慧大事 | 288

花甲之年 / 291

成败定论花甲年 | 291

| 天伦篇 | 292
　　智慧名言 | 292
　　智慧故事 | 293
　　智慧通言 | 297
　　智慧醒言 | 298

| 传承篇 | 300
　　智慧名言 | 300
　　智慧故事 | 303
　　智慧通言 | 308

智慧醒言 ·· 309

| 养老篇 |·· 312
　　智慧名言 ·· 312
　　智慧故事 ·· 315
　　智慧通言 ·· 320
　　智慧醒言 ·· 323

| 孝养篇 |·· 326
　　智慧名言 ·· 326
　　智慧故事 ·· 329
　　智慧通言 ·· 334
　　智慧醒言 ·· 337

花甲之年的智慧大事 ·· 341

人生，是一个不断觉悟的过程 ·· 342

智慧品味人生——掩卷明慧（代跋） ·· 344

风华正茂花季年

  人自母体分离出来，到初谙世事至少要十四五年，而初谙世事并不意味着成熟，很多想法还都近似童话、过于浪漫，这是孩子与成人的交界年龄。这个年龄的孩子少不更事，基本上思想单纯，心灵纯洁，无忧无虑，活泼可爱，没有做作和虚伪，看世界都是美好的，一切都是浮动的、彩色的。这个年龄的人称为花季之年，意思是纯洁美好。

  一般认为，十六岁为花季，十七岁为雨季，花季、雨季是最美好、最活泼、最灿烂的时光……生命走到青春时节，也就是到了最灿烂的花季。过了花季就是雨季了，十七岁，事业问题、感情问题、责任感等开始在一个人的生命中出现，并逐渐被强化，这是成长的必然过程，会出现很多感情波折，就像下了一场美丽的春雨，滴答滴答的声音仿佛是调皮的雨宝宝在树叶上走路一样……

  花季之年，风华正茂，这是人生的第一个阶段。时光一去不复返，正因如此，我们要在花季之年留下美好的回忆，同时也要走好这一步，为日后的拼搏奠定基础，为人生的精彩做出努力……

少智篇

智慧名言

少年智慧

少年强则国强。

——梁启超

要是每一个孩子的诗情画意都能得到人们的欣赏鼓励,从而获得健康的成长,那么,世界将不愁成为一个富于诗情画意的世界。

——殷庆功

趁年轻少壮去探求知识吧,它将弥补由于年老而带来的亏损。智慧乃是老年的精神的养料,所以年轻时应该努力,这样年老时才不致空虚。

——达·芬奇

我们的青年是一种正在不断成长,不断上升的力量,他们的使命是根据历史的逻辑来创造新的生活方式和生活条件。

——高尔基

充满了精神的青春,是不会那么轻易消失的。

——卡洛萨

没有智慧的头脑,就像没有蜡烛的灯笼。

——列夫·托尔斯泰

青春是一种持续的陶醉,是理智的狂热。

——拉罗什富科

父亲和母亲是如同教师一样的教育者,他们不亚于教师,是富有智慧的人类创造者,因为孩子的智慧在他(她)还未降生到人间的时候,就从父母的根上伸展出来。

——苏霍姆林斯基

青年的敏感和独创精神,一经与成熟科学家丰富的知识和经验相结合,就能相得益彰。

——贝弗里奇

青年时期是豁达的时期,应该利用这个时期养成自己豁达的性格。

——罗素

敏感并不是智慧的证明,傻瓜甚至疯子有时也会格外敏感。

——普希金

科学家不是依赖于个人的思想,而是综合了几千人的智慧,所有的人想一个问题,并且每人做它的部分工作,添加到正建立起来的伟大知识大厦之中。

——卢瑟福

精明的人是精细考虑他自己利益的人;智慧的人是精细考虑他人利益的人。

——雪莱

过去的一切都是智慧的镜子。

——克·罗塞蒂

谨慎和自制是智慧的源泉。

——罗·彭斯

健康是智慧的条件,是愉快的标志。

——爱默生

坚定不移的智慧是最宝贵的东西,胜过其余的一切。

——德谟克里特

记忆力并不是智慧;但没有记忆力还成什么智慧呢?

——哈柏

得到智慧的唯一办法,就是用青春去买。

——杰克·伦敦

把所有的愚昧淘尽，会看到沉在最底下的智慧。

——贝尔纳

白发并不等于是智慧。

——米南德

打开一切科学的钥匙毫无异议的是问号，我们大部分的伟大发现应归功于"如何"，而生活的智慧大概就在于逢事都问个"为什么"。

——巴尔扎克

告诉你使我达到目标的奥秘吧，我唯一的力量就是我的坚持精神。

——巴斯德

人类一生的工作，精巧还是粗劣，都由他每个习惯所养成。

——富克兰林

立志、工作、成功，是人类活动的三大要素。

——巴斯德

一个人要帮助弱者，应当自己成为强者，而不是和他们一样变成弱者。

——罗曼·罗兰

智慧故事

王戎智慧识李

晋朝有个名叫王戎的人，自幼聪明过人，遇事沉着，善于思考。七岁那年，有一天，他和小伙伴一起出去玩耍，行走到路边时，看到了一棵李子树，树上结满了李子，枝条都被李子压弯了，黄澄澄的特别诱人。

那些和王戎一起出来玩的孩子们，看到李子树后都争先恐后地跑过去，拼命地去抢摘李子。只有王戎一人动也不动，静静地站在路旁，一边思考一边看着他们抢摘李子。

这时，有一个大人走了过来，见此情形，好奇地问王戎："小朋友，你为什么没有过去摘李子？"王戎若有所思地回答说："你看，这是一棵长在路边的李子树，上面居然还有这么多的李子，所以这棵树上结出的一定是苦李子。"那个大人听后半信半疑，于是上前摘了一个，一尝，果然都是苦李子。这时，只见之前去抢摘李子的孩子们也纷纷扔掉了刚刚摘下来的苦李子，一同垂头丧气地回来了。

【感悟】七岁小王戎，思考出智慧。这个故事告诉我们：做事情要仔细观察，善于思考，根据有关现象进行推理判断，不能盲目追随他人，因为人只有遇事沉稳、冷静思考才会产生智慧，做出明智的选择。

曹冲巧称象

三国时期，曹操有个儿子叫曹冲，他在小的时候就头脑灵活，非常聪明。

一次，吴国孙权给曹操送来一头大象，曹操十分高兴。大象运回来那天，曹操带领文武百官和曹冲一同去观看。

见大象又高又大，曹操对大家说："这只大象真是高大，可是它到底有多重呢？你们谁有办法称一称它吗？"这么大个家伙，可怎么称呢？大臣们都在议论纷纷。

这时，有一个人站出来说："我们只有造一杆很大的秤才能称这头大象。"有人当即反驳，说："这可要造多大一杆秤呀！再说，大象是会动的，即使有了大秤也没办法称它呀！"

于是，大臣们又想了很多办法，但都行不通。

这时，从人群里走出来一个小孩，对曹操说："父亲，我有办法可以称大象。"

曹操一看，正是他最心爱的儿子曹冲，就笑着说："你小小年纪，有什么办法但说无妨，我看看有没有道理。"

曹冲立即趴在曹操耳边，轻声地把办法讲了出来。曹操听完高兴得连连叫好，马上吩咐左右立刻准备称象，然后对大臣们说："走！我们到河边看称象去！"

大臣们听了，不明所以，只好跟随曹操来到河边。这时，只见河里停着一只大船，曹冲正叫人把大象牵到船上。等船身稳定了，曹冲在船舷上齐水面的地方刻了一条线，然后叫人把大象牵到岸上去，接着把大大小小的石头一块一块地往船上装。随着石头越来越多，船身一点儿一点儿往下沉，等到船身沉到刚才刻的那条线和水面一样齐时，曹冲便叫人停止装石头。

大臣们睁大了眼睛，起先还摸不清是怎么回事，看到这里不由得连声称赞："真是好办法！好办法！"原来，只要把船里的石头称一下，把重量加起来就知道大象有多重了。

曹操很高兴，他眯起眼睛看着儿子，又得意扬扬地望望大臣们，好像心里在说："你们还不如我的这个小儿子聪明呢！"

此后，"曹冲称象"的故事传遍大江南北。

【感悟】"曹冲称象"是少智过人的典型事例。实际上，聪明的曹冲所用的方法是"等量替换法"。用许多石头代替大象，在船舷上刻划记号，让大象与石头产生等量的效果，再一次一次称出石头的重量，使"大"转化为"小"，分而治之，这一难题就得到圆满的解决了。

"等量替换法"是一种常用的科学思维方法。这里再讲一个爱迪生的小故事。美国大发明家爱迪生有一位数学基础相当好的助手叫阿普顿，有一次，爱迪生把一只电灯泡的玻璃壳交给阿普顿，让他计算一下灯泡的容积。阿普顿看着梨形的灯泡壳，在思索了好久之后，画出了灯泡壳的剖视图、立体图，画出了一条条复杂的曲线，测量了一个个数据，列出了一道道算式，经过几个小时的紧张计算，还未得出结果。爱迪生看后很不满意，就自己上手做，只见爱迪生往灯泡壳里装满水，再把水倒进量杯，不到一分钟就把灯泡的容积"算"出来了。这里，爱迪生用倒入量杯里的水的体积代替灯泡壳的容积，用的也就是上面说的"等量替换法"。

司马光智砸缸

宋朝时,有一个聪明的孩子叫司马光,他自小喜欢读书,七岁时就能够像大人一样诵读《左氏春秋》,受到很多人的称赞。

一天,司马光和小伙伴们在院子里玩捉迷藏,正当大家玩得开心的时候,意外发生了,躲在假山后的一个小伙伴不小心掉进了假山下面的一口装满了水的大缸里,如果不及时将他从水缸里救出来,恐怕这个孩子就要溺水身亡了。

情况十分危急,小伙伴们都被吓傻了,个个边哭边喊。这时,司马光在非常冷静地思考了一番后,立即从附近搬来一块大石头,向着水缸砸去。只听"哗啦"一声,水缸被砸出一个大窟窿,里面的水流了出来,掉进水缸的孩子也因此得救了。

小伙伴们破涕为笑,纷纷称赞司马光的智慧和勇敢!

【感悟】这个故事告诉我们:遇事要沉着冷静、镇定自若、变换角度、多方位思考,这样才能想出较为有效的解决方案。遇事不能慌张,要敢于突破常规,用创新思维来解决问题。

小和尚智摘苹果

很久以前,山上有座庙,庙里有一位老和尚天天带着虔诚的弟子们吃斋念经。

一天早上,老和尚吃完斋后,把弟子们叫到身边,吩咐他们每人去南山打一担柴回来。于是,弟子们匆匆向南山出发了。

当弟子们走到离南山不远的河边时,暴风雨突然来了,洪水从山上奔泻而下,小河瞬间涨满了水。眼看不能渡河打柴了,弟子们望河兴叹,纷纷无功而返。

唯独一个小和尚不同,他不断地看向四周,当看到河边有一棵苹果树时,他高兴极了，立即跑过去摘下一个苹果，然后才跟着其他和尚回去。见到师父，他从怀中掏出这个苹果，递给师父说："因为暴风雨到来，我们过不了河，打不了柴。但我看见河边有棵苹果树，就顺手摘了一个苹果回来。"

老和尚听后，满意地伸出了大拇指！后来，这位小和尚便成了老和尚的衣钵传人。

【感悟】世上有走不完的路，也有过不了的河，遇到过不了的河掉头而回也是一种智慧，但真正的智慧是还要在河边做一件事情：放飞思想的风筝，摘下一个苹果。历览古今，抱定这样一种生活信念的人，最终会实现人生的突围和超越。

高斯的5050故事

德国数学家高斯，小时候就聪明好学，勤于思考，特别在数学方面天资过人。

高斯小时候家里很穷，冬天，家里人为了节省灯油，早早就上床睡觉了，可是小高斯很喜欢看书，他把一棵芜菁（像萝卜的一种植物）的中心挖空，塞进棉布卷当灯芯，再淋上灯油点亮，一直到看书累了才钻入被窝睡觉。

据说，在高斯三岁的时候，他就已经学会计算了。有一天，父亲在计算工人们的工资时左计右算，费了好大劲才把数算出来。可是当小高斯听到父亲念出钱数时，却突然大声地说："爸爸！你算错了，钱应该是这个数。"父亲听后只好再算一次，果然发现小高斯讲的数字是正确的。

高斯的数学故事有很多，其中最广为流传的是"5050"这个故事。在高斯上中学时，一天，老师给同学们出了一道数学题：$1+2+3+\cdots+97+98+99+100=$？同学们算了很长时间都没有算出答案来，但高斯只用了一两分钟就算出了答案。他计算的方法是：把1、2、3…分别和100、99、98…结对子相加，就得到50个101，最后轻而易举地算出从1加到100的和是5050。

当高斯把答案告诉老师时，老师大吃一惊，感叹地说："这么难的一道数学题，居然被一位中学生用如此巧妙的方法计算出来了，真是了不起啊！"

关于高斯的数学成就，有一个比喻说得非常好：如果我们把18世纪的数学家想象为一系列的高山峻岭，那么最后一个令人肃然起敬的巅峰就是高斯；如果把19世纪的数学家想象为一条条江河，那么其源头就是高斯。

【感悟】这是一个真实的故事，又是一个耐人寻味的故事。如果高斯知道此题在当时是多么的难解，他还会去如此"劳神"吗？恐怕光是听听就被吓退了，更别提会想到这么新颖的解法。一件事，如果在一个人的意识中被认为"不可能"，在行动上自然不会去做，"结果"也就真的"不可能"。理论是行动的指南，有什么样的理念，自然会产生什么样的行为，也就会产生什么样的结果。

智慧通言

少年智力烂漫时

青少年是人生中最纯洁、最可爱的阶段，如潺潺溪水清澈见底，纤巧可爱。但由于他们体力、智力尚低，在这天真烂漫时期，大人必须精心呵护、严加管教，使其智力正常发展。

智力是一种偏于认识方面的能力。智力的主要成分是观察力、注意力、记忆力、思维力和想象力，其中思维力是智力的核心部分。

心理学家奥托指出：一个人所开发出来的智力，只占他全部智力的4%。也就是说，人类还有96%的智力尚未开发出来。对于处在天真烂漫阶段的青少年来说，如何开启他们的智慧之窗，激发他们潜藏的巨大智力，是青少年教育刻不容缓的课题。

青少年智力的发展，受到遗传因素、环境因素和教育因素交互作用的影响。遗传因素对于智力发展来说，只是提供了可能性，要把这种可能性变为现实性，还有赖于环境因素和教育因素，它们对青少年智力的开发起到了决定性的作用。

家庭是子女的第一个学校，父母是子女的第一任老师。家庭教育是一切教育的基础，在青少年的成长中有着极其重要的意义。如果父母能够端正教育思想，优化教育方法，对青少年的智力发展将起到积极的作用，反之将阻碍青少年的智力发展。因此，家庭在促进青少年智力开发的过程中，除了在改善青少年营养、充分发掘智力潜能、运用多种形式进行早期智力开发之外，还要为青少年创造智力发展的良好的心理条件。

培养孩子广泛而浓厚的学习兴趣。学习兴趣是促使青少年学习的强大动力，家长要配合学校努力培养青少年对各方面的兴趣，因为智力发展是离不开各种社会信息的广泛输入的。兴趣广泛，社会信息输入量多，智力发展就迅速而完善；兴趣单一，社会信息输入量少，智力发展就会显得缓慢并且片面。

有意识地让孩子发展内部言语能力。内部言语是一种自问自答或不出声的言语活动，其特点是隐蔽性和简略性。内部言语是言语的一种形式，是和逻辑思维、独立思考、自觉行动有更多联系的一种高级的言语形态。没有内部言语的支撑，思维是很难进行的。家长在教育青少年时，应该鼓励他们对问题进行独立思考，并经常提一些具有启发性的问题，有意识地指导他们去思考问题，以促进青少年内部言语的发展。

教育孩子从小形成良好的性格特征。良好的性格特征可以促进智力的发展，不良的性格特征则会阻碍智力的发展。而良好的性格特征是需要从小就进行培养的，家长应该通过各种途径，采取各种方法加强青少年良好性格的培养。例如，可以通过充分发挥环境因素和榜样的潜移默化的作用，充分发挥集体和舆论的力量，积极鼓励和帮助青少年进行自我教育，正确组织和安排青少年的各种活动等，努力形成青少年良好的性格，促进青少年智力的开发和发展。

着力开启孩子智慧宝库之门。在我们中华民族的历史上，涌现出了许许多多的智慧青少年。他们为了中华民族的兴旺和强盛，进行了不屈不挠的奋斗与拼搏。这些青少年的精彩智慧故事，浓缩了深刻的人生哲理，蕴藏着丰富的生活智慧，犹如一丝丝火苗，点亮心灵睿智之灯；又如一把金钥匙，开启智慧宝库之门。家长要学会让青少年在浓郁的学习氛围中学到生活哲理，汲取人生智慧，更好地认识社会、生活及人际关系的本质，从而早日成为有胆识、有智慧的有用之才。

智慧醒言

少年张狂须有度

古话说:"少年自有少年狂,心似骄阳万丈光。"说的是少年时意气风发如春日初生,刚一露头欲显照破山河的豪迈气概,在这狂傲背后,是少年独有的敏锐与倔强,是永不服输的信念。

少年因才华而狂,因梦想而狂,因责任而狂,勤学习,有担当,应该加以适当鼓励。但是少年涉世未深,缺乏经验,容易犯急躁的毛病。因此,我们提倡少年张狂须有度,做事要谨言慎行,不可轻浮,避免因为冲动而犯错误,走弯路。

大凡智慧的人都懂得,绷得太紧的弦会断,适度则为利,过度则为害。适度,不是中庸,而是智慧的生活态度。适度的人生最美!智慧的少年张狂须有度,要在保持身上的天真与可爱,留住活力与童真的同时,做到张狂有度,办事稳重,不可轻浮。也就是说,该显的时候要显,该藏的时候要藏。这才是新时代少年郎应具有的涵养与节操。

"张狂有度"的第一层含义,是要求年轻人遇事要镇定,尤其是在紧急关头。

年少的司马光,不一定比同龄人有更多的经验,只是他在大家都慌了神的时候,保持了年轻人少有的冷静与理智,镇定自若地想出砸缸救友的好主意。如果他像其他伙伴一样,很可能就会因为慌不择法而耽误了救人的时机,害了朋友。

因此,遇事冷静,是一个非常重要的心理素质,如果少年郎拥有这样的品质,可以在一定程度上弥补生活经验不足带来的影响。

年轻人往往有着很多的理想和欲望,俗称"心太急"。

"张狂有度"的第二层含义,是希望年轻人要耐住性子,一步一个脚印往前走。

曾国藩年轻的时候,资质很平庸,他23岁才考中秀才,与他同时代的左宗棠，20岁时已经高中举人。而且，他早年的仕途和财运也并不十分顺畅，直到33岁还在京城租房子住，可以说是"大器晚成"了。

如果换作一些急躁的年轻人，可能连秀才都没考上就放弃了，转寻其他看似"快捷"的生存之道了。但是，曾国藩的心态却稳如磐石，并没有因为自己的"晚成"而自暴自弃，他一直坚持不懈，稳稳地向着心中的目标进发，无论路上遇到多少荆棘都勇敢应对，最终成为一代名臣，是传统文人的典范。

在我们的现实生活中，凡是性情稳重的智慧年轻人，人生之路往往走得更稳重、更从容、更成功，这样的案例不胜枚举。所以，张狂有度，稳重行事，是花季时期少年郎必须牢记的智慧醒言。

求学篇

智慧名言

求学智慧

优秀的书籍像一个智慧善良的长者,搀扶我一步步向前走,并且逐渐懂得了世界。

——秦牧

读书是至乐的事。

——林语堂

学而不思则罔,思而不学则殆。

——《论语》

吾昔与尔辈,读书常闭门。

——孟浩然

枕上从妨一夜睡,灯前读尽十年诗。

——白居易

富贵必从勤苦得,男儿须读五车书。

——杜甫

诗书勤乃有,不勤腹空虚。

——韩愈

束发方读书,谋身苦不早。

——李贺

身病多思虑,亦读神农经。

——张籍

数间茅屋闲临水,一盏秋灯夜读书。

——刘禹锡

故山归梦喜,先入读书堂。

——李商隐

微雨秋栽竹,孤灯夜读书。

——杜牧

读书不觉已春深,一寸光阴一寸金。

——王贞白

粗缯大布裹生涯,腹有诗书气自华。

——苏轼

爱客渐能陪痛饮,读书无思懒开编。

——苏辙

昨日邻家乞新火,晓窗分与读书灯。

——王禹偁

出门莫恨无人随,书中车马多如簇。

——赵恒

读书有三到,谓心到、眼到、口到。

——朱熹

古人学问无遗力,少壮工夫老始成。

——陆游

读书当努力,写字莫糊涂。

——王冕

青年是学习智慧的时期,中年是付诸实践的时期。

——卢梭

理想的书籍是智慧的钥匙。

——列夫·托尔斯泰

人的智慧掌握着三把钥匙，一把开启数字，一把开启字母，一把开启音符。知识、思想、幻想就在其中。

——雨果

书籍乃世人积累智慧之长明灯。

——寇第斯

书籍是培植智慧的工具。

——夸美纽斯

无知会使智慧因缺乏食粮而萎缩。

——爱尔维修

读书对于智慧，就像体操对于身体一样。

——爱迪生

书籍是最好的朋友。当生活中遇到任何困难的时候，你都可以向它求助，它永远不会背弃你。

——都德

书籍是全世界的营养品。生活里没有书籍，就好像没有阳光；智慧里没有书籍，就好像鸟儿没有翅膀。

——莎士比亚

书籍一面启示我的智慧和心灵，一面帮助我在一片烂泥塘里站了起来，如果不是书籍的话，我就沉没在这片泥塘里，我就要被愚蠢和下流淹死。

——高尔基

学问是光明，愚昧是黑暗。念书吧！

——契诃夫

没有书籍的屋子，就像没有灵魂的躯体。

——西塞罗

读书补天然之不足，经验又补读书之不足。

——培根

读书是最好的学习。追随伟大人物的思想，是最富有趣味的一门科学。

——普希金

笔墨是智慧的犁铧。

——约翰·克拉克

智慧故事

悬梁刺股

东汉时期有个人叫孙敬,年少好学,博闻强记,而且视书如命,晚上看书学习常常通宵达旦,邻里都称呼他为"闭户先生"。

孙敬读书时常常废寝忘食,一看就看到后半夜,看书时间长了,特别是到了三更半夜的时候就很容易打瞌睡,怎么办呢?有一天,孙敬在抬头苦思的时候,目光不经意间停留在房梁上,顿时想到了一个好办法。他找来一根绳子,把绳子的一头拴在房梁上,另一头系在自己的头发上,这样,每当他想打瞌睡的时候,只要头一低,绳子就会猛地拽一下他的头发,一疼他就会惊醒,从而赶走睡意。从这以后,孙敬每天晚上都用这个方法发愤苦读。

经过年复一年的刻苦学习,孙敬饱读诗书,博学多才,最终成为一名通晓古今的大学问家,在当时颇有名气。

这就是孙敬"悬梁"的故事。

战国时期有一个人叫苏秦,自幼家境贫寒,连书都读不起。为了维持生计,他不得不时常帮别人打短工,后来又背井离乡到了齐国拜师学艺。年轻时的苏秦由于读书不多,到很多地方做事都不受重视,回家后家人对他也很冷淡,瞧不起他,这对他的打击很大。有段时间,他关起房门,自己作了深刻的反省:在外做事不受欢迎,回到家里又不受待见,都是因为自己之前不争气,没有好好学习。于是,苏秦暗下决心,发愤读书,立志成为一个对社会有用的人才。

由于常常读书到深夜,苏秦太疲倦的时候就会打瞌睡。有一天,读着读着,实在困了,苏秦便不由自主地扑倒在了书案上,但他一瞬间猛然惊醒——手臂被什么东西刺了一下,仔细一看,原来是书案上放着一把锥子。他马上想出了制止打瞌睡的办法:锥刺股(大腿)!

之后,每当在读书想打瞌睡时,苏秦就用锥子扎一下自己的大腿,让自己突然"疼醒",再继续读书。他的大腿也因此常常是血迹斑斑,目不忍睹。

经过"血淋淋"的一年时间,苏秦已经很有学问了。他又开始出去闯荡,这一次终于事业有成,开启了自己辉煌的政治生涯。

这就是苏秦"刺股"的故事。

后人将这两个故事合成了成语"悬梁刺股",借以形容刻苦学习的精神。流传很广,家喻户晓。

【感悟】"悬梁刺股"的故事给我们的启示是:只要付出时间和精力,肯下功夫,就会有收获。勤奋好学是古人极力赞美的一种学习态度,在今天,勤奋好学更是青少年走向成功的保证。虽然"悬梁刺股"的学习方法已经丧失必要性,但这种勤奋好学的精神永远值得我们学习。

求学见智

"邴原泣学"的故事:

邴原是三国时期魏国人,很小的时候就失去了父亲,家里很贫穷,无法供他上学。

一天,邴原途经私塾,听见书房传来琅琅的读书声。这阵阵读书声犹如磁石一样,使邴原不由自主地停下脚步,鼻子一酸,他忍不住就开始哭了起来。

私塾的老师听到哭声,上前问道:"孩子,你为什么哭呢?"邴原擦了擦眼泪,抽泣地回答说:"我看到凡是能够读书的人都是一些有父母的孩子,对于这些孩子,我第一羡慕他们有父母,第二羡慕他们能够上学。想到这些,我内心感到十分悲伤,所以就忍不住哭了。"私塾的老师听了邴原的话,怜悯地说:"孩子,你想要读书,就来读吧!"邴原望了望老师,说:"可我没有钱交学费呢。"私塾的老师对他说:"如果你真想读书,我可以做你的老师教你,不收你的学费就是了。"邴原听后高兴极了,破涕为笑,连声感谢!

邴原读书非常认真,仅仅一个冬天,他就把《孝经》和《论语》背得滚瓜烂熟,让老师赞叹不已。

此后,"邴原泣学"的故事广为流传。

"孙权劝学"的故事：

吕蒙是三国时期的吴国大将，他曾多次立下大功，却偏偏不爱读书。

起初，吴王孙权对吕蒙说："你现在身居要职，掌握重权，要进一步去学习，提高办事能力呀！"可吕蒙听后却不以为然，还以军营事务繁多为理由加以推辞。孙权不解，想了想后，又进而劝说道："你说有很多军务要处理，怎么能比得上我事务多呢！我都能常常读书，且从书中获得了很大的收益。"吕蒙听后，找不到借口了，于是开始用心读书。

在读书中，吕蒙发现书里有许多他过去不知道的事，比如孙膑用"减灶计"诱使庞涓轻敌最后打败庞涓的故事就让他大开眼界。于是，他在军务繁忙之余，如饥似渴地阅读兵法和史书，几年后，军事才能大有长进。

一次，鲁肃路过寻阳，与吕蒙论说天下大事。鲁肃听到吕蒙的见解后非常吃惊地说："你如今的才干谋略，已不再是过去的东吴吕蒙可相比的了！"吕蒙听后说："对于有志之士，分别了三日后，就应当擦亮眼睛重新看待他的才能，先生不能用老眼光看问题呀！"鲁肃听后，深为吕蒙的长进而高兴，于是，他拜见吕蒙的母亲，并和吕蒙结为了亲密的朋友。

孙权看到吕蒙认真读书才干增长后也大为高兴，就让他担任大都督，统领吴国兵马。

此后，"孙权劝学"的故事传为佳话。

【感悟】在"邴原泣学"和"孙权劝学"这两个故事中，邴原和吕蒙在学习方面其实是"殊途同归"，虽然两人求学的背景不同，却同是"求学见智"的典范。

"邴原泣学"：生活在贫困家庭的邴原，从小就对读书有着浓厚的兴趣，他对知识的渴求感动了善良的私塾先生，最终凭着自己的刻苦努力在学习上取得了巨大的成就。对于青少年来说，应该向邴原学习贫不丧志、立志求学的精神，珍惜当前良好的学习环境，更加勤奋、更加用心地学习，争取以优异的成绩来回报亲人。当然，私塾先生免收邴原的学费，为下一代无私奉献的精神也值得我们尊敬。

"孙权劝学"：通过孙权劝告吕蒙读书，吕蒙读书后大有长进的故事，告诉我们不能因为事情繁忙就放弃学习，坚持读书很有益处，只要我们发愤学习，就能积学修业，学有所成。同时，我们不能以一成不变的眼光看待他人，要以开放和发展的眼光去看待人和事。

平心而论，不论什么时候，学习都是不可缺少的。古人说过：生下来就知道的人，是上等人；学习之后知道的人，是次一等的人；经历困苦才学习的人，又次一等；经历了困苦还不知道学习的人，就是最下等的人。当前，青少年面临的大环境整体上很内卷，所以，更要通过不断的学习来丰富自己的知识，增长自己的才干，为今后的就业谋生做好充分的准备。

凿壁偷光

西汉时期，有个贫苦农民家的孩子叫匡衡，他小时候很想读书，可是因为家里穷，没有钱供他上学。后来，他跟一个亲戚学认字，这才有了看书的能力。

会看书，但没有书，怎么办？匡衡常为此而犯愁。他心里想：买不起书，那就借书来读吧。但那个时候，书是非常贵重的，有书的人不肯轻易把书借给别人。匡衡同乡中有个大户人家，家中很富有，又有很多书，匡衡就到他家去做雇工，不要报酬。主人对这件事感到很奇怪，问他为什么这样，他说："我只希望能诵读你家的书。"主人听了，深为感叹，就把书借给他读。

过了几年，匡衡长大了，成了家里的主要劳动力。他一天到晚在地里干活，只有中午歇晌的时候，才有工夫看一点书，所以一卷书常常要十天半月才能读完。匡衡很着急，心里想：白天种庄稼，没有时间看书，我可以多利用晚上的时间来看书。可是匡衡家里很穷，买不起灯油，怎么办呢？

有一天晚上，匡衡躺在床上背诵白天读过的书。背着背着，突然看到东边的墙壁上透过来一线亮光。他霍地站起来，走到墙壁边一看，原来从壁缝里透过来的是邻居家的灯光。于是，匡衡想了一个办法：他拿了一把小刀，把墙缝挖大了一些。这样，透过来的光亮也大了，他就利用这透进来的灯光，刻苦地读起书来。

匡衡认真学习，勤俭节约，后来成了一个很有学问的人。

这就是成语"凿壁偷光"的典故来源，意思是指西汉匡衡凿穿墙壁引邻舍之烛光读书，后用来形容家贫而读书刻苦。

【感悟】这篇故事写了凿壁偷光的主人公匡衡少年时读书的一件事。赞扬了匡衡勇于战胜困难的决心和勤奋读书的精神,为我们树立刻苦读书的好榜样。我们要学习匡衡凿壁偷光的精神,学习他不怕艰难、刻苦学习的恒心与毅力。

囊萤夜读

晋朝有个人叫车胤,他从小立志苦读,广泛涉猎知识。可他家境贫寒,白天要耕田,夜里又因为没有油灯而无法读书。

一个夏天的夜晚,车胤正在院子里背一篇文章,忽然看见许多萤火虫,像小灯一样在低空中飞舞,一闪一闪的光点在黑夜里显得十分耀眼。他想,如果把许多萤火虫集中在一起,不就成了一盏灯了吗?于是,他就用白绢做成透光的袋子,随即抓了几十只萤火虫放进袋子里,再扎住袋口,把它吊起来。这样,他就借着萤火虫那微弱的亮光照着书本,夜以继日地勤奋读书。

车胤学习不知疲倦,时间长了,他学识渊博了,终于成了一个很有学问的人。后来,蒋防都著的《萤光照字赋》,讲的就是车胤囊萤夜读之事。

【感悟】晋朝一代名臣车胤,小时候家里的条件并不好,甚至连灯油都买不起,但他为了读书学习,并不气馁,用装了几十只萤火虫的"灯"勤奋读书,最后终于成为一个有学问的人。古人在如此艰苦的环境中尚且好学不厌,现在党和政府为我们提供了一个如此良好的学习环境,对于青少年来说,就更应该努力学习,奋发向上,不要浪费了求知求学的好时光。

身残志坚 奋发苦读

明朝学者唐汝洵,小时候是个既聪明又可爱的孩子。三岁时,他哥哥就教他认识了好几百个字,读了好几本书。

可是,唐汝洵五岁那年,一场疾病使他成了盲人,他再也看不到外面的美丽风景，再也看不到洋溢在伙伴们脸上的笑容，再也看不到自己的亲人了。

起初，唐汝洵非常痛苦。过了一些日子，他安定下来，心想：只要我勤奋努力，即使两眼看不见我也照样能学习。于是，每逢哥哥读书的时候，他就坐在旁边用心地听，把听到的文章和诗一字一句地记在心里。此外，唐汝洵还想了些别的办法来加强记忆，他依照古人结绳记事的办法，在绳子上打各种各样的结来代表诗句，他还用刀子在木板或者竹片上刻出各种各样的刀痕来代表文字，哥哥不在家的时候，他就摸着这些绳结和刀痕，大声地朗读。用这些办法，唐汝洵读了不少书，记住了不少诗。后来，他就学着作诗，因为诗歌中所描绘的意境，他不用眼睛也能体味到。作诗的时候，要是有人在身边，他就念出来，请人帮他写在纸上；要是没有人帮他写，他就用结绳和刻刀痕的办法把诗记下来，然后再请人写到纸上。用这样的办法唐汝洵作了1000多首诗，成为明朝著名的学者和诗人。

无独有偶，英国著名物理学家和宇宙学家霍金也经历过疾病的痛苦。他得了一种罕见的病——肌肉萎缩性侧索硬化症，全身瘫痪，不能发音，最后全身上下只有眼珠会转动，连吃饭都必须有人喂。

面对疾病，霍金不放弃一丝希望。他无法用手写字，看书必须依赖于一种翻书的机器，读文献时必须让人将每一页摊平在一张大办公桌上，然后他驱动轮椅如蚕吃桑叶般地逐页阅读。他顽强地坚持学习和研究，最后终于成了继牛顿和爱因斯坦之后杰出的物理学家之一，被世人誉为"宇宙之王"。

【感悟】唐汝洵和霍金都没有埋怨命运的不公，更没有生活在别人同情的怀抱里，而是用不屈的精神和坚强的斗志去激励和感召他人，使自己弱小残缺的身躯显得高大、伟岸。一个健康的人要获得如此成就，尚且要付出很大的努力，而一个历经坎坷的残疾人都能如此面对生活，热爱学习，我们正常人不更应该热爱生活，酷爱读书吗？

咀嚼苹果的味道

一天，学校老师正在给学生讲少年智慧的故事。讲完故事后，老师留出15分钟时间让学生提出问题，老师现场回答，以增强互动气氛，提升教学效果。

此时，只见一个学生举手提问："老师，我们怎样做才能够学会您刚才所讲的青少年智慧呢？"

老师听后笑了笑，并不直接回答，而是从桌上拿起了一个苹果，放到嘴边，大大地咬了一口。老师望着他的学生，口中不断咀嚼着苹果，不发一言。

过了好一会儿，老师才又张开嘴，将口中已经嚼烂的苹果，吐在手掌当中。

老师伸出手，将已嚼烂的苹果拿到学生的面前，然后对着他的学生说："来，把这些吃下去！"

学生惊惶地说："老师，这怎么能吃呢？"

老师又笑了笑，意味深长地说："我咀嚼过的苹果，你当然知道不能吃；但为什么又想要汲取我智慧的精华呢？你难道真的不懂？所有的学习，都必须经过你亲自去咀嚼，犹如咀嚼苹果一样。"

同学们听了，有的恍然大悟，也有的感到惘然……

【感悟】苹果的新鲜和甜美，是需要自己来品尝与体会的。学习的过程，就是自己体会的过程，除了你自己，没有任何人可以代劳。只有自己不断体验、反省、思考，这些知识才会成为自己的。

智慧通言

勤奋好学正当时

学习是青少年的主要任务，也是实现远大理想的桥梁。处于长知识、长身体阶段的青少年，只有勤奋好学，掌握牢固的科学文化知识，掌握探究知识的本领，才能使自己变得聪慧起来，也才能为实现远大理想做好准备。

学习是一把钥匙。在我们人生中，有许多未知的领域，而学习就如一把万能钥匙，可以为我们打开一扇扇大门，让我们看见更广袤更精彩的世界。美国女作家海伦·凯勒在出生后19个月的时候，因为一场高烧，她不仅失去了视力，还失去了听力。虽然她的世界是黑暗而又寂寞的，但是她仍坚持不懈地学习，不仅学会了读书和说话，还成为一位学识渊博、掌握五种语言的作家和教育家。海伦·凯勒用学习这把钥匙给自己打开了一个崭新的世界。

学习是一种发现。学习可以为我们拓宽视野，扩大精神的空间与容积。著名科学家牛顿说："如果说我比别人看得更远些，那是因为我站在了巨人的肩上。"牛顿之所以能够看得远，是因为他站得高，视野开阔；"井底蛙"之所以认为天地只有井口那般大，也归咎于"视野"的原因，它为井口所局限，而看不见天之广、地之大。

学习必须勤奋。勤奋，是来自内心的一种动力，没有刻苦精神是不可能有好成绩的。勤奋学习，就是在成绩面前永不满足，不断追求更进一步的指示，扩展更广泛的业外积累，不断对自己提出更高的学习目标。勤奋学习，就是能一丝不苟地面对学习中的困难，积极找出困难的原因，勇于克服，不解决困难不罢休。苏格兰散文家卡莱尔说："天才就是无止境刻苦勤奋的努力。"如果你想成为一个有用的人，你就一定要立起自己生活的目标，比如一辈子的目标，一段时间的目标，一个阶段的目标，一年的目标，一个星期的目标……一个人只有心中有了目标，他才会朝这个方向勤奋学习，努力拼搏，才能最终取得成功。

有这样一幅图画：在一片葱郁的草地上，有6匹马正在咀嚼着青草，它们个个都长得十分雄健；可有另外一匹马却躺在一片没有青草的荒地上睡着觉，瘦得是那么可怜。

这幅画告诉我们：无论我们做什么事情都不能懒惰，一定要勤奋。只有勤奋，你将来才能成为一个对国家对社会有用的人才。若像那匹瘦马一样懒惰，那么你就永远也不能成为一匹骏马良驹。

古今中外，几乎所有取得突出成就的人都有一部刻苦学习奋斗竞争的历史，可见任何成就的取得都是与勤奋学习分不开的。

我国当代数学家陈景润，在攀登数学高峰的道路上，翻阅了国内外上千本有关资料，通宵达旦地看书学习、演算研究，最后取得了震惊世界的成就，成为最接近数学王冠上的明珠"哥德巴赫猜想"的第一人。

大发明家爱迪生，为了研究出理想的白炽灯丝，进行了上千次的试验，几乎所有的金属都被他试验过了。正是凭着这种勤奋刻苦的精神，他才取得了"白炽灯"研发的成功，成为世人仰慕的发明大王。

然而，有的青少年并不真正懂得勤奋学习是怎么回事，他们总想走捷径，希望有什么秘诀来帮助他们。他们不能静下心来读书，他们总幻想着成功，坐等着明天，希望有一天从天上掉下一块馅饼来，可这又怎么可能呢？不学开车就不会开车，没有勤奋就开不了好车，这是再容易明白不过的道理。

读书就是学习，勤奋学习必须勤奋读书。一个人的理想、信念，不能产生于个人的苦思冥想中，必须建立在深厚的知识学养和人类文明的精神继承的基础上，读书就是最好的途径。读书能产生智慧和力量。

读书要思考。鲁迅提醒说："倘只看书，便变成书橱。"读书不思考，自己的脑子被别人的"马"践踏个遍，就没有自己了。因此，思考不仅是先于读书，而且是重于读书。

为学，自古艰辛，不经一番寒彻骨，怎得梅花扑鼻香？也许，青少年无法否认学习的苦，但不一定会理解甘守学习的苦才能享受学习的甜的道理。须知，勤奋苦读，让身心沐浴于书香，让灵魂接受知识的洗礼，于苦寂之中萌发领悟，于领悟之中生发喜悦，于喜悦之中咀嚼甜美，这正是学习的享受，至善至美的享受。有一位高考文科状元说过这样一句朴素的话："我家里穷，从乡下来到县城，为的就是读书，不论什么时候，对我而言，有书读就是最快乐的事情。"长期苦读换取巨大的回报，在攀登和追寻中获得自我长进，这就是最大的享受，也是一种欣慰的快乐，一种充实的快乐，这更是青少年应该做出的人生的选择。

勤奋好学正当时。青少年是人生发展最重要的时期。机不可失，时不再来，作为国家未来希望的青少年，必须珍惜美好时光，勤奋学习，锲而不舍，不断地充实自己。只要刻苦学习，立志成才，你未来的事业就一定会成功，美丽的梦想就一定能实现！

智慧醒言

莫悔老来读书迟

读书要趁早，读书要勤奋。时间一天天走掉，青少年要趁着年轻，抓紧时间，勤奋学习，养成爱好读书的良好习惯和美德，增长知识才干，莫等到老了后悔不已。

古人诗句　惊声动人

"三更灯火五更鸡，正是男儿读书时。黑发不知勤学早，白首方悔读书迟。"这是唐代颜真卿《劝学》中的诗句。意思是：每天三更半夜到鸡啼叫的时候，是男孩子们读书的最好时间。少年时只知道玩，不知道要好好学习，到老的时候才后悔自己年少时为什么不知道要勤奋学习。劝勉青少年要珍惜少壮年华，勤奋学习，从而增长知识，有所作为，否则，到老一事无成，后悔已晚。

外人读书　惊羡不已

世界上最爱读书的人是犹太人。资料显示，犹太人人均每年读书64本，读书的好习惯从娃娃就开始抓起。当孩子稍稍懂事时，几乎每一个母亲都会严肃地告诉他（她）：书里藏着的是智慧，这要比钱或钻石贵重得多，而且智慧是任何人都抢不走的。犹太人是世界上唯一一个没有文盲的民族，就连犹太人中的乞丐也是离不开书的。在犹太人眼里，爱好读书看报不仅是一种习惯，更是人所具有的一种美德。

世界上最爱读书的国家是以色列。建国历史虽短的以色列，靠着读书，已经跻身于世界发达国家的行列。以色列自然环境恶劣，国土有一半是沙漠，但以色列却把自己的国土变成了绿洲，生产的粮食不但自己吃不完，还源源不断地出口到其他国家。以色列人口稀少，但人才济济，建国才几十年，诺贝尔奖获得者就有8位。

匈牙利也是极其热爱读书的国家。它的国土面积和人口都不足中国的百分之一，却拥有近两万座图书馆，平均每500人就有一座图书馆。匈牙利也是世界上读书风气极浓的国家，常年读书的人数达500万以上，占人口的1/4还多。在匈牙利，诺贝尔奖得主就有14位，若按人口比例计算，匈牙利是当之无愧的"诺奖大国"。他们的发明也非常多，可谓数不胜数。

国人读书　惊惭不止

当今中国，读书的人还是相对校少。据中国新闻网报道，北京公布的第十九次中国国民阅读调查结果显示，2021年中国成年国民人均纸质图书阅读量为4.76本，高于2020年的4.70本。人均电子书阅读量为3.30本，高于2020年的3.29本。与韩国的人均11本、日本的84本、法国约为84本，显然有差距。而在这些书中，不知道是否包括青少年学生最钟爱的教辅书籍？是否包括那些大行其道的励志书籍、商（官）场秘籍？

寄语小生　惊呼早学

知识就是力量，知识就是财富。读书，决定着一个国家文化发展的走向；读书，是青少年成长进步的阶梯。青少年要珍惜黄金时代，坚信读书能够形成智慧和力量，带头形成人人酷爱读书的良好风气，努力奋斗，孜孜不倦，惜时如金勤读书，莫悔老来读书迟。

惜时篇

智慧名言

惜时智慧

时间,每天都是二十四小时,可是一天的时间给勤勉的人带来智慧和力量,给懒散的人只留下一片悔恨。

——鲁迅

凡是较有成就的科学工作者,毫无例外地都是利用时间的能手,也都是决心在大量时间中投入大量劳动的人。

——华罗庚

为学应须毕生力,攀登贵在少年时。

——苏步青

壮而怠则失时。

——管仲

盛年不重来,一日难再晨。及时当勉励,岁月不待人。

——陶渊明

时乎时,不再来。

——司马迁

圣人不贵尺之璧,而重寸之阴。

——刘安

年年岁岁花相似，岁岁年年人不同。

——刘希夷

少年辛苦终身事，莫向光阴惰寸功。

——杜荀鹤

少年心事当拏云，谁念幽寒坐呜呃。

——李贺

劝君莫惜金缕衣，劝君惜取少年时。有花堪折直须折，莫待无花空折枝。

——杜秋娘

少年易老学难成，一寸光阴不可轻。未觉池塘春草梦，阶前梧叶已秋声。

——朱熹

莫等闲，白了少年头，空悲切！

——岳飞

花有重开日，人无再少年。

——关汉卿

浪费时间是所有支出中最奢侈及最昂贵的。

——富兰克林

勤劳一日，可得一夜安眠；勤劳一生，可得幸福长眠。

——达·芬奇

时间是一个伟大的作者，它会给每个人写出完美的结局来。

——卓别林

你能在浪费时间中获得乐趣，就不是浪费时间。

——罗素

时间可以治愈一切创伤。

——米南德

时间是个常数，但对勤奋者来说，是个变数。

——雷巴柯夫

你没有有效地使用而放过的那点时间，是永远不能返回的。

——列夫·托尔斯泰

做大事的，眼光应当看到未来，力量需要用于现在。

——西德尼

完成工作的方法是爱惜每一分钟。

——达尔文

每时每刻都有无穷的利息；日计不足，岁计有余。

——富兰克林

只要我们能善用时间，就永远不愁时间不够用。

——歌德

胜利者往往是从坚持最后五分钟的时间中得来成功。

——牛顿

等青春轻飘的烟雾把少年的欢乐袅袅曳去，之后，我们就能取得一切值得吸取的东西。

——普希金

智慧故事

提前一分钟

小高在深圳一家快餐店送外卖,他每次给客户送餐,都遵守一个原则,按照顾客定好的时间,提前一分钟送到,从来不会迟到。

有一天突然下起大雨,路面很多地方积水,小高骑着摩托车,到目的地得经过一段非常难走的路,眼看就要迟到,于是他毅然把摩托车停在街边,拦了一辆出租车,提前到达了地点。当他手提快餐,急急忙忙地冲上楼时,大家都愣住了,谁也没有想到,这样的坏天气,他还能够提前把快餐送到。一份快餐他赚一块钱,共送了十一份快餐,扣除十块钱打车费用,这一趟他只赚了一块钱,但赢得了客户的尊敬和信任。

小高获得客户的信任,快餐店打电话订外卖的都是点小高的名字。一个外地普普通通的打工仔,是靠什么获得这么多人的信任的?小高说:"现在写字楼的白领,都是快节奏的工作,谁都不愿意多等一分钟,我应该准时让他们吃到订好的快餐。"道理就是这么简单,要守时守信用。

后来,经过多年的打拼,小高在深圳终于拥有了自己的生意,开了一家房产中介公司,公司里有一条规定:和客户洽谈必须提前一分钟到达。也正是因为提前了一分钟,让这个不起眼的小公司获得了更多的机会,拥有了大量的客户群,生意越来越兴旺。

只有遵守时间,遵守信用的人,才能赢得市场。提前一分钟,小高凭借这个最浅显的道理,打败了他的竞争对手,使他在竞争激烈的大都市里有了立足之地。如今他已是身家千万的老板,但不管是应酬还是工作,他在时间上都是提前一分钟到场。

看来,"提前一分钟",既是对小高守时守约的赞赏,也是小高经营有方的经验。

【感悟】很多时候，成功并不是非得做大事。你只要努力做好一点，哪怕只是提前一分钟，就可以走在别人前面，获取成功。

小高送餐时，珍惜客户的宝贵时间，每次提前一分钟，并且能够做到始终如一。提前一分钟的真诚，虽然微不足道，却让小高走向了成功。

爱迪生惜时如金

伟大发明家爱迪生，他从小就对很多事物感到好奇，而且喜欢亲自去试验一下，直到明白了其中的道理为止。长大以后，他就根据自己的兴趣，一心一意做研究和发明的工作。他一生共发明了电灯、电报机、留声机、电影机等总计两千余种东西，成为举世闻名的"发明大王"，对改进人类的生活方式做出了重大贡献。

爱迪生是惜时如金的典范，他珍惜着日常的每一分每一秒。

他常说："浪费，最大的浪费莫过于浪费时间了。""人生太短暂了，要多想办法，用极少的时间办更多的事情。"

有一次，爱迪生的夫人有事商议去实验室找他，看门人不便通报，夫人只好到会客室等候，这一等就足足等了3个小时，可爱迪生当天工作没有完毕，她只能回家去了。

原来爱迪生每天走进实验室，便似进入了"忘我"状态，珍惜每一分每一秒努力地工作，就算夫人来了也只能等。

【感悟】一个伟大的科学家、发明家，发明出了电灯的成功人士，本可每天吃喝玩乐，肆意浪费时间，尽享眼前的荣华富贵，但是爱迪生却没有丝毫的懈怠，而是继续珍惜每一天每一分每一秒，努力进取，去收获更大的成功。

失去的财富可以靠勤奋重获，失去的知识可以靠学习弥补，但失去的光阴却是一去不复返，再也无法挽回。所以，我们都应该向爱迪生这样的科学家学习，惜时如金，把握今天，做好当下，去迎接美好的明天！

美景就在今天

有一只挑食的小羊,很不满意主人给它的食物,总觉得主人亏待了它,它决定要自行找东西吃。

小羊遇见两只鸡正愉快地吃着谷粒,小羊上前尝了一口,但马上吐了出来:"一点味道都没有,好难吃呀!"

不久,小羊又看到一只猫,正喝着牛奶,一只狗,则津津有味地啃着骨头,但小羊觉得那些食物一点都不好吃,它只闻了一下,简直无法忍受那种怪味道。

后来,小羊看到一只鸭子在吃蚯蚓,这对小羊而言,那真是恐怖残忍的一幕,小羊赶紧跑走。走了一大圈,所有动物吃的东西,它都觉得不合胃口,甚至还感到恶心。

小羊饥肠辘辘地回到羊圈,才发现主人为它所预备的那些草料,才是天底下最美味可口的食物,于是小羊三两口就把草料吃了个精光。

【感悟】别总以为美景必在远方,其实我们身边的东西一样可以使我们富足快乐。很多时候,我们都把最美好的希望寄托在明天、后天,其实美景就在今天,我们珍惜今天,就是珍惜明天的美景!

珍惜现在

一份新创刊的《漫画周刊》,为了尽快提升读者对刊物的热情和发行量,推出了一项"征画活动",要求应征作品以《世界的最后时刻》为题,在世界即将毁灭的最后时刻,你或你的亲人会做些什么呢?

"征画活动"推出后,《漫画周刊》收到来自世界各地的应征作品。应征者都充分发挥了自己的想象力,有的在世界的最后时刻情侣紧紧抱在一起;有的在世界的最后时刻将钞票堆在大街上燃烧;还有的在世界的最后时刻坐上宇宙飞船逃离地球……

但最后获奖的是一位家庭主妇用铅笔在一张包装纸上画的漫画：她在厨房悠闲自在地洗着碗筷，丈夫坐在沙发上认真地看书，两个小男孩则正在做着玩积木的游戏……

评委们对这幅漫画的评语是：这一家人理解了世界存在的意义和人的最高追求，所以他们的生活很平静，很珍惜现在。

还有一个故事：

一天，一个富人和一个穷人在谈论什么是幸福？穷人说："幸福就是现在。"

富人望着穷人的茅舍、破旧的衣着，轻蔑地说："你的现在怎么能叫幸福呢？我的现在有百间豪宅、千名奴仆，这才叫幸福呢！"

有一天，一场大火把富人的豪宅烧得片瓦不留，奴仆们纷纷各奔东西。一夜之间，这富人沦为乞丐。

在一个酷热的盛夏，这个沦为乞丐的富人路过穷人的茅舍，想讨口水喝。那穷人认出他来，便端来一大碗清凉的水，问他："你现在认为什么是幸福呢？"

乞丐羞涩地说："我现在的幸福就是你手中的这碗水。"

【感悟】这两则故事告诉我们一个很现实的道理：要珍惜现在。只有珍惜现在，才不会为即将得到的东西所左右，也不会为即将失去的东西所吓倒。珍惜现在吧，你手中的一杯水，一顿粗茶淡饭，一份并不体面的工作都是幸福。

智慧通言

做个惜时如金的好少年

自古以来人们都在感叹时间的宝贵，"时间就是生命""惜时如金""时光一去不复返"，这些名言警句更是提醒我们要珍惜时间。

那时间是什么？时间就是知识；时间就是才能；时间就是生命。失去了时间，就意味着失去了生命中最宝贵的东西。谁浪费了时间，就等于浪费了生命。

燕子飞走了，还有再飞回的时候；树叶枯落了，还有再长出的时候；花儿凋谢了，还有再开的时候……可时间流逝了，就再也回不来了。因此，谁都会发出"花有重开日，人无再少年"这样的感叹。吃饭的时候，时间从我们碗边流走；睡觉的时候，时间从我们的梦中流走；玩耍的时候，时间从我们的嬉闹中流走。时间无声也无息，在我们不经意间，就悄悄地流逝了。

有一篇回忆录，记录一位同志向列宁汇报工作，列宁批准了他的计划，并问道："那么你们什么时候开始呢？""明天开始。"那位同志说。列宁却批评他说："为什么不今天开始呢：就是现在！"从中我们可以看出列宁是非常珍惜时间的。

诗人马雅可夫斯基在写作时，夜以继日，工作非常紧张，疲倦时，他常常用大劈柴当枕头，使自己不至于睡得过久，正因为这样，他才赢得了比常人多得多的时间，做出了比常人大得多的贡献。

《资治通鉴》的作者司马光，他的枕头是用圆木做的。读书困倦时，司马光就会枕着圆木，这样他如果睡着了，只要一翻身，枕木就会滚走，人就会惊醒，用这种方法司马光强制自己挤时间刻苦读书。

曾经有人举了这样一个例子：假设有一家银行，每天在你的账户里存入86400元，限令你每天必须把这笔钱用完，没用完的就会自动注销，你会怎么办？事实上真的有这样一家银行——它的名字就叫时间，它每天都给你86400秒，能够充实地把它用完不浪费不虚度才是正确的打开方式。时间就是这样，它无情地对待那些浪费时间的人，而对那些珍爱时间的人却关爱有加。

有人说一个人的一生只有短暂宝贵的三天：昨天、今天、明天。昨天，已经过去，不再回来；明天还未到来，尚在憧憬中；能够把握住的只有今天，所以每一分每一秒都很珍贵。

青少年时期是人一生中最重要的成长时期、打基础的时期，所以，珍惜时间是青少年自身成才的前决条件。惜时如金，时不我待。青少年要学会做时间的主人，不要虚度年华，要紧紧握住将要流逝的时光，巧妙利用时间，科学安排时间，让每分每秒都成为创造辉煌人生的基础，做一个惜时如金的新时代好少年。

智慧醒言

莫向光阴惰寸功

人的一生,最美好的时光就是青少年时代。"花有重开日,人无再少年",青少年必须珍惜时间,刻苦学习,莫向光阴惰寸功。

惜时名句

古往今来,不少人惋惜时间易逝,感叹人生。晚清国学大师王国维在《蝶恋花·阅尽天涯离别苦》中有言:"最是人间留不住,朱颜辞镜花辞树。"意思是:在人世间最留不住的是那在镜中一去不复返的青春和离树飘零的落花,表达了作者对岁月蹉跎催人老的感慨和无奈心情。晚唐诗人杜荀鹤在《题弟侄书堂》中有说:"少年辛苦终身事,莫向光阴惰寸功。"意思是:年轻时勤奋努力必将终身受益,切莫懒惰懈怠、虚度光阴。此言是对弟侄的劝诫,饱含了深沉的人生感悟。所以,无论从心理感知方面,还是外在体验方面,时间都是人的生命尺度,其宝贵程度不言自明。昨日之日不可留,唯有把握好当下,珍惜时间,为梦想筑路才是智慧之举。

时间流速,无法形容。这就促使人们更加珍惜属于自己短暂的时间,奋斗不息。"三更灯火五更鸡,正是男儿读书时。黑发不知勤学早,白首方悔读书迟。""少壮不努力,老大徒伤悲"等诗句都是在告诫人们:人生有限,必须惜时如金,切莫把宝贵的光阴虚掷,而要趁青春有为之时多学一点,多做几番事业。一个人珍惜时间,就是爱护自己的生命。

惜时典范

自古以来,大凡取得成就的人,他们没有一位是不珍惜时间的。大发明家爱迪生,平均三天就有一项发明,正是抓住了分分秒秒的时间进行了仔细的研究,单是寻找能作为电灯丝的材料就做了一千多个试验。伟大的文学家鲁迅先生有句格言:"哪有什么天才,我只是把别人喝咖啡的时间都用在了工作上。"他为我们留下了六百多万字的精神财富,正是由于他把别人喝咖啡的时间都用在了写作上的缘故。数学家陈景润,夜以继日,潜心于研究数学难题——哥德巴赫猜想,光是演算的草稿就有几麻袋,终于证明了这道难题,摘下了数学皇冠上的明珠。世界无产阶级的革命导师马克思,临死前还争分夺秒地写《资本论》。这些事例都生动地说明了:一个人要想在有生之年做点贡献,就必须爱惜时间。

惜时醒言

然而,珍惜时间这个知易行难、似简实深的道理却常为人们所忽视。面对时不我待的现实,许多人掉转朝向求"安逸",对困难低头,向挫折妥协。始终抱着时间可以周而复始的想法,认为世事总有重新来过的一天,如此循环往复"明日复明日"。这种毫不珍惜时间、虚度年华所为最终必然落个"万事成蹉跎"的遗憾结局。

一分耕耘,一分收获。为事业奋斗,难免遭遇各种问题,一路离不开勤勉惜时的加持。如同越是清澈的水面越能反射满天霞光一样,越珍惜时间,努力奋斗的人越能体会拼搏的快慰与奋进的力量。"芳林新叶催陈叶,流水前波让后波",是青少年奋斗应有的英勇和坚毅;"等闲识得东风面,万紫千红总是春",是青少年奋斗应有的自信与希望。奋斗如同奔向白昼的旅行,哪怕难免遭遇至暗时刻,只要披荆斩棘、不断求索,你我未来之梦必会成为现实。

"及时当勉励,岁月不待人"。珍惜时间吧!莫等闲,白了少年头,空悲切!

管教篇

智慧名言

管教智慧

教学的目的是培养学生自己学习,自己研究,用自己的头脑来想,用自己的眼睛看,用自己的手来做的这种精神。

——郭沫若

知教育者,与其守成法,毋宁尚自然;与其求划一,毋宁展个性。

——蔡元培

你的教鞭下有瓦特,你的冷眼里有牛顿,你的讥笑中有爱迪生。你别忙着把他们赶跑。你可不要等到坐火轮、点电灯、学微积分,才认识他们和你当年的小学生。

——陶行知

知之者不如好之者,好之者不如乐之者。

——孔子

教人者,成人之长,去人之短也。唯尽知己之所短而后能去人之短,唯不恃己之所长而后能收人之长。

——魏源

如果把学生的热情激发出来,那么学校所规定的功课就会被当作一种礼物来领受。

——爱因斯坦

最有价值的知识是关于方法的知识。

——达尔文

环境影响人的成长，但它实在不排挤意志的自由表现。

——车尔尼雪夫斯基

平静的湖面，练不出精悍的水手；安逸的环境，造不出时代的伟人。

——列别捷夫

做导师的人自己应当具有良好的教养，随人、随时、随地都有适当的举止和礼貌。

——洛克

成功的家庭教育来自父母对孩子的深入了解，接受和尊重孩子，而不是揭孩子的短。"你们做父亲的，不要惹儿女的气，恐怕他们失了志气。"

——歌罗西书

种庄稼要不务农时，教育孩子要适时早教，才能收到事半功倍的效果。

——雪苏

尊重他人的有责任感的孩子，产生于爱和管教适当结合的家庭中。

——詹姆斯·多伯森

培养人就是培养他对前途的希望。

——马卡连柯

懂得如何启发，是教人的一大艺术。

——阿米尔

爱孩子这是母鸡也会做的事。可是，要善于教育他们，这就是国家的一件大事了，这需要才能和渊博的生活知识。

——高尔基

应该强调，不严肃认真的教育，有许多隐患。父母使自己的子女享福太早，是不聪明的。

——雨果

兴趣是最好的老师。当一个人的某方面兴趣与他的志向结合起来时，那么，离成功就已经不远了。

——詹姆斯·约翰

儿童需要管教和指导，这是真的，但是如果他们无时无刻和处处事事都在管教和指导之下，是不大可能学会自制和自我指导的。

——林格伦

成功的家教造就成功的孩子，失败的家教造就失败的孩子。

——泰曼·约翰逊

智慧故事

犹太人的启蒙教育故事之一

生长在犹太家庭里的孩子，在他们的成长过程中，负责启蒙教育的母亲几乎都要求孩子回答一个问题："假如有一天你的房子被烧了，你的财产就要被人抢光，那么你将带着什么东西逃命？"

孩子们少不更事，天真无知，自然会想到钱，因为没有钱哪能有吃的穿的玩的？也有孩子说要带着钻石或者其他珍宝出逃，有了它，还愁什么？

可是，这些显然不是犹太母亲们所要的答案。她们会进一步问："有一种没有形状、没有颜色、没有气味的宝贝，你知道是什么吗？"

要是孩子们回答不出来，母亲就会说："孩子，你要带走的不是钱，也不是钻石，而是智慧。因为智慧是任何人都抢不走的。你只要活着，智慧就永远跟着你。"

犹太人的启蒙教育故事之二

犹太人教育孩子，三岁的时候，母亲会在圣经上滴蜂蜜，让孩子去舔，这个仪式的用意不言而喻，书本是甜的，让孩子在最初接触书时，就留下非常美好的印象，从而一生都喜欢读书。

犹太人爱书的传统由来已久，据统计，每名犹太人每年要看70本书，为世界第一。

大家都知道犹太人，经商也行，做科学研究也行，从事文学创作也行，一切都是从幼儿启蒙教育开始的！

犹太人的启蒙教育还有一个世代相传的传统，那就是书橱要放在床头。要是放在床尾就是对书的不敬。犹太谚语说：即便倾家荡产，也要让女儿嫁给学者。可见犹太人对知识的尊重。

【感悟】犹太人并不是天生比任何种族的人聪明，但他们更懂得怎样去铸造"智慧"这枚无价的金币。在犹太人眼里，智慧是永恒的财富，它引导人通向成功，而且永不会贫穷。我们不会因为有知识获得财富，而是我们必须将所获得的知识，经过思考与运用成为智慧，才能创造出利润。

智慧除了来自遗传因素之外，更来自一种好的习惯，一种比读书更能增长人的知识、引发人的思考、提升人的智慧的世代相传的是敬书习惯，犹太人正好抓住了启蒙教育的要点。

培养孩子良好习惯

一天上午，几位朋友在喝早茶，为人们的习惯问题叽叽喳喳地议论起来。

他们认为，人的习惯力量是无形而又强大的，好的习惯可以让人终身受益，而坏的习惯则处处影响你的生活。

关于习惯与命运的关系，他们说了这么一个故事：

张飞和赵云同属于三国时期的名将，而两个人的命运却大相径庭。究其原因，与习惯不无关系。张飞不仅喜欢酗酒，并且爱发脾气，动不动就骂人，甚至用鞭子抽打下属。结果，在一次醉酒后，张飞被手下范疆和张达所杀。而赵云身上几乎没有不良习惯，为人低调谦恭，待人友善和蔼，有什么好处总是先想到别人。结果，他受到了上级和下级的一致认可，功成名就，光耀青史。

关于习惯与性格的关系，他们还说了下面的一个故事：

美国伊利诺伊州坦皮科城有一户人家，生了两个男孩子，一个十分乐观，另一个则非常悲观。他们想让孩子的性格都改变一些，于是就把那个乐观的孩子锁进了一间堆满马粪的屋子里,而把悲观的孩子锁在放满漂亮玩具的屋子里。

过了一个小时,当他们打开放满漂亮玩具的屋门时,发现那个悲观的孩子坐在一个角落里,正在伤心地哭泣,原来他怕不小心弄坏了玩具,受父母责骂。当他们打开堆满马粪的房间时,发现那个乐观的孩子正在兴奋地用一把小铲子挖着马粪,并不断地把散乱到门口的马粪铲干净。看到进来的父母,那个乐观的孩子像发现奇迹似的嚷道:"爸爸,看!这房子有这么多马粪,附近肯定会有一匹漂亮的小马,我要给房子清理出一块干净的地方来,好让漂亮的小马进来。"

这个乐观的孩子就是后来的美国总统里根,他从报童到好莱坞明星,再到州长直至走上总统的宝座,乐观一直伴随着他。

【感悟】习惯是人们心理内部的一种顽强而巨大的力量。培根认为"一切天性与诺言都不如习惯更有力量"。孩子的各种习惯是在有意或无意之中多次重复而产生的,许多好习惯,往往比坏习惯更难形成。我们对孩子的管教,要注意培养学生的各种良好习惯,因为良好习惯,将使人受益终身。

心理学家威廉·詹姆士说:"播下一个行动,收获一种习惯;播下一种习惯,收获一种性格;播下一种性格,收获一种命运。"如果你想开创一番事业,那么,请改掉身上的坏习惯,努力养成好习惯。

用心呵护孩子

在一次学校教育工作会议的采访中,老师讲述了两个关于教育观的典型故事,对教育孩子颇有启发意义。

故事之一:渔夫打磨珍珠。从前,有一个渔夫在捕鱼的时候捞到了一颗珍珠,硕大无比,光滑圆润。但美中不足的是珍珠上有一个黑点。渔夫想:"如果我把这个黑点磨掉,这颗珍珠就没有瑕疵,价值连城了。"于是,他开始打磨珍珠。可是磨掉了一层以后,黑点依然存在,又磨掉一层,黑点还存在,一直到把珍珠全磨没了……

故事之二:"纸飞机"与"小汽车"。一位从德国回来的女士谈及亲身经历的一件事。一个星期天,这位女士5岁的儿子到公园玩。儿子用一只"纸飞机"

换回了德国小朋友的一辆电动"小汽车",这件事使她大吃一惊。因为那只纸飞机充其量只值五美分,而这辆小汽车至少也要值二十多美元。开始她以为儿子说谎,当找到小汽车的主人和他的妈妈时,这位德国母亲说:"小汽车是属于孩子的,该由孩子做主。"她还说:"你儿子喜欢,小汽车就归他了。过会儿,我会领着孩子上玩具商店,让他知道这辆汽车值多少钱,能买多少只纸飞机,这样他就不会第二次做这样的蠢事了。"

【感悟】第一个故事中渔夫的出发点是好的,为了追求珍珠的完美。但是,我们教育孩子时,为了让孩子在学习成绩、行为规范等方面达到我们的预定目标,就不能像渔夫那样打磨着孩子,不准他们这样,不准他们那样,要他们这样,要他们那样。结果呢,在打磨孩子身上那些所谓缺点的同时,也可能把他们身上一些可贵的品质,比如自信、友爱、宽容、自尊心等都打磨掉了,这是必须注意的教育方法,要用心呵护孩子。

第二个故事则告诉我们,在教育孩子时,要尊重孩子的选择,就是不干预、不阻止,也不单纯批评孩子的做法,而是采取有效措施,及时对孩子进行循循善诱的教育。这份教育,要少一分盲目和粗野,多一分理智和科学,把呵护孩子的爱变得更深沉一些、智慧一些。

智慧通言

言传身教少年时

俗话说:"父母是孩子的第一任老师",说明父母对孩子的教育至关重要。父母要教育好孩子,各有各的做法,但言传身教是对孩子最好的教育,少年时期尤其重要。

所谓"言传",就是告诉孩子怎么做才对,怎么做就不对,循循善诱,谆谆教诲;所谓"身教",就是以身作则,用自己的良好行为影响孩子。在生活中,我们不难看出，每个父母，不管你是自觉还是不自觉地，说的每一句话，做的每一件事，都在潜移默化地影响着孩子健康成长。

在21世纪的今天，在家庭教育中，我们提倡做智慧型的父母，目的在于提高父母对孩子行为的辨析、判断和创造性地解决问题的能力，使父母的良好愿望在孩子身上产生积极的教育影响和教育效果。

作为智慧型的父母应该善于通过言传身教，把理性的教化、爱的滋润、美的熏陶有机地融为一体，倾注到孩子的成长过程，指导孩子在做事中开智明理，让孩子体会到爱的滋润，在美的熏陶中得到成长。

1. 启示语言不可少

在日常生活中，身为智慧型父母，不可言语稀少，毫无启示，而应在孩子茫然的路上指路和照明，不但能适时解答孩子生活、学业的困惑，还要教导他们明辨是非，舍利取义，使他们感到父母是最信任的人，是最能理解他们的人，是他们看得见摸得着的学习榜样。

2. 良好举止做表率

父母是孩子从小模仿的对象。良好举止，影响极深。试问若父亲载着孩子闯红灯，不遵守交通规则；母亲为替孩子请假，向学校编造了谎言。这样让孩子在耳濡目染中接受了错误不良的示范，又如何让孩子走上正轨，做个堂堂正正的人呢？所以，智慧型的父母要十分注重自己的形象和以身作则，以良好的生活习惯、优美的举止做孩子的表率。同时，要以沟通交流的方式，了解孩子交友、学业、健康、爱好等情形，达到相互认同，相互理解，使教育产生正效应。

3. 教育理念很重要

智慧型父母在言传身教中，教育理念很重要，理念要比方法重要得多，因为理念指导方法。

生活中往往有这样的例子：一个孩子问："妈妈，为什么小鸟会飞而小鸡不会飞呢？"

很多母亲可能会回答："因为小鸟的翅膀大，小鸡的翅膀小；小鸟的羽毛比小鸡的长，小鸡的身体比小鸟重，所以……"

而智慧型妈妈会说："是呀，孩子，你有没有发现小鸟和小鸡有什么不同呢？"孩子观察后回答："小鸡的个子比小鸟大！"智慧型妈妈会说："嗯，还有呢？"孩子说："小鸟的羽毛比小鸡的长！"智慧型妈妈继续说："嗯，非常好！还有呢？"……

由此可见，智慧型妈妈与普通妈妈的回答显然不同：普通妈妈自己找答案，然后把道理讲给孩子听。智慧型的妈妈引导孩子自己去观察，让孩子自己找到答案。家长的教育理念不同，会使得教育孩子的方法不一样，取得的教育效果也显然不同。

4.接纳孩子的不完美

做一个智慧型父母，还要会保护孩子的情绪、保护孩子的梦想、接纳孩子的不完美，同时还让孩子懂得爱自己。

例如，一个6岁的男孩对电很感兴趣，有一天，他竟然拿着一根小铁丝要去试接线板的插孔，看有没有电。这时，普通爸爸看见了，可能说危险，赶紧上前大声制止；有的则可能赶紧夺过孩子手上的铁丝；也有的可能心里一急，会忍不住教训一番。

而智慧型爸爸的做法是，当他发现了孩子的行为很危险，并没有大声叫儿子马上住手，而是快速走到孩子身边，问他："儿子，你在玩什么好玩的东西？来，爸爸给你找个东西，比小铁丝更好玩。"说着，智慧型爸爸带着孩子去另外一个房间找来了一支测电笔。孩子用测电笔去接触接线板的插孔，测电笔的指示灯立刻亮了，当测电笔离开插孔，指示灯又熄灭了。看着这现象，孩子拍着手一边跳一边喊："真好玩，真好玩！"

这时，智慧型爸爸才认真地对儿子说："儿子，你手里拿的这个小玩具叫作测电笔，它是用来检测电线、接线板是否有电的。实际上，它不是玩具，是用来防止触电的工具。你知道爸爸为什么不让你用小铁丝做这个游戏吗？"

孩子若有所思地摇摇头。智慧爸爸继续说："因为电是很可怕的，它会通过小铁丝传到人的身体，会把人电得很痛，有时甚至会把人电死呢。"

"那为什么用测电笔接触电，人就不会死呢？"孩子歪着小脑袋问。"儿子，你这个问题问得真棒，爸爸问你，电线的外皮是用什么材料做的？"智慧爸爸说。"这是塑料呀。"孩子说。

智慧型爸爸继续说"对呀，塑料能够包住电，所以电线中的电才不会跑出来。测电笔的把手也是用塑料做的，就把电隔离啦。"

孩子听了爸爸的解释，说："我知道了，不能随便去碰电，会触电的。"

生活中许多事例告诉我们：父母的言行将对孩子的人生起到很大的示范作

用。凡是对孩子教育不利的话，父母自己不要随意说；凡是要求孩子不做的，父母自己首先不要去做。但是，现在有的父母却忽视自己的言传身教，例如不许孩子沉迷网络，自己却通宵达旦，对网游乐此不疲；父母要孩子不要抽烟饮酒，自己却整天烟雾缭绕，酒气熏天。这样的言行，如何教育好孩子？所以，只有做一个言传身教的智慧型的父母，才能在自己与孩子之间建立信任及爱的桥梁，保护孩子积极求知、探索世界奥秘的兴趣，引导孩子爱思考，能自立，使他们成为有知识、有智慧、有担当、有作为的新时期年青一代。

智慧醒言

少年管教十五戒

少年须管教，管教要得法。就是说，少年教育不但要重视，而且要讲究方法，讲究智慧，不能疏忽管教，也不能盲目管教，万万不能利用"我是大人，我说的你就必须听"的想法去教育孩子。这里列举少年管教十五戒，是从戒备角度去讲管教少年的一些智慧方法。

1.戒过度保护

当孩子想跑、想玩时，有的父母害怕孩子受伤而禁止孩子参加一切活动。如此的话，孩子便会养成不好动的习惯，身体变得迟熟、体弱多病，心智的发展也必然受到阻碍，性格也会变得退缩胆小、缺乏自信、无法面对困难。

2.戒过分宠爱

父母事事顺从孩子的要求，代替孩子完成所有事情，孩子什么事情都不必动手，娇生惯养，溺爱有加。于是，孩子容易变得以自我为中心、任性、依赖、迟熟、不能忍让，也不懂自己照顾自己，即使表面看来柔顺温和，但当孩子长大，需要面对难题时，就可能出现性格突变。

3.戒拔苗助长

不顾孩子的情况，强迫孩子提早学习或训练某些项目，造成孩子身心严重失衡，容易产生脾气暴躁、焦虑、冷淡、退缩等问题，甚至会拒绝学习，不懂与人和谐相处。

4.戒过分专制

父母经常以权威口吻规范孩子的举动，限制孩子的自由，否定孩子的想法，这样会使孩子长期处于恐慌之中，无法表达自己的想法，只能唯唯诺诺，失去快乐。

5.戒严厉呵斥

有的父母经常摆出严厉的脸孔，用苛刻字眼呵斥、责备孩子，使孩子无法在严肃当中感受到大人的爱。父母应避免用苛刻字眼责备孩子，即使孩子做得不够好，也应温和地给他意见，使他容易接受。

6.戒忽略优点

父母总是觉得孩子没有什么长处，就算有，也视之为理所当然，有时还会不经意地批评孩子。这不仅影响孩子自信心，甚至会让孩子认定自己一无是处，从而不思进取。

7.戒忽略沟通

孩子喜欢提问题，本来是很好的现象。但有的父母会觉得很烦，往往会打断孩子的话，或要孩子收口；别人向孩子提问题时，父母却经常替孩子回答。这样，就会剥夺孩子练习说话的机会，导致孩子自我表达能力差，严重影响亲子间的沟通。

8.戒经常唠叨

唠叨是造成超限反应的开端。有的父母却误以为多对孩子说几次，孩子就应该懂得如何做。有的父母即使在安慰孩子时，也是喋喋不休地指出孩子的过失，反复叮咛告诫孩子应该如何做、怎样办。这样，会使孩子变得麻木，缺乏自信。另外，唠叨还会使大人自己的脾气变得暴躁，情绪变得无法控制。

9.戒吓唬方式

在对孩子的管教中，有的家长习惯用"坏人""小鬼"之类或"鬼故事"来吓唬孩子，以为这样便可以让小孩子听话。殊不知，从保护孩子心理健康的角度来看，这种做法恰恰是对孩子心灵的伤害。因为处于花季年龄段的孩子，由于心理发育尚不成熟的因素，还不能区分想象与现实，他们往往把想象与现实混同，大人吓唬小孩的话，孩子会完全当成事实，并在内心引起恐惧，丧失自我，变得自卑，从而造成孩子胆小、退缩的个性，影响孩子将来的发展。

10.戒嘲笑挑剔

挑剔孩子的过失。有的父母经常把孩子的缺点挂在嘴边，说话刻薄，用骂人的字眼嘲笑孩子"笨手笨脚""无用"等，甚至在外人面前斥责数落孩子，这样就会使孩子感到丢脸，严重损害孩子的自尊心，从而使孩子变得自卑懦弱，记忆力和创造力也因而大减。

11.戒乱发脾气

父母情绪不稳定、乱发脾气，会令孩子的性格变得扭曲、行为变得极端：一是变得反叛、是非不分、缺乏责任感；二是变得自闭、缺乏安全感；三是可能变成像父母一样爱乱发脾气。

12.戒低估能力

父母经常质疑孩子潜能，处处要求他跟随自己意愿行事，致使孩子变得依赖心重，惯于被命令，缺乏思考力。

13.戒以偏概全

父母用主观的情绪和期待去看待孩子，自以为是地认定孩子的发展方向，并以孩子的一个特点概括其全部性格。例如，父母经常指责孩子"你又给我惹麻烦""你总是这样！""你没出息！"等，会让孩子也觉得自己比别人差，因而放弃改正错误，甚至会慢慢地向被父母认定的方向发展，做个没出息的人。

14.戒漠不关心

父母对孩子表现出漠不关心，显得冷酷如冰。如此长期下去，会使孩子觉得父母不关心他，对什么事情都缺乏兴趣，感到失望！有的孩子为了引起父母注意，甚至会做出种种叛逆的行为，误入歧途。

所以，教育孩子一定要有"温度"，孩子的成长离不开父母的陪伴，尤其是花季这个年龄阶段，父母是孩子心目中最重要、最信任、最依赖的人。父母给孩子的教育，培养孩子的习惯，传递给孩子的价值观，对孩子的影响也是最直接、最深刻的。

特别要提醒的是，父母对孩子叛逆期的教育一定要放在心上，要根据孩子三个叛逆期（2~3岁的宝宝叛逆期、6~8岁的儿童叛逆期、12~18岁的青春叛逆期）的不同表现，采取不同的教育方法，及时对孩子的生活心理进行耐心的教育，尽量减少孩子产生逆反心理的概率。否则，很容易造成孩子长大后的性格缺陷。

15.戒过犹不及

孩子在成长过程中,需要家长严格要求、严格管教。但严父不一定出孝子,弄不好还会出"病子"。对此,作为家长在教育孩子过程中切忌"过犹不及"。

花季之年的智慧大事

一、做个用心读书的少年郎

"好好读书,认真读书,用心读书"应是花季之年的头等大事。读书是把钥匙,用这把钥匙打开的人生这扇大门,里面满是灿烂辉煌,照在少年郎的脸上。一个人的少年时期,正是最佳的读书时光,一旦错过了,你的一生就会后悔不已。因此,少年郎要珍惜宝贵的读书时间。不管你将来从事什么职业,有什么样的志向,一定要加强基本功的学习。树高千尺,但营养还在根部,把基础打牢了,将来才可以触类旁通,行行都可以写出精彩。

二、懂得珍惜时间的道理

"少壮不努力,老大徒伤悲",说明珍惜时间的道理,也是花季之年的少年郎应该懂的道理。"一寸光阴一寸金,寸金难买寸光阴。"这句话时刻提醒我们:要"珍惜时间,和时间赛跑。"珍惜时间吧!莫等闲,白了少年头,空悲切!

三、听从长辈教诲学做人

人来一世,无外乎两件事:一件是做人,另一件是做事。"先学做人,后学做事",是人生为人处世的永恒主题。做人固然没有一定的法则和标准,但它存在一定的通则,一定的技巧与规律。比如:要做个有志向的人;做个善良的人;做个有教养的人;做个高尚的人;做个宽容的人……这些大提示的小道理,是一辈子都要学习的。而对少年郎来说,要开好头,学好样,重要的是要向前辈请教,向老师请教,向英雄模范学习,向专长人物学习,着力把做人、做事这两件人生智慧大事打好基础。

理想花开弱冠年

古时候，男子到了20岁的年纪，要为他们举行一次加冠礼，即戴上表示已成人的帽子，以示成人，用现在的话来说就是行"成人礼"。但体犹未壮，还比较年少，故称为"弱冠之年"或者"加冠之年"，女生二十岁叫作"桃李年华"。行加冠礼以后就代表一个人已成年，可以担起重任。

所以，人到了弱冠之年，是人生成长中迈入成年人行列的第一道门坎，以前的色彩梦幻渐渐淡化，在现实面前，开始走向成熟，开始谈理想，有了人生的智慧与目标。但弱冠之年的理想抱负却又气吞山河，有些不切实际。所以我们说，人到弱冠之年已经长大了，但绝对不意味着已经成熟了。总之，人到弱冠之年时，已经有了明确的目标，少了很多梦幻色彩。

人到弱冠之年已踏入了青年，是迈向人生成功的第一步，也是最为关键的一步。也许这一步非常艰苦，有时也会忍不住在挫折、困难面前流下几许热泪；也许这一步非常平淡，每天除了上课就是看书，失去了快乐的回忆，失去了在操场上的欢笑；也许这一步不是那么的一帆风顺，有时被人生中许许多多的困难绊倒以至于失去了信心……这一切的困难、挫折都是暂时的，它们都是人生不可缺少的一部分，但请相信"明天会更好"这句话，面对弱冠之年的种种困难与挫折，要用我们的努力，用我们的奋斗去将它克服。当你艰苦地度过青年之后，你会不知不觉地踏入一个新的世界，一个瑰丽多彩的世界！当你感觉到这一切时，你的人生已开始成功了！

理想篇

智慧名言

理想智慧

生活的理想,就是为了理想的生活。

——张闻天

理想并不能够被现实征服,希望的火花在黑暗的天空闪耀。

——巴金

一种理想,就是一种力!

——罗曼·罗兰

毫无理想而又优柔寡断是一种可悲的心理。

——培根

一切伟大的行动和思想,都有一个微不足道的开始。

——加缪

理想如星辰——我们永不能触到,但我们可像航海者一样,借星光的位置而航行。

——史立兹

有些理想曾为我们引过道路,并不断给我新的勇气以欣然面对人生,那些理想就是——真、善、美。

——爱因斯坦

人的活动如果没有理想的鼓舞，就会变得空虚而渺小。

——车尔尼雪夫斯基

最可怕的敌人，就是没有坚强的信念。

——罗曼·罗兰

生活中没有理想的人，是可怜的人。

——屠格涅夫

世上最快乐的事，莫过于为理想而奋斗。

——苏格拉底

人类的心灵需要理想甚于需要物质。

——雨果

一个人的理想越崇高，生活越纯洁。

——伏尼契

人的理想志向往往和他的能力成正比。

——约翰逊

不要放弃你的幻想。当幻想没有了以后，你还可以生存，但是你虽生犹死。

——马克·吐温

只要一个人还有所追求，他就没有老。直到后悔取代了梦想，他才算老。

——巴里穆尔

理想与现实之间，动机与行为之间，总有一道阴影。

——爱略特

人生应该树立目标，否则你的精力会白白浪费。

——波得斯

理想犹如天上的星星，我们犹如水手，虽不能到达天上，但是我们的航程可凭它指引。

——舒尔茨

理想是指路明灯。没有理想，就没有坚定的方向；没有方向，就没有生活。

——列夫·托尔斯泰

理想的人物不仅要在物质需要的满足上，还要在精神旨趣的满足上得到表现。

——黑格尔

一个人若是没有确定航行的目标,任何风向对他都不是顺风。

——蒙田

在理想的最美好世界中,一切都是为最美好的目的而设。

——伏尔泰

人的活动如果没有理想的鼓舞,就会变得空虚而渺小。

——车尔尼雪夫斯基

世界上的一切伟大运动都与某种伟大理想有关。

——泰戈尔

抱负是高尚行为成长的萌芽。

——莫格利希

在我们竭尽全力自觉地根据一些崇高的理想缔造我们的未来时,我们却在实际上不知不觉地创造出与我们一直为之奋斗的东西截然相反的结果,人们还想象得出比这更大的悲剧吗?

——哈耶克

智慧故事

梦想成真的童话故事

安徒生是19世纪丹麦著名的童话作家,被誉为"世界儿童文学的太阳"。可他在实现人生理想的旅途上,犹如他的童话故事一样,奇异动人,色彩斑斓。

安徒生出生于一个贫穷的鞋匠家庭,童年生活贫苦。他从小爱文学。十一岁时父亲病逝,母亲改嫁。为追求艺术,他十四岁时只身来到丹麦首都哥本哈根。经过八年奋斗,终于在诗剧《阿尔芙索尔》中崭露才华。

有一天,他有机会去晋见丹麦王子,他满怀希望,在王子面前唱诗歌、朗诵剧本。表演完毕后,王子问他想要什么赏赐?他大胆地提出要求:"我想写诗剧,而且在皇家剧院演戏。"王子把这个长着小丑般的笨拙男孩从头到脚看了一遍，然后对他说："能够背诵剧本，并不表示能够写剧本，那是两码事，我劝你还是去学一门有用的手艺吧。"

从此，他离家去追寻自己的理想。终于在1835年，他发表的童话故事吸引了儿童的目光，揭开了属于安徒生的新一页。他最著名的童话故事有《小锡兵》《海的女儿》《拇指姑娘》《卖火柴的小女孩》《丑小鸭》《皇帝的新装》等。他的作品《安徒生童话》已经被译为150多种语言，成千上万册童话书在全球陆续出版和发行。

【感悟】你有梦想吗？你想怎样让梦想成真？这个故事告诉我们：坚持努力的过程，或许会是非常艰辛与充满苦痛的，但只要不放弃希望，终能获得甜美的果实。所以，安徒生说："只要你是天鹅蛋，那么即使你是在鸭栏里孵出来的也没有关系。"或许这就是他梦想成真的童话故事的深刻体会吧！

理想在坚持中实现

小时候的罗素贝克，十分喜欢写作，立志成为一名作家。

可是，他的语文成绩却很糟糕，语文老师也不看好他的想象作文。

不过，罗素贝克从未改变过自己的理想。一天，语文老师弗里格给学生们一张家庭作业表，上面列满了想象作文。罗素贝克开始选择想象作文的标题，忽然，他的目标停留在了"吃意大利通心粉的艺术"这个题目上，生动的记忆便从他脑海中倾泻出来：那是一个非常温馨的夜晚，窗外圆月高挂，皎洁的月光洒满了庭院，全家人围坐在餐桌旁，静静地等着姑姑端来意大利通心粉；显然这是姑姑第一次做通心粉，味道怪怪的，可是全家人吃得很认真，还不停地赞美和鼓励姑姑，其乐融融，整个屋子里充满银铃般的笑声……

罗素贝克立刻把它写下来，几乎是一气呵成。想象作文交上去之后，他并不期望会受到表扬。可是出乎他的意料，他的文章竟被老师当作范文在全班同学面前朗读，老师读完后，同学们不约而同地。

后来，罗素贝克长大了，在一家地方报做记者，由于写作和选材敏感性超人，被主编派驻白宫，后又受聘于《纽约时报》，成为著名的专栏作家。

罗素贝克，两次普利策新闻奖的得主，后来又担任了普利策新闻奖的评委，罗素贝克的理想在坚持中终于实现了。

【感悟】每个人的心中都有美好的理想，可总是出于某种原因，尤其是环境的压力，改变了最初的想法，迷失了真正的自我。而罗素贝克，始终坚定着自己的信念，坚守着自己的理想，为了理想全心全意地做好写作这一件事，最终走向了成功。

划船的力量

有位老人，一生只从事一个工作——摆渡。

一年365天，无论是酷暑寒冬，还是风中雨里，摆渡老人周而复始，一趟趟划船往返于小岛和大陆之间。

一天，寒冬的北风呼呼地吹着，还下着毛毛细雨，可这位老人仍在水上坚持摆渡。突然，一个浪使老人稍摇了一下，一支划桨刚好碰在一个年轻乘客身上。细心的乘客发现，在老人的一支桨上，刻着"工作"两个字，而在另一支桨上，刻着"理想"两个字，于是向老人询问其中的含义。

风雨停止了，天气晴朗了，小船也到岸了。老人摆好小船，待乘客上岸后，他热情地回答说："小伙子，现在我先给你演示一下，你看后就明白了！"说着，老人丢下一支桨，只用刻着"工作"的那支桨划动小船，小船只是在水中转了一圈，并没有向前驶去。然后，老人又捡起刻有"理想"的那支桨，丢下刻有"工作"的那支桨，继续划船，这时，小船只是掉了一个方向，仍旧在水中转了一个圈，同样没有向前驶去。之后，老人拿起刻有"理想"和"工作"的两支桨，同时划动小船，小船就快速地向前驶去了。

老人哲理性的演示，使年轻人终于明白了。老人望着年轻人，意味深长地说道："其实，划船就如同人生一样，用理想和工作两支桨来划，你就能划到彼岸。如果丢掉其中的任何一支，你就只能永远在原地打转转了。"

"是啊，只要坚持理想，刻苦工作，一切就有可能！"年轻人发出深深的感叹！

【感悟】理想是前进的导航,理想是前进的动力!这位摆渡老人深明此理,所以他拿起刻着"理想"和"工作"字样的两支桨,浑身是力量,不断划动小船,小船也就朝着前方快速驶去。

摆渡老人坚定理想、信念的追求很值得我们年轻人学习!

百岁诗人的追求

日本有一位老婆婆,自小就喜欢文学,爱好阅读,但90岁之前,她忙于生活,经历着不幸与有幸,默默无闻。直到90岁之后,一举成名,取得了辉煌的成就。她就是柴内丰。

柴内丰出生于1911年,父母做大米生意,她童年的生活无忧无虑。20岁时她结婚了,半年后她发现丈夫是个无赖,选择了离婚。33岁时又嫁给了一个厨师,可好景不长,丈夫病亡,她拉扯着孩子生活。儿子成家后,她开始了独居生活。

此后,她把独居过成了享受,开始大量地阅读书籍,精神上豁然开朗,一个人的生活过得有声有色。

她爱上了舞蹈,身体越来越轻盈健康。92岁时她跳舞扭伤了腰,就顺势在家写诗歌。她的诗歌以情爱、梦想和希望为题材,像阳光一样温暖读者。2009年秋天,98岁的她出版了处女诗集《别灰心》,当年销量就超过150万册,进入日本2010年度畅销书籍前十名。从此,她的诗歌达到一个高度——生活和生命的高度。

2011年年初,她100岁时出版了第二本诗集《百岁》,销售量几十万册。

当记者问她"你有没有意识到自己100岁了"时,她开玩笑地说:"写诗时没在意自己的年龄。看到写好的书,哦,我已100岁了。"

她就是这样乐观、寂寞地生活着,耳闻目睹了人间的许多悲喜剧,一百岁的她依旧充满希望,追求理想。

【感悟】干事业,什么时候开始都不晚,只要有梦想!百岁老人柴内丰追求理想,锲而不舍,终于取得了辉煌的成就,就是一个有力的佐证。

低头的学问

富兰克林是美国杰出的政治家、科学家、思想家和散文家,被称为"美国之父"。

少年时期的富兰克林,心高气盛,目空一切,以为自己是鸿鹄,别人都是燕雀,眼睛总是高高向上,根本不把周围的一切放在眼里。

一天,富兰克林去拜访一位前辈。那时的他抬头挺胸迈着大步,可是一进门,他的头就狠狠地撞在了门框上,疼得他说不出话来。

那位前辈缓缓地走出来,看到富兰克林这副样子,就认真地对他说:"很疼吧?"富兰克林摸了摸头,虽然很疼,也只能以一句"没事的"应付过去了。

这时,那位前辈让富兰克林坐好后,一本正经地说:"你刚才一进门就把头撞在门框上,头是被撞疼了,但这却是你今天来访我的最大收获。你今后要牢记:一个人要实现自己的远大理想,就必须时时刻刻学会低头。"

啊,原来,"低头"也有这么深奥的学问!富兰克林好像明白了很多。于是,回到家以后,富兰克林把这次拜访得到的教导看成最大的收获,并把"低头"列在一生的生活准则之中。

从此,富兰克林在实现理想的征程中,以低调的处世美德,成就了他毕生事业。

【感悟】"要抒写自己梦想的人,反而更应该清醒。"很多年轻的朋友都有着远大的理想抱负,但往往也因此变得傲慢起来。而事实上,要想进入一扇门,就必须让自己的头比门框更矮,要想登上成功的顶峰,就必须低下头弯起腰做好攀登的努力。

智慧通言

放飞理想青春时

青春，就像天空中的光彩，夺目耀人；青春，又似公园里的花朵，艳丽多姿！珍惜美好的青春，因为青春一去不再来；树立远大的理想，因为理想闪着迷人的光芒！

青春，对每个人都是一样公平的，人人都曾拥有。如果你珍惜青春，青春就会大放异彩；反之，如果你无度挥霍它，你就会得到相应的报应。

理想，是人生成功的起点；理想，又是年轻人健康成长、成就事业、开拓未来的精神支柱和前进动力。没有理想，没有追求，对年轻人来说是极其可怕的。

古今中外，大凡能够成就一番事业的人，他们的成功之路，都是从理想起航的。从小数星星的孩子，到为中华之崛起而读书的少年，他们都在少年时代就播下了理想的种子，理想的种子在细心呵护下，逐渐发芽成长，最终长成了成功的参天大树。

然而，也有一些人虽然也有过远大理想，但是，由于没有不懈的坚持，没有为理想付出足够的努力，他们理想的种子最终没能开花结果，而是随着岁月的流逝逐渐湮灭了。

因此，每个人都应该珍惜青春，放飞理想，用理想给青春镀上黄金的构架，并用行动来实现它。我们在燃起青春之火的同时，也应燃起理想之火，让这两把火同时燃起，热血飞扬，奔向美好的前程！

放飞理想，就要把长远理想与现实生活相结合，立志从现在做起。 鲁迅先生说过："失掉了现在，也就没有了未来。"有的青少年朋友谈起理想，不胜激动，甚至认为那是"明天"的事，始终没有行动。殊不知，明天虽好，它只是希望，而今天才是实现理想的起点。

放飞理想，还要把伟大目标与平凡小事相联系，想大问题，做小事情。 一方面,青年人一定要关心国家大事、世界大事,要广泛地读书,思考社会、人生的大问题,不要做忙忙碌碌的事务主义者,要做思想者,要抬头望路。但另一方面,路又在脚下,大问题必须落实到我们所做的每一件具体的小事情上。

放飞理想,必须发扬艰苦奋斗的精神,不断付出辛勤努力。 俄国寓言大师克雷洛夫曾作过一个精彩的比喻,他说:"现实是此岸,理想是彼岸,中间隔着湍急的河流,行动是架在河上的桥梁。"要实现自己的理想,必须有行动,付出艰辛的劳动。翻开成功者的历史,哪一页没有记载艰苦的字眼?回顾成功者走过的历程,哪一步没有留下辛勤的汗水?

放飞理想,就是放飞希望!因为我们正值青春,才会追求深沉和深远;因为我们告别幼稚,才会走向成熟和成功。

让我们珍惜青春,放飞理想,珍惜人生中最宝贵的时光!无怨青春,无悔年华!这才是人生青春最美好的答卷。

智慧醒言

想大问题　做小事情

人生走进弱冠之年,开始谈理想,有做大事的愿望,有了人生的目标。但是,弱冠年华,只说明人已经长大了,绝对不意味着人已经成熟了。因此,这时候年轻人谈理想一定要脚踏实地,想大问题,做小事情,在做好小事中获得较快的成长,逐步实现人生远大理想。

想大问题,就是要解决我们做事情的动力问题、方向问题。 大问题是小问题的支撑,如果不思考大问题,我们每天面对的,都是一个又一个具体的、琐碎的小事情,做着做着,就会迷失方向了。但我们又不能只思考大问题,而忽视小事情,大问题必须落实到我们所做的每一件具体的小事情上,否则,就会成为空谈。

想大问题,就是要把小事当成大事做。 想大问题,做小事情,既追求大的生命境界，使自己的日常生活为理想之光所照耀，又可以落实到日常生活实践中，具有很强的可操作性，从而避免了空谈与无所事事。

古语有云："一屋不扫，何以扫天下？"意思是说，如果连小事都不愿意做，怎能干大事业呢？战国时期著名思想家荀子也曾告诫我们："不积跬步，无以至千里；不积小流，无以成江海。"这些古圣先贤的智慧告诉我们，不管干什么事都不可能一蹴而就。我们要懂得从小事情做起，积累一点一滴的进步，由量变到质变，最终才能干成一番大事业。

把小事做到极致的人，必然成就大事。这样的成功案例，不胜枚举。很多政治家都是从职员做起，很多将军都是从士兵做起，很多企业家都是从员工做起。美国前国务卿鲍威尔就是这样一个人，他不断努力，重视身边小事，对工作投入百分之百的热情，才从一个平凡的清洁工成长为国务卿。他刚进入职场时，唯一能做的工作就是清洁。但他并没有抱怨，相反，却把这样一份微不足道的工作做得有板有眼。老板看到了他的认真、细心，于是破例提升了他。多年后鲍威尔在回忆往事时说，他工作后积累的第一个人生经验就是从小事做起，对每一件事情都不能掉以轻心。

所以说，我们年轻人要想实现自己的理想，方法只有一个，就是先在小事情上下功夫，把小事当成大事做，持之以恒，必成大事。那种想要一步登天、好高骛远的人，也就是不能把小事情做好的人，永远也不会达到成功的理想彼岸，最后只能是望洋兴叹、捶胸顿足。

如何做好小事呢？

做好小事情，要有好心态。心态是我们工作中所持的态度。我们要端正自己的心态，正确地面对工作中的小事。一个人在面对小事时的心态端正与否，是这个人日后能否成就大事业的重要标准。如果处处和别人争胜、攀比，而不能静下心来认真面对自己工作中的小事，对小事持有"眼高手低"的态度，以这种心态来工作，小事做不好，大事做不成。

做好小事情，要有好状态。好状态是高效工作的前提。如果每天工作起来拖拖拉拉，得过且过，在小事面前懒懒散散，成天想着自己的大事业，这种状态是难以完成眼前的工作的，也无法做成大事。

做好小事情，要有好姿态。工作中无小事，工作中看似渺小的事情却给我们很大的启发，让我们从中悟出宝贵的财富。如果我们以这种姿态投入工作中去，做好每件小事，逐渐积累，那么，天长日久，就会发生质变，小事就会变成大事。任何一件小事，只要你把它做规范了、做到位了，你就会从中发现机会，找到规律，从而练就做大事的基本功。

做好小事情，要有好常态。做好当前这份"小而简单"的工作需要有打持久战的心理准备。很多刚刚走上工作岗位的年轻人都会对未来充满幻想，所以刚开始工作时，一般都会充满热情，非常努力、认真、勤快、好学，但过不了多久，他们往往就会对工作失去新鲜感和激情，很难再认真做小事了。因此，要想成就大事，我们还必须有一个做小事的好常态。

总之，年轻人有理想，有抱负，就要努力去为之奋斗。要努力奋斗，就要脚踏实地地做好每一件小事情，切忌眼高手低，这才是人生的不败法则。

处事篇

智慧名言

处事智慧

生活的智慧大概就在于逢事都问个为什么。

——巴尔扎克

人们最终所真正能够理解和欣赏的事物，只不过是一些在本质上和他自身相同的事物罢了。

——叔本华

现在不是去想缺少什么的时候，该想一想凭现有的东西你能做什么。

——海明威

如果错过太阳时你流了泪，那么你也要错过群星了。

——泰戈尔

遇事做最坏的打算的人，是具有最高智慧的人。

——纳·科顿

每当你发现自己和大多数人站在一边，你就该停下来反思一下。

——马克·吐温

智慧的标志是审时度势之后再择机行事。

——荷马

智慧就是懂得生活的任务以及怎样去完成。

——列夫·托尔斯泰

一个人越是有许多事情能够放得下，他就越是富有。

——梭罗

智慧的可靠标志就是能够在平凡中发现奇迹。

——爱默生

人的脆弱和坚强都超乎自己的想象。有时，我可能脆弱得一句话就泪流满面；有时，也发现自己咬着牙走了很长的路。

——莫泊桑

当一个人一心一意做好事情的时候，他最终是必然会成功的。

——卢梭

自由不是让你想做什么就做什么，自由是教你不想做什么，就可以不做什么。

——康德

智慧有三果：一是思考周到，二是语言得当，三是行为公正。

——德谟克利特

想到要做一件事，就一定要做到，而且要做得彻底。

——狄更斯

今天做不成的，明天也不会做好。一天也不能虚度，要下决心把可能的事情，一把抓住而紧紧抱住，有决心就不会任其逃去，而且必然要贯彻实行。

——歌德

使人疲惫的不是远方的高山，而是鞋子里的一粒沙子。

——伏尔泰

适当的悲伤可以表示感情的深切，过度的伤心却可以证明智慧的欠缺。

——莎士比亚

创造靠智慧，处世靠常识；有常识而无智慧，谓之平庸，有智慧而无常识，谓之笨拙。智慧是一切力量中最强大的力量，是世界上唯一自觉活着力量。

——高尔基

人生的价值，并不是用时间，而是用深度去衡量的。

——列夫·托尔斯泰

如果你渴望得到某样东西，你得让它自由，如果它回到你身边，它就是属于你的，如果它不会回来，你就从未拥有过它。

——大仲马

无论你怎样地表示愤怒，都不要做出任何无法挽回的事来。

——培根

先相信你自己，然后别人才会相信你。

——屠格涅夫

才华总是通过独立的（精神上的）活动才能成长起来的。

——车尔尼雪夫斯基

最惨的破产就是丧失自己的热情。

——阿诺德

世界如一面镜子：皱眉视之，它也皱眉看你；笑着对它，它也笑着看你。

——塞缪尔

智慧故事

做事，从点滴做起

大凡做事，要从点滴做起。但是，说来容易做来难，要真正做出成效更难。

故事之一：扫地扫出的名牌企业

日本东京Yellow Hat汽车服务公司，是日本有名的品牌汽车服务连锁企业。探究他们的成功奥秘，竟然是从不起眼的打扫卫生做起。

Yellow Hat的创始人名叫作键山秀三郎，公司在创立之初，总共才9个人。这样一家不起眼的小公司，想要在强手如林的东京站稳脚跟，是一件非常不易的事情，键山秀三郎当然对此心知肚明。

当时，公司有五名员工专门负责外出联系业务，连续跑了两个星期，竟然没有联系到一单业务。键山秀三郎将一切看在眼里，不过他并没有去批评这些员工。经过几天的思考，键山秀三郎觉得，如果公司整体环境变得干净整洁了，也许大家浮躁的心态便会慢慢消减，工作也会重新步入正轨。

于是，从第二天起，键山秀三郎亲力亲为，开始对公司进行彻底的清扫，从厕所到楼道，从办公室到大厅。在他打扫卫生的时候，还经常听到员工窃窃私语："我们社长除了打扫什么都不会。"听到这样的声音时，键山秀三郎一样坚持打扫卫生，从不间断。令键山秀三郎欣慰的是，自己坚持打扫卫生有了明显的变化，公司里不但风气好转，内部的人际关系也在好转，员工的面貌焕然一新，都加入了打扫的队伍中来。更可喜的是，那几位跑业务的员工也全身心地投入为客户的服务当中，从而赢得客户的信任。

正是因为键山秀三郎坚持五十多年从不间断的扫除，从而获得了客户认可，并赢得商机，公司获得了稳定的发展。现在，公司旗下已拥有700多家连锁店面、3000多名员工，年销售额达1400亿日元，成为日本汽车服务行业的领头羊。

故事之二：种花种出的白金盏花

一家园艺所重金征求纯白金盏花的启事，在当地一时引起轰动。有点种花常识的人都知道，在千姿百态的自然界中，金盏花除了金色的就是棕色的，能培植出纯白色的，不是一件易事。

一晃就是20年。一天，那家园艺所意外地收到了一封热情的应征信和一粒纯白金盏花的种子。寄种子的原来是年已古稀的地道爱花人。当她20年前偶然看到那则启事后，便怦然心动。她不顾儿女的反对，义无反顾地开始试验培植。

她撒下了一些最普通的种子，精心侍弄。一年之后，金盏花开了，她从那些金色的、棕色的花中挑选了一朵颜色最淡的，任其自然枯萎，以取得最好的种子。次年，她又把它种下去，然后，再从这些花中挑选出颜色更淡的花的种子再次种下……

日复一日，年复一年。终于，在20年后的一天，她在那片花园中看到一朵金盏花，是如银似雪的白色。纯白金盏花培植成功了，便出现了应征一幕。

【感悟】许多时候，成功并不是遥不可及的，只要学会从一点一滴做起，从自我做起，并坚持不懈，任何困难都会克服，任何奇迹都会出现。

王羲之醉酒避祸

东晋时期著名书法家王羲之，不但擅长书法，有"书圣"之称，而且在生活中临危不惧，智慧处事。

王羲之的堂伯父王敦，是朝廷中的大将军，常常把王羲之带到军帐中表演书法，有时天色晚了，还让他在自己帐中睡觉。

一天晚上，王羲之在王敦军帐中表演书法，完后就在王敦的军帐里睡下了。深夜，王羲之一觉醒来，忽然听见有人在低声说话，他仔细一听，原来是王敦和心腹钱凤在暗中商量造反之事，他们一时忘记睡在帐中的王羲之了。

王羲之听到谈话内容后，非常吃惊，心想，如果他们想起自己睡在这里，说不定会杀人灭口，怎么才能避过这一祸关呢？他越想越害怕。他想马上离开此是非之地，可军帐重地，一旦被发现，岂不是"此地无银三百两"？想着想着，他忽然闻到从自己嘴里透出来的酒气，灵机一动：昨晚我不是喝了很多的酒吗？对，假装醉酒，岂不是就可以避过此祸？于是，他在床上吐得一塌糊涂，接着，蒙头盖脸，发出轻轻的鼻鼾声，睡熟了似的。

此时，王敦和钱凤密谈完了，忽然想起了王羲之，不由得心惊肉跳。钱凤寻思必须除掉这个小子，不然，我们都要遭殃。虽然王敦心有不舍，但是在钱凤的怂恿之下，为了保住自己，也不得不下狠心。

于是，在夜深人静的军帐里，王敦和钱凤手握尖刀，正要下手，忽听到王羲之说起了梦话，再一看，床上吐满了饭菜，还散发出一股刺鼻的酒味。

王敦和钱凤两人看到这种景象，在床前站了片刻，当确认王羲之是酒后熟，便放弃了原来的打算，王羲之从而避免了杀身之祸。

【感悟】面对别人的隐私，缄默是明智，远离是高明。如果搅入其中，各样危险自然如影随形。面对危险，处惊不乱的人，才能找到逢凶化吉的妙方。王羲之临危醉酒，避免了杀身之祸，不失为明智之举。

"我是疯子,不是呆子"

一个明朗的夏日,某大学心理学教授因一个心理学课题需要,专程到一个疯人院参观,了解疯子的生活状态。

心理学教授在村民的指引下,好不容易来到了疯人院。教授刚到大院门口,就看见这些人疯疯癫癫,言行出人意料,可算大开眼界。

教授参观后,正准备返回时,糟糕!车辆的一个车胎被人拆掉了。"一定是哪个疯子干的!"教授愤愤地想道。当他动手拿备胎准备装上的时候,事情更严重了,拆车胎的人居然也将螺母拿走了。没有螺母,备胎也安不上去啊!

当教授一筹莫展、着急万分的时候,一个疯子蹦蹦跳跳地走过来了,嘴里哼着不知名的欢乐歌曲。

疯子发现了困境中的教授,就停止哼歌,问教授发生了什么事。

教授看到疯子的样子,本懒得理他,但出于礼貌还是把情况告诉了他。

疯子听后,哈哈大笑,一字一顿地说:"我有办法!"教授不相信他的话,一时没反应过来,只见疯子熟练地从每个轮胎上面拆一个螺母,这样就拿到三个螺母,一会儿,三下五除二,就将备胎装了上去。

教授看到这情景,心里踏实了,想不到疯子竟帮了他的大忙,既惊奇又感激,十分好奇地问道:"请问你是怎么想到这个办法的?"

疯子看了看教授,又嘻嘻哈哈地笑了起来,大声说道:"我是疯子,可我不是呆子啊!"说完,又哼着那不知名的欢乐歌曲蹦蹦跳跳地走了。

【感悟】 世上有许多的人,由于他们发现了工作中的乐趣,总会表现出与常人不一样的狂热,让人难以理解。许多人在笑话他们是疯子的时候,别人说不定还在笑他呆子呢。

做人呆呆,处事聪明,做人呆呆的其实也是一种智慧,在中国尤其不失为一种上佳的做人姿态。

学历代表过去,只有学习力才能代表将来。尊重经验的人,办事才能少走弯路。

解松鞋带的智慧

相传有一位表演大师,不但表演技术精湛,而且也是一个智慧办事的高手。

一天晚上,这位表演大师应邀到一个城市演出。上场前,他的弟子指着他的右脚,说:"师傅,您脚上的鞋带松了!"大师点头致谢,蹲下来仔细把鞋带系好。一会儿,等到弟子离开后,他又蹲下来将鞋带解松。

有个旁观者看到了这一切,不解地问:"大师,您为什么又要将鞋带解松呢?"大师笑了笑回答道:"因为我饰演的是一位劳累的旅行者,长途跋涉让他的鞋带松开,我正要通过这个细节表现他的劳累憔悴。"

"那你为什么不直接告诉您的弟子呢?"旁观者好奇地问道。

"我的弟子能够细心地发现我的鞋带松了,并且热心地告诉我,这种细致入微的精神是很好的。我一定要保护他这种热情的积极性,及时地给他鼓励,所以不直接告诉他。至于我将鞋带解开对表演艺术的意义,将来会有更多的机会教他表演。"

旁观者听了,频频点头,称赞大师的智慧办事能力。

【感悟】人一个时间只能做一件事,懂抓重点,才是真正的人才。

同是饥饿人

很久以前,一位长者在村西遇到两个饥饿的人,长者给他们一根鱼竿和一篓鱼,并告诉他们用这两件东西就不会挨饿了。其中,一个人要了一篓鱼,另一个人要了一根鱼竿,于是他们高高兴兴地离开长者,各奔东西去了。

那个得到鱼的人马上就用干柴搭起篝火把鱼煮熟,狼吞虎咽地连鱼带汤吃了个精光。第二天,鱼吃完了,他又陷入了饥饿中,不久,便饿死了。另一个得到鱼竿的人,手里拿着鱼竿,一步步艰难地向大海边走去,想在海边钓到很多的鱼,可当他已经走到海边时,最后一点力气也用完了,只能眼巴巴地看着鱼竿撒手人寰。

无独有偶。一位长者在村东遇到另两个饥饿的人,长者同样给他们一根鱼竿和一篓鱼。这两个饥饿的人没有像前面两人那样各奔东西,而是坐在一起商议利用这根鱼竿解决饥饿、改变命运的办法。于是,他们一人拿着鱼竿,一人捧着那篓鱼,踌躇满志地向大海出发了。一路上,他们总是在饥饿难耐的时候才煮一条鱼吃,就这样经过几天的长途跋涉,他们终于来到了海边。从此,他们两人开始了以捕鱼为生的创业生涯。几年后,经过辛勤劳动,他们在海边网箱养鱼,还盖起了房子,建立了各自的家庭,过上了幸福安康的生活。十年后,他们还有了自己建造的渔船,当上了名副其实的渔业老板。

同是饥饿的人,在相同的条件下,却迎来不同的人生结果。艰苦创业,智慧生活,是他们人生的最好诠释。

【感悟】一个人只顾眼前的利益,得到的终将是短暂的欢愉;一个人目标高远,但也要面对现实的生活,即制定的目标在现实有可行性。只有把理想和现实有机结合起来,寻找最佳捷径,与他人团结合作才有可能成为一个成功的人。有时候,一个简单的道理,却足以给人意味深长的生命启示。

感恩心态　面对落选

某公司副总裁史蒂文斯,对懂得感恩的员工特别欣赏,并受到他的重用。原因有二:一是他知道,懂得感恩的人,往往都会富有责任感、使命感和正义感,无论对环境、对他人或对社会都充满感激,充满爱心,感恩是成功人士健康性格的表现。二是与史蒂文斯的阅历有关,他年轻时经历了以感恩心态面对落选的故事。

这一年,史蒂文斯当程序员的软件公司倒闭了。这时,年届中年的史蒂文斯的第三个儿子刚刚降生,巨大的经济压力使他喘不过气来。

一天,史蒂文斯在报上看到一家软件公司要招聘程序员,待遇非常好。他立刻赶到公司,准备参加应聘。应聘的人数很多,竞争异常激烈。经过简单交谈,公司通知他一个星期后参加笔试。在笔试中，史蒂文斯轻松过关，剩下的只有两天后的面试了。

然而，在最后的面试一关，史蒂文斯没被选中。此时，史蒂文斯心很平静，并没有怨恨情绪，相反，他还给这家公司写了一封回信，感谢这家公司为他提供了笔试、面试的机会。虽然他落选了，但通过这次应聘使他大长见识，获益匪浅。

那家公司收到史蒂文斯回信后，深为这样的一封信而感动，最后公司总裁也知道了这件事情。三个月后，新年来临，史蒂文斯收到一张精美的新年贺卡，并邀请史蒂文斯来公司和他们共度新年，贺卡是他应聘的公司寄来的。原来，那家公司有职位又出现了空缺，他们第一个就想到了史蒂文斯。

史蒂文斯兴奋得跳了起来，新年过后，他高高兴兴地到该公司上班去了。

【感悟】一般人应聘落选后心情都会很不愉快，更不会给招聘单位写感谢信。但落选后的史蒂文斯不但没有怨恨，而且还给这家公司写了一封感恩信。史蒂文斯这种以感恩心态面对落选的做法，很值得我们深思，从中可悟出他应聘最终获得成功的道理。

所以，当你遭遇的事情让你觉得失望的时候，如果你还是抱着一颗感恩的心去面对现实，也许你会发现，人生其实很精彩！

智慧通言

成大事者　必有静气

清朝，有个叫翁同龢的人，曾出任过两朝皇帝的老师。他在教导皇帝时，全部课程可以归结为一句话："每临大事有静气。"他认为，自古以来有成就者，越是遇到大事，越是心静如水，处乱不惊。就是说：凡成大事者必有静气。

何为静气？通俗地讲，静气就是"能沉得住气""泰山崩于前而色不变，麋鹿兴于左而目不瞬"。一个人沉静到这种程度，才会静如处子，动如脱兔，反应神速而敏捷。

历史上有一个著名的淝水之战，当时东晋不足10万的兵力要抵御前秦百万虎狼之师，形势不可谓不凶险。但是，主帅谢安此时却在后方指挥所里不慌不忙下着围棋。前线军报传来，他只随意地看了一眼，又继续下棋。陪他下棋的人实在忍不住了，询问战况，谢安才轻描淡写地说道："小儿辈遂已破敌"。

一个人的静气从哪里来？他不是与生俱来的，也不是从天上掉下来的，而是需要自己不断地去历练和积累。航天英雄杨利伟，在航天飞行的整个过程中，心率始终在70次左右，绝对称得上心如止水。在神舟飞船里戴着航空手套手持操作棒按电脑键盘，难度之大不言而喻。尤其是在万众瞩目、全球媒体关注的情况下，要保证200多次各种各样的操作实现零失误，对常人来说简直是不可能完成的任务，但杨利伟做到了，并且在完成任务时如平时训练中一样镇定从容。

生活中很多事，并不在于你设定目标时有多坚定，而在于你实现目标时，心态能否始终保持平和。特别是面对意外变局之时，面对着他人掣肘之时，要跳脱出本能的暴躁，归复于静如止水的淡然。做到了，自然是鸟翔天空，鱼游深水。香伴花开，境随心转。

然而，有些人之所以一遇大事就惊慌失措，心静不下来。这在很大程度上是因为心里没底，也就是没有驾驭大事的能力和本领。俗话说：手中有粮，心中不慌。书籍就是精神食粮，通过读书，我们可以汲取前人的智慧，增长才干，克服本能的恐慌。同时，还要善养正气。诸葛亮在《诫子书》中写道："夫君子之行，静以修身，俭以养德，非淡泊无以明志，非宁静无以致远。"静气要靠正气来支撑。只有正气在身，才能淡泊名利，无欲则刚，才能不为进退滋扰，做到宠辱不惊。

我们年轻人血气方刚，容易冲动，加上经验不足，学习和工作中难免有一定的压力和紧迫感。越是在这种情况下，就越要"每临大事有静气"，保持轻松的心态和冷静的头脑，做到举重若轻。这样才能忙而不急，难而不乱，及时处理好面对的各种困难和问题。

智慧醒言

做人做事留余地

俗话说，风水轮流转。没有人能永在高位，也许你今天的下属，明天就变成了生命里的贵人。做人做事，请一定留三分余地，随处结一片善缘，到将来终有福报。

做人做事要留有余地，这是一条重要的做人准则。俗话说：待人留一线，日后好相见。在你留有余地的同时，别人也会因此而受益匪浅，永远不会忘记你。

在一家百货公司，一位顾客要求退掉一件外衣。她已经把衣服带回家并且穿过了，只是她丈夫不喜欢。她解释说"绝没穿过"。售货员检查了外衣，发现有明显干洗过的痕迹。但是，直截了当地向顾客说明这一点，顾客是不会轻易承认的，因为她已经说过"绝没穿过"，而且精心地伪装过。这样，双方可能会发生争执。于是机敏的售货员说："我很想知道是否你们家的某位成员曾把这件衣服错送到干洗店过。我记得不久前我也发生过一件同样的事情。我把一件刚买的衣服和其他衣服堆在一起，结果我丈夫没注意，把那件新衣服和一大堆脏衣服一股脑儿塞进了洗衣机。我怀疑你也遇到了这种事情——因为这件衣服的确有被洗过的痕迹。不信的话，你可以跟其他衣服比一比。"

顾客看了看证据，知道无可辩驳，而售货员又已经为她的错误准备好了借口，给了她一个台阶下。于是她顺水推舟，乖乖地收起衣服走了。故事中的售货员之所以能顺利地解决这起小事件，避免了纷争，关键之处就在于她事先替那名顾客找好了借口，留足了余地。给他人留有余地，就是给自己留下余地。

"人活脸，树活皮。"此话道出了人性的一大特点——爱面子。可是我们不能只爱自己的面子而不给他人面子。每个人都有一道最后的心理防线，一旦我们不给他人退路，不让他人走下台阶，对方只好使出浑身解数来自卫。因此，当我们遇事待人时，应记住一条原则：给别人留点儿余地。

其实，平时，你一句或两句体谅的话，对他人宽容一点儿，这些都可以减少对他人的伤害，保全他的面子，给他留有余地。正所谓"退一步海阔天空"，给他人留有余地，其实也是给我们自己留了余地，给自己创造更加广阔的发展空间。

做人做事要留有余地，这是社交中的一种礼节和美德。 在与人交往中，学会宽容，懂得忍让，人就会进入鸟语花香的新天地，就会觉得天是那么高远，地是那么广袤，一切都那么可爱。时时宽容，常常忍让，人才会达到精神上的顶点而"一览众山小"，才会宠辱不惊、心境安宁。

大牛小时候家里很穷。一天，有位客人到他家，母亲烹鱼招待客人，难得的诱人的鱼香，令他垂涎不已。大牛当时才6岁，还不懂得掩饰自己，他吵着要吃鱼，母亲答应了他，但是有个条件：等客人吃饱后方能上桌。大牛不听："等客人吃饱了，鱼不就被他吃光了？"母亲答道："知礼的客人绝对不会将鱼翻过面来吃，另外一面一定还是好好的。不信你去窗边看看……"

大牛来到窗边，踮着脚尖往里看，眼睛盯着盘中的那条鱼。忽然间，客人用筷子把鱼翻了个身……大牛失望地跑回厨房，扑进母亲怀里大哭起来。母亲也哭了，她不知该如何安抚大牛的心。几十年过去了，生活水平提高了，大牛也成了一名经理。但在所有的应酬宴请中，每当有鱼上桌时，大牛就会回忆起儿时那伤心的一幕。每次他总是不轻易把鱼翻身，因为他永远记住了母亲的那句话。大牛是聪明的，他没有因那次没吃到鱼而遗憾，相反却明白了一个做人的道理——凡事要留有余地。

做人做事要留有余地，这是一种人生智慧。 国画中有一种"留白"艺术，讲的是画面留有空白，象征着天地自然，有深邃的时空感，使画面透气，不死板。"画留三分白，生气随之发"，方寸之地亦显天地之宽，说的就是国画留白的妙处。其他艺术创作也会采用留白的技法。文学作品的留白，是"不著一字，尽得风流"的遐想；音乐作品的留白，是"此时无声胜有声"的意境。

人生亦如此，水满则溢，月盈则亏。看起来太圆满的事物，往往会有欠缺。"物极必反"的事例在日常生活中是屡见不鲜的。"饭吃七分饱，话说七分好"，事物不能一直处于超越极限的状态。所以，一个会布局的人，永远不会把人生塞得太满。懂得留白，是人生的大智慧。

生活处处需要留白的智慧。聪明的夫妻，懂得在婚姻关系里留白，给彼此一些私人空间，不会让亲密成为彼此的负担。只有相处不累，才能久处不厌。有分寸感的父母，懂得在亲子关系里留白。他们会尊重孩子的人格心性，鼓励孩子成为自己的主人，而不是以"爱"之名，把自己与孩子的命运捆绑在一起。

有智慧的人，躬身做事，尽力而为，但求无愧于心，却不会求全责备，把自己和他人逼入死胡同。

做人做事留有余地，生活才会张弛有度。这才是智慧的人生。智慧的人生，人缘好，心境宁，后劲足。

交友篇

智慧名言

交友智慧

人生得一知己足矣。

——鲁迅

君子之交淡若水,小人之交甘若醴;君子淡以亲,小人甘以绝。

——庄周

相知无远近,万里尚为邻。

——张九龄

相逢方一笑,相送还成泣。

——王维

莫愁前路无知己,天下谁人不识君。

——高适

布衣之交不可忘。

——李延寿

人生交契无老少,论交何必先同调。

——杜甫

交心不交面,从此重相忆。

——白居易

山河不足重,重在遇知己。

——鲍溶

人生所贵在知己,四海相逢骨肉亲。

——李贺

少年乐相知,衰暮思故友。

——韩愈

世事如今辣酒酿,交友自古春云薄。

——苏轼

人生乐在相知心。

——王安石

味甘终易坏,岁晚还知,君子之交淡如水。

——辛弃疾

换我心,为你心,始知相忆深。

——顾夏

相识满天下,知心能几人。

——冯梦龙

天下快意之事莫若友,快友之事莫若谈。

——蒲松龄

比荣誉、美酒、爱情和智慧更宝贵、更使人幸福的东西是我的友谊。

——海塞

朋友交好,若要情谊持久,就必须彼此谦让体贴。

——乔叟

忠诚是友谊的桥梁,欺骗是友谊的叛徒。

——印度谚语

在紧急时舍弃你的朋友不可信赖。

——伊索

如果说,友谊能够调剂人的感情的话,那么友谊的又一种作用则是能增进人的智慧。

——培根

单单一个有智慧的人的友谊,要比所有愚蠢的人的友谊还更有价值。

——德谟克里特

智慧、友爱,这是照明我们的黑夜的光亮。

——罗曼·罗兰

愤怒中看出智慧,贫困中看出朋友。

——毛南族谚语

像橡树般一寸寸成长起来的友情,要比像瓜蔓般突然蹿起来的友情更为可靠。

——夏洛蒂·勃朗特

势利的朋友,迟早会离你而去。

——亚当斯

没有友谊,世界仿佛失去了太阳。

——西塞罗

贫困能试朋友之真伪。

——但丁

趋炎附势的小人,不可共患难!

——拜伦

有很多良友,胜于有很多财富。

——莎士比亚

择友宜慎,弃之更宜慎。

——富兰克林

在背后称赞我们的人,就是我们的良友。

——塞万提斯

金质礼品会断送友谊。因为赠礼者也许的确会忘记自己的慨举,但受礼者却永远会感此厚恩。

——威·史密斯

爱朋友,喜欢朋友,用诚意去对待朋友,但不要依赖朋友,更不要苛求朋友。能做到这几点,你才可以享受到交友的快乐。

——罗兰

一个不是我们有所求的朋友才是真正的朋友,交友不是为了向对方索取什么。

——赫巴德

阴险的友谊虽然允许你得到一些微不足道的小惠，却要剥夺掉你的珍宝——独立思考和对真理纯洁的爱！

——别林斯基

真正的友谊总是预见对方的需要，而不是宣布自己需要什么。

——莫洛亚

交友时须慎思，先知其品性、家世和交游。

——瓦鲁瓦尔

想与所有的人交友的人，不是任何人的朋友。

——普菲费尔

交朋友要交有义气的人，正如聪明的医师治病前必须切脉考察病根，交朋友也必须考查对方的品德，否则是危险的。

——伊本·穆加发

智慧故事

结交优秀朋友

美国有一位百万富翁，名叫阿瑟·华卡。这天，他在一个会议上，畅谈他经营实业的经验心得。他说："我在实业界闯荡了六十七年，体会最深的经营心得就是：坚守着我年轻来纽约学到的基本信条，即多结交优秀有益的朋友，多会见成功创业的前辈，就能转换一个人的机运。"

华卡是美国的农家少年。有一天，他在杂志上读了某些大实业家的成功故事，很想知道得更详细些，并希望能得到大实业家对自己创业的忠告。

一天早上七点，他就到了纽约的威廉·亚斯达的事务所。

在第二间房子里，华卡立刻认出了面前体格结实、长着一对浓眉的高个子,他就是杂志上刊登的大实业家。那个名叫亚斯达的高个子开始觉得这个少年有点讨厌,然而当听到华卡问他"我很想知道,我怎样才能赚得百万美元?"时,亚斯达的表情便变得柔和并微笑起来。随后,他们两人竟谈了一个钟头。告别时,亚斯达还告诉华卡该去访问的其他实业界的名人。

第二天,华卡按照亚斯达的指引,逐个访问纽约一流的商人、总编辑及银行家。

虽然,在赚钱这方面,华卡所得到的忠告并不见得对他有所帮助,但是能得到成功者的指点,无疑给了他自信。他开始仿效他们成功的做法,在实业方面大干一场。

果然,两年后,年仅20岁的华卡成为他当学徒的那家工厂的所有者。24岁时,他是一家农业机械厂的总经理。创业时间不到5年,这个来自乡村木屋的少年,就如愿以偿地拥有百万美元的财富了,还成为银行董事会的一员。

【感悟】与比自己差的人交往,除了得到慰藉,很难有其他的收获;多结交比自己优秀的朋友,不仅会让你学到更多的东西,而且能从他身上吸取力量和勇气,来激励鞭策自己。伟大的人物才有伟大的友人,记住:一定要多结交比自己优秀的人。

李白杜甫忘年交

俗话说"文人相轻",但在唐代文坛上,却有两个诗人给后人留下了"文人相交"的佳话,他们就是李白与杜甫。

李白与杜甫,一位是诗仙,一位是诗圣,是中国诗歌史上泰山北斗级的人物。李白自幼聪明过人,饱读诗书,5岁能诵六甲、10岁可观百家,一度被称为神童。杜甫出身名门,7岁学诗,15岁诗名远扬。

公元七百四十四年四月,李白途经洛阳,而此时杜甫也正在洛阳,一个机缘巧合,在杜甫的父亲杜闲家中,这两位中国诗歌史上的巨擘相识了。

44岁的李白和33岁的杜甫,两个相差11岁的男人,因为诗歌一见倾心,从此成了忘年交。

从杜甫的许多诗词中，我们都可以看出他对李白的感情，是像兄弟一样的真挚。然而杜甫为什么会佩服李白呢？仔细分析他们两人的性情相去甚远，杜甫为人老实，规规矩矩，而李白是何等的狂人，恣意纵酒，口出狂言。但是杜甫偏偏能欣赏李白，甚至不惜笔墨，对李白给予高度评价，而性格孤傲的李白偏偏能和杜甫投缘，相伴相行，醉酒当歌，形同兄弟，这不能不说是一种千古奇缘。

【感悟】李白和杜甫，在中国文化历史上都具有无上的位置，他们深厚的友谊也是文学史上的一段佳话。曾子所说的"以文会友"就是对这种友谊的描述。

范仲淹患难遇真友

北宋的范仲淹因主张改革，惹怒了朝廷，被贬去了颍州。

这天，当范仲淹卷起铺盖离京时，一些平日与他亲密的官员，生怕被说成朋党，纷纷远而避之。但有个叫王质的官员则不然，他正生病在家，听到消息后，立即拖着患病的身躯艰难地走出家门，走到范仲淹跟前，拱手送别，把范仲淹送到城门外，直到范仲淹走远后才转身回来。

在那一人犯罪株连九族的封建社会里，王质能冒着风险，不计个人得失，真诚待友，和那些见利忘义的小人相比较，实在是难能可贵的。对范仲淹来说，见到王质前来送别，犹如见到一缕至诚的阳光，相视无言，相知在心。谁是真朋友，谁是假朋友，此时此刻，范仲淹心里一清二楚了。

后来，每当范仲淹想起王质前来送别的情景，就会情不自禁地发出"送别皆在温暖处"的感叹！

【感悟】患难之中见真情。在坎坷和磨难中，友情可以产生强大的力量，犹如一盏明灯照亮前程。真正的友情所产生的力量是无与伦比的。

刻在心里的朋友

传说有一天早上，两个一高一矮的朋友在沙漠中旅行，一前一后，一高一矮，有说有笑，好不快活。

晌午时分，他们行至沙漠小山中，两个朋友为点小事争吵起来了，当两人争得面红耳赤时，高个子一气之下给了矮个子一记耳光。矮个子被这突如其来的一记耳光惊呆，深感受辱。但他没有还手，而是一言不发地在沙子上写下几个字："今天我的好朋友打了我一巴掌。"

高个子看见沙子上的字后，气也消了很多。于是，他们继续往前走。一直到了沃野，他们才决定停下休息一会。这时，被打的矮个子跑到沃野的池塘里玩耍，差点儿被淹死，幸好被高个子救了起来。矮个子吐出呛水后，睁开眼睛一看，高个子不停地在为他擦身按摩，矮个子感动得流下了泪水。许久，他拿了一把小剑在石头上刻了："今天我的好朋友救了我一命。"

站在一旁的高个子看后，好奇地问道："为什么我打了你以后，你要写在沙子上，而现在我救了你，你却要刻在石头上呢？"

矮个子笑了笑回答说："当我被朋友伤害时，要写在易忘的地方，大风会吹抹去它；相反，如果我被朋友帮助，我就要把它刻在心里的深处，任何风都不能抹灭它，我就永远也不会忘记他了。"

高个子听了，深受感动！接着，两个朋友紧紧地抱在一起，在茫茫的沙漠中分享深深的友情。

【感悟】朋友间相处，伤害往往是无心的，帮助却是真心的，忘记那些无心的伤害；铭记那些对你真心的帮助，你会发现这世上你有很多真心的朋友，你的生活也就亮丽很多。

朋友是恒久的财富

美国有一个富翁,积累了上千万美元的财富。这天,身患重病的他,把十个儿子叫到床前,向他们公布了他的遗产分配方案。

富翁说:"我一生财产有一千万美元,你们每人可得一百万美元。但有一个人必须独自拿出十万美元为我举办丧礼,还要拿出四十万美元捐给福利院。我可以介绍十个朋友给他作为补偿。"

儿子们窃窃私语,好久没有人回答。这时,富翁最小的儿子站出来,坚定地说:"我选择了独自为父亲操办丧礼的方案。"看到其他的儿子都没有说话,于是,富翁把他最好的十个朋友一一介绍给了他最小的儿子。

富翁死后,儿子们拿着各自的财产独立生活。没过几年,父亲留给他们的那些钱,就所剩无几了。最小的儿子的账户上更是只剩下最后的一千美元,无奈之时,他想起了父亲给他介绍的十个朋友,于是决定把他们请来聚餐。

朋友们一起美餐了一顿之后,高兴地说:"在你们十个兄弟当中,你是唯一一个还记得我们的。为感谢你的浓厚情谊,我们帮你一把吧!"于是,他们经过商议后,决定每个人给他一头母牛和一千美元,还在生意上给了他很多有效的建议。

富翁的小儿子依靠父亲的老友们的资助,开始步入商界。许多年以后,他成了一个比他父亲还富有的大富豪。成功后的他,一直与他这些老朋友保持着密切的联系,朋友们称赞他是一个值得交往和信赖的朋友,他就是美国巨商弗兰克·梅维尔。

据说,成功后的梅维尔经常说的一句话是:"我父亲告诉过我,朋友比世界上所有的金钱都珍贵,朋友比世界上所有的财富都恒久。"

【感悟】在这个世界上,金钱能给人一时的快乐和满足,但无法让你一辈子都拥有。而友谊和朋友却能给你一生的支持和鼓励,让你终身拥有快乐、温馨和富足。也就是说,好朋友是人生一笔最大的财富,也是一笔最恒久的财富。

管宁割席绝友

　　三国时期有个人叫管宁，家里很穷，但他十分好学，喜欢结交朋友，其中一个朋友叫华歆，两人是一对非常要好的朋友，形影不离，相处得十分和谐。

　　有一次，管宁和华歆一块儿在菜地里锄草，两个人努力干着活，一会儿就锄好了一大片。

　　这时，只见管宁抬起锄头，一锄下去，"当"的一声响，锄头碰到了一个硬东西。管宁好生奇怪，将锄到的一大片泥土翻了过来，只见黑黝黝的泥土中，有一个黄澄澄的东西闪闪发光。管宁定神一看，是块黄金。但管宁毫不在乎，就把它当作砖石土块对待，用锄头一拨就扔到一边了，继续锄他的草。

　　"什么？金子！"不远处的华歆见到，不由得心里一动，赶紧过来拾起金块端详。

　　管宁见状，很不满意地对华歆说："一个有道德的人是不可以贪图不劳而获的财物的。"

　　华歆听了，口里说："这个道理我也懂。"手里却还捧着金子左看看、右看看，怎么也舍不得放下。

　　管宁见他这个样子，不再说什么，只是暗暗地摇头叹气。

　　又有一次，管宁和华歆两人坐在一张席子上读书，正读得入神，忽然外面传来一片鼓乐声，还夹杂着吆喝声，热闹非凡。

　　原来是一位达官显贵乘车从这里经过，一大队随从佩带着武器，前呼后拥，威风凛凛，气势逼人。

　　管宁对于这些很不以为然，继续在原处专心致志地读书，就好像什么都没有发生一样。

　　华歆却不是这样，他完全被这种张扬的声势和豪华的排场吸引，跑到街上看热闹。

　　管宁目睹了华歆的所作所为，再也抑制不住心中的叹惋和失望。等到华歆回来以后，管宁就拿出刀子当着华歆的面把席子从中间割成两半，痛心而决绝地宣布："我们两人的志向和情趣太不一样了。从今以后，我们就像这被割开的草席一样，再也不是朋友了。"

这件管宁和华歆绝交事件，后人称为"管宁割席"。

【感悟】真正的朋友，应该建立在共同的思想基础和奋斗目标上，一起追求、一起进步。如果没有内在精神的默契，只有表面上的亲热，这样的朋友是无法真正沟通和理解的，也就失去了做朋友的意义了。这就是"物以类聚，人以群分"的道理。

智慧通言

人生不能缺少朋友

俗话说："一个篱笆三个桩，一个好汉三个帮""多一个朋友多一条路"。人生在世，是离不开朋友少不了朋友的友谊和支持的。我们必须珍惜友情，善交朋友，充分发挥朋友在智慧人生中的积极作用。

真正的朋友应该是高雅纯净，患难与共，也就是当你需要的时候，他随时都会伸出友谊的手。所以，朋友的定义应该是：

第一，**难予能予**。当朋友有了困难，需要你的帮助时，即使自己有困难，也应该尽力而为。

第二，**难做能做**。帮朋友做事，只要是好事，纵使做起来不容易也要去做。因为朋友之间本来就应该互相帮助，能"难做能做"足证友谊之坚。

第三，**难忍能忍**。朋友相处，有时难免会有一些误会，有一些看法上的不同，乃至在语言上发生口角，此时必须互相包容、容忍，尤其是要难忍能忍。如果一点包容忍耐的胸襟都没有，再好的朋友也不能长久相交。

第四，**秘事相语**。好朋友除了能在工作上互相帮忙、协助之外，尤其是要能分享自己心里的一些秘密，譬如在做人处世方面，或者财务上、感情上、事业上的秘密，都能适度和朋友协商，一起分享。

第五，不扬彼过。好朋友可以规劝，可以勉励，但是不能张扬他的过失。你张扬他的过错，让他很难堪，就不是好朋友了。

第六，遭苦不舍。当朋友遭遇困难、痛苦、受灾受难的时候，你不可以舍弃他；不能因为朋友一时潦倒，就弃之不顾，这种势利眼的人日后也是会遭到朋友唾弃的。

第七，贫贱不轻。和朋友相交，在他荣华富贵的时候固然很欢喜，万一贫穷、失意、受苦受难的时候，你也不能轻视他，能够贫贱不轻，才是真正地患难见真情。所以和朋友相交，贵在彼此相互帮忙。相互协助，你能付出多少，朋友必能回馈多少。

交友是在考验一个人的眼光，考验一个人知人论世的能力。所以，结交朋友要遵守交友之道：

一是以德交友。首先须问自己想交什么样的朋友。如果希望交到真心的朋友，就要拿出自己的真心，以道德、以义气、以慈悲来交往；如此得来的朋友，在最紧要关头时，大都能同甘共苦。所谓"患难见真情"，在最困顿的时候，还能不变初衷地帮助扶持，才是真正的朋友。

二是以诚交友。朋友之间要讲究知心，讲究坦诚。双方以真实的言语、真实的感情交往，摒除利害关系，拥有手足般的义气情谊，能相知相惜，相互关爱，彼此扶助，就是真正的朋友了。

三是以知交友。见识广博或具有专业知识的人，会受到朋友的喜欢。同样，懂得随时吸取新知的人，智商高的人，也会吸引许多见多识广的人到身边来。

四是以道交友。"道风德香传千里"，有道德、有修养的人，无人不欣喜，不论远近，大家都会争相来亲近。此即所谓"与善人居，如入芝兰之室，久而不闻其香，即与之化矣。"

中庸说："待人以诚，感人以德，交人以善，这是率性之谓道。"朋友交往以诚以真，相待以礼以敬，相处以平以淡，相勉以学以道，都是交朋友的原则。

友情是建立在平等、自由之上的一种情意默契、互相欣赏和互相负责的情感。正如作家罗兰所说，友谊是一种相互吸引的感情，因此它是可遇而不可求的。但是，受一些旧的、传统交友思想影响，当代人中还存在部分错误的惯性交友观，值得反思。

"为朋友两肋插刀,甚至于'抛头颅、洒热血',这样才是真朋友""为朋友两肋插刀,甚至可以牺牲自己",在当今的文明与法治社会里已不需存在,我们只要帮朋友拿起法律武器捍卫正义,文明时代的人应该做文明的事,否则是对友情不负责任的表现。也许有人会说:"难道朋友有困难也不帮吗?这还算什么朋友呢?"是的,友情的责任就是替朋友排忧解难,但并不是要求朋友必须为自己分担责任和痛苦。所以,在给予帮助和接受帮助时,朋友间都要设身处地地为对方想想,千万别把一方的幸福或解脱建立在另一方的痛苦或困扰之上,否则"你还是朋友吗"?

"朋友一定要交比自己强的人,否则即使不吃亏,面子也没了。"当然,结交比自己强的人,能从他身上学习到他的长处、优点,"三人行必有我师焉",结交这样的朋友,将受益匪浅。但是,友情是一种平等、自由的精神感受,它不受人的身份地位、性别年龄和文化能力的制约,是一种不含目的的情感。如果朋友间有了企图或算计,那么友情就会变质,沦为相互利用的工具,结果彼此都会受到伤害。

"男女之间不会有真正的友情,要有也是爱人、情人。"受"男女授受不亲"的封建思想影响,当代人中还有"戴着有色眼镜"看男女友情的;假如你是未婚者,有人称你的异性朋友为"对象";假如你是已婚者,有人称你的异性知己为"情人",甚至于被自己的爱人误会。其实,异性朋友与同性朋友是一样的,只要不违背亲情伦理、社会道德,不背叛爱情,男女的友情一样纯洁、灿烂。

与朋友相处是一种艺术,或者是一生中很重要的学问。要学好这一点,很不容易。首先要抱着一种无所求的心理,不要去苛求对方,无欲则刚,不求于对方,然后要多为对方做事情,这样关系就慢慢地好了。很多人关系越搞越糟糕,是因为向对方所求的太多了。人和人的感情,淡淡的就好,这样的关系,能够维持得久。如果一直浓浓的,两人浓如蜜,就是要分开的时候了。

"友谊永远是一个甜蜜的责任,从来不是一种机会。"人只有这样的感悟,友情才会真正拥有,持久不衰!

智慧醒言

慎交友　交益友

在社会生活工作中，就必须交朋友。然而，大千世界，鱼龙混杂，友分益友、损友。交上益友，可以使自己健康成长、人生幸福；交上损友，则可能导致自己身败名裂、人生凄惨。可见，如何认识和选择朋友，是十分重要的人生课题，一定要慎交友，交益友。

要慎交友。无论交什么类型的人当自己的朋友，都要慎重。"近朱者赤，近墨者黑"，这流传久远的名言，生动地说明了"慎交友"的重要，是古人的经验之谈。事实确实如此，和什么样的人在一起，就反映了这个人的志趣和品性，也反映了一个人的品质与内心。了解一个人，也可以从他的朋友圈看出端倪。因为，朋友很多时候是自己的影子。一个人的朋友如何，对自身的发展起很大作用，这是一种看不见的潜移默化，熏陶感染的力量。

要交益友。古人云："益者三友，损者三友。友直、友谅、友多闻，益矣；友便辟、友善柔、友便佞，损矣。"就是说，与正直、讲信用、有学问的人交朋友，会受益匪浅；与那种献媚奉承、心术不正、华而不实的人交朋友，会带来坏处。这对我们如何选择、结交朋友仍有启示。一般来说，在现实生活中，我们结交的可有如下几种类型的朋友。

挚友：指的是恳切、真诚，以感情和原则为生的真心朋友。

畏友：指的是朋友之间敢直言规谏，直陈人过，积极开展批评与自我批评的人。

密友：指亲密无间，感情浓厚，能与自己同甘共苦的朋友。

学友：指勤于学习或渊博的朋友。交学友可以增长知识，开阔视野，相互配合，取长补短，相互促进，互为鞭策。

对于朋友的界定，要严肃对待为好。经人介绍初次见面，就以朋友相称，这就是很不严肃的态度。当你把交友之道降低到了最低标准，也就不可能结交到真正的朋友了。

那么，我们怎样才能结交好朋友呢？

首先是要结交志同道合的朋友。《论语》告诉我们要"无友不如己者"，"如"是"似""像"的意思，就是不要结交那些不像自己的人，也就是和自己志不同、道不合的人，所谓"道不同不相为谋"。与志同道合的朋友在一起，可以互相切磋琢磨，共同进步。那么怎样才能找到与自己志同道合的朋友呢？方法就是"感召"，即想和什么样的人交朋友，就要使自己也成为那样的人，互相吸引，互相感召，从而最终聚到一起。孔子曾说过：如果你不知道儿子怎么样，就观察他的父亲；如果你不知道这个人怎么样，就看他结交的朋友；如果你不知道君主、领导什么样，就看他的属下，这样你就知道他们是什么样的人了。说的就是同类相感的道理。

有些人热衷于社交，喜欢周旋于众人之间的感觉。然而，社交场合中的赞美，也不过是出于礼貌，基本上没多少真诚。而交际花的角色，并不能博得他人的好感，人家会觉得你举止轻佻。

其次是要结交德行善良的朋友。据说楚国有一个善于看相的人，楚庄王向他请教其中的奥妙。他回答："我并不能给人看相，只不过是善于观察这个人所结交的朋友。如果这个人他所结交的朋友都能够孝敬父母、友爱兄弟、尊敬长辈、行为谨慎、畏惧法律，这样的人，会一天比一天过得好，身心也会一天比一天安定，可称为'吉人'。"可见，朋友对人的影响很大，直接关系到人的成长和命运。与贤德之人在一起，久而久之，自己也会成为贤德之人。反之，如果人所结交的都是无德之人，所听的都是诈伪的言语，所看的都是邪曲不正、贪图利益的行为，那么就会致使自己即将遭受刑罚还不知不觉，这也是潜移默化的结果，也就是"近朱者赤，近墨者黑"的道理。

有孝心的人是懂得感恩的人。父母永远是我们最大的恩人，假若是孝敬父母之人，必将对朋友也会是肝胆相照、有难同当。

有孝心的人可以成为诚实朋友；但如果连孝敬父母都做不到，很难想象这个人在危急时刻不会捅你一刀。没孝心之人万万不可交成朋友。

再次是结交言而有信的朋友。朋友之间要以道相交。古人云："以利交者，利尽而交疏；以势交者，势倾而交绝；以色交者，华落而爱渝；以道交者，天荒而地老。"朋友之间的交往也是如此。以利交、以势交、以色交都不能维持长久，唯有以道相交才能天荒地老。那么，朋友相交之"道"是什么呢？这个道就是"信"。与朋友交往，言语行为都很守信，才能够获得朋友的信赖，在困难的时候才能得到朋友的帮助，在社会上待人接物处事才会一帆风顺。

"信"是为人处世恒常不变的美德之一。孔子说："与朋友交，言而有信"。信，首先是信用，自己说到做到，一诺千金，言而有信；其次是信任，信任朋友，不无端猜疑。一个让人不信任的人是交不到朋友的，一个总是疑心别人的人也是很少有人来同你交友的。

《庄子·山木》中说："君子之交淡如水，小人之交甘若醴"。真正的友谊靠的是赤诚相投，而不在于甜言蜜语或重金送礼。当然，我们提倡君子之交淡如水，并不是反对朋友间的礼尚往来和文明馈赠。从某种意义上讲，朋友之间的"雪中送炭"或"千里送鹅毛"等行为能体现朋友间相互关心和友爱的心情，当朋友有困难时，鼎力相助，无私支持，这正是真朋友的表现。

明代文学家冯梦龙曾经说："酒肉弟兄千个有，落难之中无一人"，如醴似蜜的小人之交就是如此。西方哲学家西塞罗也说："把友谊归结为利益的人，我以为是把友谊中最宝贵的东西勾销了。"可见，"小人之交甘若醴"，古今中外，情理相同。路遥知马力，日久见人心，小人还是君子，淡如水还是甘若醴，时间一久，自然原形毕现了。

"相识满天下，知心能几人？"其实人这一生中，除了少数挚友，大多交情都是利益的结合。只要有利益可以交换，就能拥有人脉。能力无须势均力敌，只要对症就能管用。只是千万记得，这样的人脉并不是真的朋友。当利益用尽，交情也就散了。

年轻人正处于事业的起跑线上，能否交到好的朋友，直接决定了自己的前途命运。曾国藩说："一生之成败，皆关乎朋友之贤否，不可不慎也。"鉴于此，年轻人务必要"亲君子，远小人"，选择结交对自己德行提升有帮助的朋友。好的朋友，能够在不知不觉中帮助自己提升境界，走向幸福的人生。

成长篇

智慧名言

成长智慧

自觉心是进步之母,自贱心是堕落之源,故自觉心不可无,自贱心不可有。

——邹韬奋

人生就像爬坡,要一步一步来。

——丁玲

命运,不过是失败者无聊的自慰,不过是懦怯者的解嘲。人们的前途只能靠自己的意志、自己的努力来决定。

——茅盾

实力就是机会,但是一个人如果连机遇都没本事抓住,那么即使幸运之神就站在眼前,他也没法把握。

——汪国真

路是脚踏出来的,历史是人写出来的,人的每一步行动都在书写自己的历史。

——吉鸿昌

从今以后,别再过你应该过的人生,去过你想过的人生吧!

——梭罗

谁接受纯粹的经验并且按照它去行动，谁就有足够的真理。就这个意义上说，正在成长中的孩子是聪明的。

——歌德

青年是学习智慧的时期，老年是付诸实践的时期。

——卢梭

被生活所磨炼出来的成长，心灵深处却明显存在着这类纤尘的污痕。

——高尔基

精力充沛的青春，是不怎么容易灭亡的。

——卡罗萨

我不能选择那最好的，是那最好的选择我。

——泰戈尔

无论何人，若是失去了耐心，就失去了灵魂。

——培根

越是接近真理，便越加发现真理的迷人。

——拉美特利

对于不屈不挠的人来说，没有失败这回事。

——俾斯麦

我所能奉献的，只有热血辛劳汗水与眼泪。

——丘吉尔

黄金时代在我们面前而不在我们背后。

——马克·吐温

我们若已接受最坏的，就再没有什么损失。

——卡耐基

永远没有人力可以击退一个坚决强毅的希望。

——金斯莱

不等待机会所送礼物的人，就是征服了命运。

——阿诺德

如果你想独占真理，真理就要嘲笑你了。

——罗曼·罗兰

对于害怕危险的人，这个世界上总是危险的。

——萧伯纳

青春的朝气和前进不已的好奇心若消失，人生就没有意义了。

——穆勒

取得成就时坚持不懈，要比遭到失败时顽强不屈更重要。

——拉罗什夫科

谁勇敢地经受过青春之火的洗礼，谁就毫不畏惧晚年的严寒冰霜。

——兰多

我是我所知道的唯一一个在一年中失去2.5亿美元的人……这对我的成长很有帮助。

——乔布斯

只有具备真才实学，既了解自己的力量，又善于适当而谨慎地使用自己力量的人，才能在世俗事物中获得成功。

——歌德

一个人只有在他努力使自己升华时，才成为真正的人。

——安德烈·马尔罗

环境影响人的成长，但它并不排挤意志的自由表现。

——车尔尼雪夫斯基

假设你担心年轻的一代会变成什么，答案是他们会继续成长，并且开始担忧更年轻的一代。

——罗杰·艾伦

志向是天才的幼苗，经过酷爱劳动的双手培养，在肥田沃土里将成长为粗壮的大树。不酷爱劳动，不进行自我教育，志向这棵幼苗也会连根枯死。肯定个人志向，选好专业，这是幸福的源泉。

——苏霍姆林斯基

人类被赋予了一种工作，那就是精神的成长。

——列夫·托尔斯泰

智慧故事

书香伴我成长

早些时候,笔者到一家公司采访,看到公司举办的读书活动展览,其中有一个版块叫作"书香伴我成长",展贴许多读书故事,书香味浓,事迹感人。现摘录两篇展文如下。

第一篇:书,让我看到彩虹

人的成长离不开书,读书让我领悟到了人生的真谛,每当我迷茫时,书犹如一支明亮的火炬,指引我前进的方向;当我悲伤痛苦时,书告诉我,悲伤只是暂时的,只要勇于奋斗,便会发现快乐就在眼前;每当我受不了人生磨难时,书告诉我,只有经历过风雨后才能见彩虹……啊!那书香就像母爱一样,伴我生活,伴我成长!

我是一名技工,两年前的夏天,我生了一场大病,病中的我不知被抽了多少血,也不知吃了多少药……每当我受不了这种病苦时,我就会想起书中写的海伦的事迹。是啊,比起海伦,我吃的这点苦,又算得了什么呢?当我克服了重重困难,终于康复出院后,却因为体形问题,受到许多人的排斥与白眼……在我情绪最低落的时候,又是书伴随着我,带给我更多的知识和智慧,更大的力量和勇气,使我看到了彩虹,看到了希望。现在,我依旧快乐地在书香的熏陶中扎根基层,为工厂的技术革新谱写出更加灿烂辉煌的诗篇!

第二篇:书,让我战胜挫折

高尔基说:"书是人类进步的阶梯。"莎士比亚说:"书籍是全世界的营养品。"我说:"书是一把钥匙,它能帮我打开知识大门,陪伴我战胜挫折。"从牙牙学语的孩提时代到风华正茂的青春少年,浓浓的墨香一直伴我成长。小时候,我每天最幸福的事情就是躺在妈妈的怀里一边翻着绘本,一边听她读书。上学后,我可以借助拼音读书了,一有时间我就埋在书堆里。工作后,我把目光转向了经典诗篇、世界名著等，进一步明确奋斗目标，迎难而上，取得显著佳绩。

去年夏天，在一次项目的攻关中，由于我对项目分析不够周密，加上准备时间不足，项目攻关失败了，我心里十分懊丧。一天下午，我在迷茫中走入了一片树林。这时，不远处传来一声清脆的鸟叫声。我闻声望去，只见一只弱不禁风的小鸟趴在地上，似乎想振翅高飞，却失去了力气，无法飞起来。我想帮它，但它看见我，似乎有些害怕。我只好躲在树后，观察它的动静。小鸟吃力地扇动翅膀，在空中摇摇晃晃地飞了一圈后，又重重地摔在地上。但小鸟仍然坚持着，终于在试飞三次后，成功地飞向了湛蓝的天空。我被这一幕震撼了，人生有许多次经历，失败了没关系，只要你在原来摔倒的地方重新站起来，经过一次次的尝试，终会成功。

此后，在我们技术攻关组的共同努力下，终于在三个月后取得了项目攻关的成功。

【感悟】成长是一个磨炼的过程，没有失败就没有成功，没有付出就没有收获，你本是一株树苗，成长后就变成参天大树，我们只要正确面对成长中的点滴，在书香中成长，在磨炼中成长，终会成为一个成功者！

金子总是要发光的

爱因斯坦生于德国的一个叫乌尔姆的小城。他3岁时还不会说话，在学校也无"神童"的表现，甚至在教师眼里显得平庸迟钝。

爱因斯坦10岁时，父母才把他送去上学。他喜爱上了数学课，后来，他看到一本欧几里得几何学课本，书中论证得无可置疑的许多公理，使他产生了强烈的好奇心，一口气就将它学完。他在中学时就自学了包括微积分在内的基础数学及某些理论物理知识。进入大学后，他经常缺课，独自修读了经典理论物理，研究了麦克斯韦电磁理论。后来，他又在书中结识了阿基米德、牛顿、笛卡尔、歌德、莫扎特……书籍和知识为他开拓了一个更广阔的空间。

爱因斯坦中学毕业后，想报考大学。可因外文不及格，落榜了。但他没有气馁，一年以后，他考入了苏黎世综合工业大学。这时的他，已经在为自己的未来做准备了。他把精力全部用在课外阅读和实验室里,教授们认为他"不务正业"。

爱因斯坦大学毕业时,正赶上经济危机爆发,由于他是犹太人血统,又没有关系,没有钱,所以失业在家。为了生活,他只好靠讲授物理获得生活费。在授课过程中,他对传统物理学进行了反思,促成了他对传统学术观点的猛烈冲击。经过高度紧张兴奋的五个星期的奋斗,爱因斯坦写出了九千字的论文《论动体的电动力学》,狭义相对论由此产生。可以说,这是物理学史上的一次决定性的、伟大的宣言,是物理学向前迈进的又一里程碑。

金子总是要发光的。尽管还有许多人对此表示反对,甚至还有人在报上发表批评文章。但是,爱因斯坦还是得到了社会和学术界的重视。在短短的时间里,竟然有15所大学给他授予了博士学位证书,法国、德国、美国、波兰等许多国家的著名大学也想聘请他做教授。爱因斯坦这个当年被校长认为的笨学生,经过艰苦的努力,终于成了现代物理学的创始人和奠基人,成了现代最杰出的物理学家。

爱因斯坦的成功,引起世人的广泛关注。一次,有个青年人请教爱因斯坦成功的秘诀,爱因斯坦给他写下了一个公式:$A=X+Y+Z$。他解释说,A代表成功,X代表你付出的努力和劳动,Y代表你对所研究问题的兴趣,而Z表示少说空话,要谦虚谨慎。正如他有句名言说的:"科学研究好像钻木板,有人喜欢钻薄的,而我喜欢钻厚的。"

【感悟】爱因斯坦的童年多灾多难,读书时曾经历了多次挫折,多次失败。他从小就被认为"智力迟钝""反应迟缓",有老师还断定他将来一事无成,但他长大后,成为世界闻名的物理学家,取得了巨大的成功。

从爱因斯坦成长的故事中可以给我们一个启示:即使在学习上遇到挫折,或生活中遇到困难都不要紧,只要你有恒心、耐心,要细心,成功就不再遥远。记住,一定要努力,努力,再努力!即使身处逆境也不要紧,"金子总是要发光的",不要灰心,继续努力,不断加油!

10年没有上锁的门

山上有个小村庄，村中住着一对母女。每天晚上，妈妈怕有人盗窃，总是把房门锁上；女儿则感到山区寂寞，向往大都市，一心想离开村庄去看看外面的华丽世界。

一天清晨，女儿趁妈妈睡觉时偷偷离家出走了，她怀着一颗好奇的心去闯荡世界。

可惜外面世界并不是她想象中的那样如意美好，她到处碰壁，生活无着落，在深陷泥泞中走向堕落之途，这时她才醒悟到自己离家出走的过错。

十年之后，已经长大成人的女儿，拖着疲倦的身躯回到了家乡。她轻轻敲了敲家门，却不见开门。"莫非妈妈不在家吗？"她心里在想。一会儿，她再敲一下门，这时她才发现，门没上锁，这可把她吓了一跳。"妈妈以前从来没有忘记上锁的呀！"

女儿轻轻地推开了门，"妈……妈……"听到女儿的熟悉的声音，妈妈惊喜得马上从床上坐了起来，上前一把搂住女儿瘦弱的肩膀。女儿在妈妈怀里哭了很久之后，好奇地问道："妈，今天你怎么没有锁门呀？"

妈妈回答说："我怕你晚上突然回来进不了家门，所以，自从你离家十年来，我们的家门从没锁过！"

女儿听了，百感交集，深感内疚！妈妈十年如一日，等待女儿回来，母爱多伟大啊！

这天晚上，母女又回到十年前的样子，紧紧地锁上房门，甜甜地进入梦乡……

【感悟】家，是一个温暖的港湾，是遮风挡雨的地方。家人的爱是希望的摇篮，是成长的动力。感谢家的温暖，感谢家伴我健康成长。

在坚持中成长

一天，有个年轻人去微软公司应聘。

谁知这天的天气很不好，一阵风、一阵雨，途中，年轻人想打道回府，明天再来。可当他想到今天是应聘时间的最后一天时，自言自语地说：要坚持下去！于是，他就冒着风雨向应聘公司走去。

到了应聘公司，年轻人用不太娴熟的英语自我介绍后，总经理破例让他面试。但面试的结果出人意料，年轻人表现状况不佳，不但知之不多，而且语言表达糟糕。他对总经理的解释是事先没有准备，总经理以为他不过是找个托词而已，就随口应道："等你准备好了再来试试吧"。

一周之后，年轻人再次走进微软公司的大门，这次他依然没有成功。但比起第一次，他的表现要好得多。而总经理给他的回答仍然同上次一样："等你准备好了再来试试吧。"

应聘再次失败，年轻人十分懊丧，真想打退堂鼓了。可他想到总经理还叫他再次来试，也是一个机会呀，对，一定要坚持应聘下去。就这样，这个年轻人增强自信心，先后5次踏进微软公司的大门，他坚持应聘的精神感动了总经理，最终被公司录用了。

年轻人在这次应试中，也学到了很多东西，其中"坚持"两字值千金，坚持，就能成功，坚持，才能成长。后来，他在微软公司工作多年，由于工作坚持不懈，刻苦努力，业绩优秀，成为公司的重点培养对象。

【感悟】也许，我们的成长旅途沼泽遍布，荆棘丛生；也许，我们追求的风景总是山重水复，不见柳暗花明……那么，我们为什么不可以以勇敢者的气魄，坚定而自信地对自己说一声"再试一次！"再试一次，表示你坚持不懈，你就有可能达到成功的彼岸，因为你成长了！

驴子脱困的智慧

有一天,下着毛毛细雨,村中的一头驴子,踏着泥泞的小路往村里走,走到村边时,不小心掉进一口枯井里。

这时,正在寻找驴子的主人看见了,赶快叫来村里人想办法救出驴子,但是,几个小时过去了,还是不能救出驴子,驴子还在井里痛苦地哀嚎挣扎着。

最后,主人决定放弃抢救,他想这头驴子年纪大了,不值得大费周章去把它救出来,不过无论如何,这口枯井还是得填起来。

于是,主人请来左邻右舍帮忙一起将枯井填平,把驴子埋在井里,以免除它的痛苦。

邻居们人手一把铲子,开始将泥土铲进枯井中。当这头驴子了解到自己的处境时,刚开始嚎得很凄惨。但出人意料的是,一会儿之后,这头驴子就安静下来,也听不到它哀嚎的声音了。

奇怪了,莫非井下的驴子被泥土埋死了?主人好奇地探头往井底一看,井下的景象令他大吃一惊:当铲进井里的泥土落在驴子的背部时,驴子神奇地将泥土抖落在一旁,然后站到泥土堆上面!就这样,驴子将大家铲倒在它身上的泥土全数抖落在井底,然后它再站上去。这只驴子便很快地上升到井口,然后在众人惊讶的表情中得意地跑开了,好像没事发生一样,潇洒极了。

【感悟】这是一篇很有寓意的寓言故事。驴子处在险恶的环境里,无计可施,它的主人费尽周折也无能为力。正当连主人都要抛弃它,准备埋掉它的时候,它却奇迹般地将自己拯救了出来,这需要一种智慧。

人在成长的旅程中,有时候难免会陷入"枯井"里,各式各样的"泥沙"会倾倒在我们身上,而想要从这些"枯井"脱困的秘诀就是:将"泥沙"抖落掉,然后站到上面去!这就是人的成长智慧,人生只有渡过逆流才能走向更高的层次不断得到成长。

智慧通言

成长是一种力量

放眼外面多彩世界，万物成长是一种力量。小草因为有了这种力量才能突破大地的束缚，向着蓝天茁壮成长；鲤鱼因为有了这种力量才能越过高高的龙门，观赏沧海亮丽的景色；雄鹰因为有了这种力量才能冲向蔚蓝的天空，飞翔在云层之间。

成长，对于我们青少年来说更是一种力量。她使你一遍遍地怀疑自己以前深信不疑的东西，然后推翻一个又一个阶段的自己；她使你长出新的智慧和性情，带着无数的迷惘与不确定，坚定地走向下一个阶段的自己。

成长，这似乎是一个遥远的词儿，但实际上每个人，每时每刻都在成长；留心你的生活，点点滴滴都是成长。成长一直都存在着，亦步亦趋，跟你形影不离，源源不断地在无形之中给予你强大的心灵力量。对于青少年来说，成长是营养品也是必需品。无论我们是学生或就业，把成长显示在自己的行动之上，只要不抛弃、不放弃，就能将成长转变为巨大的力量。

成长的滋味

人在成长中，代表自己长大了，开始成熟了，也逐渐懂事了，多一份责任心了，为自己和别人负责，不让他人操心。在这个过程中可能有些苦涩，但是没有苦涩哪来的甘甜呢？经过艰苦的我们才能真正尝到最后的甘甜！在这个历练中，我们尝到了人生的滋味；在这个历练中，成为我们成长的一种力量。

人在成长中，尝遍了人生的滋味，这就是成长的滋味。这滋味，似酸又甜，似辣又咸，似悲凉又快乐，似多愁又善感；这滋味，有着百尝不厌、百享不倦的滋味，汇成一股又一股的巨大力量，伴着我们度过了一个又一个春秋。

成长的思维

人的成长思维模式主要有两种：一种是让我们逐步走向成功的成长型思维模

式，相对立的另外一种，是阻碍我们走向成功的固定型思维模式。

成长型思维模式认为，自己的能力和智力是可以不断提高的，所有的事情都离不开个人努力。而这个世界上也充满了那些帮助你去学习、去成长的有趣的挑战。

固定型思维模式认为，你的能力和智力是一成不变的，而这个世界各种各样的考验和挑战就是为了评判你能力如何？

这两种不同的思维模式，对我们成长发展的影响是非常深远的。甚至可以说，这两种思维模式的不同，实际上导致了每个人成长发展的差异。

固定型思维模式由于认为智力是一成不变的，因此有这种固定型思维模式的人，往往逃避挑战。认为挑战意味着困难，为了避免失败影响到自己的形象，会选择逃避挑战，去做自己有把握的事情。有固定型思维模式的人，面对障碍，容易放弃。认为障碍出现是无法选择，觉得自己不聪明或没有天赋，从而也就丧失了兴趣，会轻易放弃。所以，固定型思维模式阻碍人的成长发展。

成长型思维模式则认为，智力是不断发展的，大脑像肌肉一样是可以被训练的，因此渴望学习和不断提高。首先，拥抱挑战。相信克服困难和障碍，会让人变得更强大。其次，障碍面前选择坚持。认为障碍不会成为阻碍，自我的形象并不是与成功捆绑在一起的，失败是学习的机会，不管发生什么，你都会赢。再次，坚持努力是成长必经之路。认为努力不是被看作无用的需要逃避的东西，而是成长和掌握有用技能的必经之路。所以，成长型思维模式促进人的成长发展。

我们进入弱冠之年，就要具有成长型思维模式，不断提高自我实现的水平能力，促进人的成长发展的良性循环。

成长的支柱

一个人的成长是一个复杂体系，这个复杂体系要靠什么样力量去驱动呢？这就是非常重要的三根支柱。

第一根支柱是爱。社会、老师、父母要给青少年足够的爱，有了爱，他们才能有力量面对挫折，战胜挫折；有了爱，他们才能热爱社会，愿意为社会做贡献。

第二根支柱是价值感。青少年能够觉得自身有价值，自己愿意为这个社会做贡献。他们有能力解决问题，而不是遇到任何问题就说"我不行，我做不到"。

第三根支柱是终身成长的心态。人的一生大概分两类心态，第一类叫作固定型心态。拥有这种心态的人，他们一辈子所做的事只有一件，做自己能够获得荣誉感的事，永远不敢去挑战更艰难的事。第二类叫作成长型心态，拥有这种心态的人，他们终身所做的事情都是为了自己能够成长，能够变得更好。

如果我们能够把这三根支柱植入青少年的体内，他们就自然会在成长力量的驱动下，自觉学习、工作，逐渐成熟懂事。

在人生的道路上，我们经历的是成长。在成长力量的驱动下，我们读懂了生活，从懵懂变得成熟；在成长力量的驱动下，我们不仅经历了风雨，还享受了快乐与幸福；在成长力量的驱动下，我们尝遍了人生的滋味，看遍了我们的花样年华！

智慧醒言

人生成长四大标志

一个人真正的成长都是悄无声息的，或许当你回头看时，你会发现，你已经走了很远很远的路——有时迷茫，有时清醒，而且还会有一种从迷茫到清醒的感觉。当然，每个人成长的道路各有不同，有的迷茫多些，有的清醒多些；有的感觉快些，有的感觉慢些。但是，从一般人的成长规律来看，一个人真正成长有如下几个标志。这些标志，说的可能是你，亦可能是我，也可能是他。

一、心境：懂得为了生活抛弃自尊的时候，你开始成长了。

以前看《红楼梦》时，可能不理解三进大观园的刘姥姥：

一个老态龙钟的人扮丑自嘲讨大户人家的欢心，高声喊道"老刘，老刘，食量大似牛，吃一个老母猪不抬头"，觉得这个老婆子甚是烦人，为了几吊钱和几口吃食，连脸面都不要了。等到后来的某一天，你才发现：其实每个人都有为了生活不容易的时候。

当你懂得了这个道理之后，你也就终于明白那些以前根本无法理解的事：为什么送餐小哥能在半夜的街头失声痛哭？为什么烈日炎炎还有清洁工在挥汗劳作？为什么拾荒者围着垃圾堆翻上大半天？

因为你终于懂得每一个人，都有不容易的时候。

这大概就是一个人真正成长的第一个标志。

二、心态：能够承受最好的，也能接受最坏的时候，你开始成长了。

有位水电工外出搞承包，见过的世面广，他经常和同事说的一句话："出门在外，热饭要能吃三碗，冷饭也要吃三碗。"意思是：好的能承受，坏的也能接受。

后来，那位师傅也确实如此，早些年凭借从事建筑业发财，人人登门拜访前呼后拥。再后来，因为事业上的一些变故起起落落，当年一起追随他的老伙计尽皆散去，而他始终没有放弃，最后凭借几个新的项目东山再起，再创家业……

其实，人生在世，什么情况都会发生，最重要的是你对待事情的心态，不管是好的还是坏的，都能有连吃三碗的本事和底气。这样的本事和底气，会让你面对人生的变化自生出一种柔软而坚韧的弹力。

如果不曾经历那些让你苦痛的过去，你何以拥有让你自傲的辉煌？如果不曾拥有那些让你自豪的成就，你何以度过生命最后的平凡？

一个人最难的是能承受生命里最好的一切，也能接受那些最坏的安排。

这大概就是一个人真正成长的第二个标志。

三、心性：当你学会选择和自己和解的时候，你开始成长了。

一个情窦初开的少女，与一个已为人夫的中年老师相恋。在外人看来，他们之间注定是一场没有结果的守望。但这位少女对她老师这份爱默默坚持了15年，也曾坚守，也曾卑微，最后她终于选择和自己和解了。如今的少女，有了自己的家庭和婚姻，有了自己的事业和成就。

人生从没有容易走的路，只有自己想走的路。如果实在不知道该怎么选，就选择那条自己最喜欢的路去走。没有人能预测结局，看透未来，我们能做的只有过好当下，与自己达成和解。

这大概就是一个人真正成长的第三个标志。

四、心情：当你终于变得越来越温柔的时候，你开始成长了。

也许你曾经一度以为，对这个世界越来越冷漠，你就是成长了。其实并不是，真正的成长，是你对这个世界越来越温柔。

当你遇到一个需要认识的新同事时，你不再是算计利益、计较输赢，而是真心和对方做朋友；当你遇到从没有遇见的突发情况时，你不再是手足无措而是冷静下来寻找解决方案；当你遇到拎着袋子翻着垃圾的拾荒者时，你不再是满脸嫌弃而是发自心底地同情对方……

因为你终于到了明白你的人生要怎么过，你的未来该怎么做，你该把你宝贵的温柔给谁的时候。

这大概就是一个人真正成长的第四个标志。

总之，人到了开始思考关于人生问题的时候，就是一个人真正成长的标志。因为这时候，你开始找到了自我，懂得处理自我与外界的关系；你开始变得成熟了，尽管这时候的成熟刚刚开始，但你在思想、感情、行动、经济上具有较强的独立性，对别人的依赖性逐渐减少了；你开始明白人生为何物，清楚自己要做什么事，有了明确的人生目标，并且有切实的行动；你开始较好地控制住自己的情绪，具备一定观察和洞察事物的能力，对挫折、困难也有一定的承受和抵抗能力。

弱冠之年的智慧大事

一、必须把学习放在第一位

知识决定命运，学习成就未来。学习不仅是增长才干、提高素质的重要途径，也是干好工作、成就事业的重要基础。弱冠之年，是长知识、长身体的年龄，学习是青年人的首要任务。要勤于学习，善于学习，学以明志，学以立德，学以增智，为将来准备资本，增强本领。

二、确定自己的人生理想

人生最幸福的事情是把自己献给一个伟大的理想。弱冠之年是人生中最美好、最富有理想的时期，理想必须切合自己实际，实现理想需要远景规划、近期目标和阶段行动，把大理想分解成小目标，逐步推进，使理想更具操作性。还要多汲取那些闪烁着人性光芒的智慧，为实现理想做好最充实的准备。

三、找到自己喜欢做的事业

如果你正在读书，就要好好学好专业知识，为以后工作打好基础。如果你已在工作，就要找到你喜欢的工作，这样才能最大限度地实现自我。成功不是跟别人比的，而是和自己比的。不断实现自我，不断超越自我就是成功。

四、在初涉社会中学会成长

初涉社会，要学会了忍让，伤心流泪时，学会了爬起，取得成绩后，学会了谦虚。每个人成长的背后，都有一段属于自己的故事，那是一段以微笑、泪水、成功、失败为乐谱所写的故事。走过成长的岁月，我们将走向成熟。真正的成长，是思想的成熟。

五、学会处理事业、爱情和交友这三件事

弱冠之年的青年，对事业、爱情和交友都没有实际经验，而且很多都是从书本或网上得来的一知半解的东西。因此，对这三件事的处理要多思考，多请教长辈或老师，学会智慧处事，避免走弯路。

而立之年

叁

春华秋实而立年

人上了30岁，一切言谈都变得那么实在，一切行为都为责任而立，所以，30岁又称为"而立之年"。

三十而立，对于今人来说也许为时尚早，但人到了30岁，已是成熟的人了，至少已经确立了自己的人生坐标和基点。

在这个阶段，社会会把很多重担压在你的肩头，你无可逃遁也别无选择地要背着这些重担往前走。人生由此便多了一种沉甸甸的东西——责任，人生的内涵也因之丰富起来。结婚了需要有个爱巢的栖息，儿女出世了要拼力哺育，父母老了要尽赡养之义务，还有，工作的担子也加重了，社会的活动也频繁了……这一切责任，都得30岁的你一个一个地去履行，没人能够代替你。

在这个阶段，你已立业成家，事业开始建树，为父为母，有了几年社会工作和家庭生活的经验。你为人处世已经比较成熟，大丈夫该不再计较妻子的容貌，深知贤惠比美貌更重要，会过日子的媳妇比会打扮的媳妇更让人待见；老婆该不再计较老公的身高，明白能力比身高更有作用，没有谋生能力的老公，纵然长成丈二金刚，还不如卖炊饼的武大郎。

春华秋实而立年，风劲扬帆正当时。30岁的你，正值精力充沛，意气风发，在人生道路上要不断艰苦奋斗，舒展才华，披荆斩棘，自立自强！

事业篇

智慧名言

创业智慧

天才是由于对事业的热爱而发展起来的。简直可以说,天才——就其本质而论——只不过是对事业、对工作的热爱而已。

——高尔基

如果只把工作当作一件差事,或者只将目光停留在工作本身,那么即使是从事你最喜欢的工作,你依然无法持久地保持对工作的激情。但如果你把工作当作一项事业来看待,情况就会完全不同。

——比尔·盖茨

一个不注意小事情的人,永远不会成功大事业。

——卡耐基

立志是事业的大门,工作是登门入室的旅途。

——巴斯德

伟大的事业,需要决心、能力、组织和责任感。

——易卜生

千万不要忘记:我们飞翔得越高,我们在那些不能飞翔的人眼中的形象越是渺小。

——尼采

凡不是就着泪水吃过面包的人是不懂得人生之味的人。

——歌德

默认自己无能，无疑是给失败制造机会！

——拿破仑

人们在一起可以做出单独一个人所不能做出的事业；智慧、双手、力量结合在一起，几乎是万能的。

——韦伯斯特

靠智慧能赢得财产，但没有人能有财产换来智慧。

——贝·泰勒

谁若游戏人生，他就一事无成；谁不能主宰自己，便永远是一个奴隶。

——歌德

中文的"危机"分为两个字，一个意味着危险，另外一个意味着机会。

——布瑞杰

人类一生的工作，精巧还是粗劣，都由他每个习惯所养成。

——富克兰林

劳动的崇高道德意义还在于，一个人能在劳动的物质成果中体现他的智慧、技艺、对事业的无私热爱和把自己的经验传授给同志的志愿。

——苏霍姆林斯基

态度决定成败，无论情况好坏，都要抱着积极的态度，莫让沮丧取代热心。生命可以价值极高，也可以一无是处，随你怎么去选择。

——吉格斯

聪明的资质、内在的干劲、勤奋的工作态度和坚忍不拔的精神，这些都是科学研究成功所需要的其他条件。

——贝弗里奇

让我们建议处在危机之中的人：不要把精力如此集中地放在所涉入的危险和困难上，相反要集中在机会上——因为危机中总是存在着机会。

——卡罗琳

当智慧骄傲到不肯哭泣，庄严到不肯欢乐，自满到不肯看人的时候，就不成为智慧了。

——纪伯伦

有远大抱负的人不可忽略眼前的工作。

——欧里庇得斯

我们醒来的每一天都是一个新的开始,又一个机遇。为什么要把时间浪费在自怜、懒散、自私上呢?

——卡西·拜特

智慧故事

永不认输的创业人

他,一个初中辍学回家的青年,在创业的路上,几经坎坷,屡遭失败。但由于他意志顽强,永不认输,最终事业有成,被称为"永不认输的玻璃钢人"。

20世纪80年代,农田承包到户。他把一块水田挖成池塘养鱼,但乡里的干部告诉他,水田不能养鱼,只能种庄稼,他只好又把池塘填平。

后来,听说养鸡能赚钱,他向亲戚借了五百元钱,养起了鸡。但是一场洪水后,鸡得了鸡瘟,几天内全部死光。

此后,他酿过酒,捕过鱼,甚至还在石矿的悬崖上帮人打过炮眼……可都没有赚到钱。

35岁的时候,他还没有娶到媳妇,即使是离异有孩子的女人也看不上他。因为他只有一间土屋,随时有可能在一场大雨后倒塌。

但是,他创业之心不死,还想搏一搏,就四处借钱买了一台手扶拖拉机。不料,上路不到半个月,这辆拖拉机就载着他冲入一条河里。他还断了一条腿,成了残疾人。而那拖拉机,被人捞上来时,已成为一堆废铁。

村里的人都说,他这辈子完了。

但是,后来他却成了这个城市里的一家公司的老总,手中有两亿元的资产。现在,许多人都知道他苦难的过去和富有传奇色彩的创业经历。许多媒体采访过他,许多报告文学描述过他,其中有下面这样一个情节。

记者问他:"在苦难的日子里,你凭什么一次又一次毫不退缩?"

他不假思索地说:"靠的是永不认输的意志和毅力。"接着,他喝完了手里的一杯水后,把玻璃杯子握在手里,反问记者:"如果我松手,这只杯子会怎样?"

记者说:"摔在地上,碎了。"

"那我们试试看。"他说。

他手一松,杯子掉到地上发出清脆的声音,但并没有破碎,而是完好无损。

他说:"即使有十个人在场,他们都会认为这只杯子必碎无疑。但是,这只杯子不是普通的玻璃杯,而是用玻璃钢制作的。"

这是一段经典绝妙的对话!其实,他说的不仅仅是杯子,也是他的人生。

【感悟】这个创业故事十分感人。这位公司老总,即使只有一口气,他也会像玻璃钢那样,意志坚强,努力拼搏,直到成功那天……或许,世界就是这么奇妙,成功总是光顾永不认输的人。

让别人多赚两分

有一天,在一个记者招待会上,某报社记者问盈科拓展集团主席李泽楷:"你父亲李嘉诚教了你一些什么赚钱成功的秘诀?"

李泽楷笑了笑说:"父亲赚钱的方法什么也没有教我。"

记者觉得很吃惊,说:"不可能吧!"

李泽楷接着回答说:"父亲只教了我做人处世的道理。"

记者很好奇地问:"是什么做人处世的道理?"

李泽楷说:"我父亲常跟我说,'你和别人合作,假如你拿七分合理,八分也可以,那我们李家拿六分就可以了。'"

其实,李嘉诚做人处世的道理就是合作成功的道理。李嘉诚让别人多赚两分,所以每个人都知道和李嘉诚合作会赚到便宜,便有更多的人愿意和他合作。你想想看,虽然他只拿六分,但现在多了100个人,他现在多拿多少分?假如拿八分的话，一百个会变成五个了！

在中国台湾地区有一个建筑公司的老板，他的资产从一万元台币变到了一百亿元台币。一篇报道里讲道，说他在别家做总经理的时候，他问老板，我如何跟你一样成功。老板说："假如你要成功的话，我给你看一个报道，这个报道就是报道李嘉诚，在几十年前的报道上面就写着：七分合理，八分也可以，那我只拿六分。"

【感悟】在与人交往中，许多人为了满足自己的利益，不惜手段去夺取别人的利益，结果招致"群起攻之"；而另一些人，常常把别人的利益放在第一位，即使自己吃些亏，也不愿以损失别人的利益来满足自己需求，这样的人，人人都尊敬、爱戴。其实，人与人的关系是相互的，只要你肯先为别人着想，别人也会为你着想。

学会善待他人

请看一个古代故事：

秦穆公一次出游，见兵丁捉了300个士人，他问清了不是什么大事就命令士兵把人放了。后来秦穆公在与韩燕两军交战时，眼看就要支持不住了，突然敌人的后面乱了起来，原来那300个士人为报他不杀之恩，率众相助，从后面打乱了敌人的阵脚，秦穆公得以反败为胜。

再看一个现代故事：

美国某大学教授在给他的学生讲课时风趣地对学生们讲道："要处理好与成绩优秀者的关系，因为将来他可能是你的同事，但更要处理好与成绩不怎么样的同学的关系，因为将来他可能对你投资。"教授这番话的根据是一个社会调查报告，调查报告表明：在大学期间成绩非常优秀的同学，毕业后当了学者，公司白领，而成绩平平，甚至可以说成绩很差的同学多数成了富翁和公司老总，这些学生往往给他的母校大笔捐款。而那些学者和白领们就算心有余而力不足。教授的意思推而广之就是：不要瞧不起任何人，就算今天身边很不起眼的人，将来出去也可能决定你的命运。

【感悟】这两个故事告诉我们：不要看不起身边不起眼的人，善待他们，等于为自己播下一颗友善的种子，这颗种子关键时刻也能发挥巨大的作用。

医术与名气

春秋战国时期名医扁鹊，医术精湛。一天，魏文王问扁鹊说："你们家兄弟三人，都精于医术，到底哪一位最好呢？"

扁鹊听了，很快回答说："长兄最好，二兄次之，我最差。"

文王再问："你说你医术最差，但为什么你最出名呢？"

扁鹊答："长兄治病，是治病于病情发作之前。由于一般人不知道他事先能铲除病因，所以他的名气无法传出去；二兄治病，是治病于病情初起时。一般人以为他只能治轻微的小病，所以他的名气只及本乡里。而我是治病于病情严重之时。一般人都看到我在经脉上穿针放血，或在患处敷药或动大手术，所以以为我的医术高明，名气因此响遍全国。"

文王听了，点了点头，说："说得在理。"

【感悟】中医有"治未病"之说，说的是在病变未产生之前就想好能够采用的救治方法，这样才能掌握疾病的主动权，达到治病"上工之术"。故事中名医扁鹊说长兄治病最好，就是因为他是"治未病"的。

事业管理如同人治病一样，事后控制不如事中控制，事中控制不如事前控制。可惜大多数的事业经营者均未能体会到这一点，等到错误的决策造成了重大的损失时才寻求弥补。而往往是即使请来了名气很大的"空降兵"，结果也于事无补。

小修理　大智慧

　　一家车行有两个年轻人，专门负责修理汽车。两个年轻人，兄弟相称，性格相远。哥哥总不肯闲着，他一会儿扫地，一会儿擦玻璃，有时还帮助别人干活儿。弟弟却不这么勤快，没有活儿的时候他总是懒洋洋地躺着。

　　一天，车行里来了一位中年主顾，他说汽车出了点毛病，让他们给修理一下。弟弟刚刚吃完饭，正在休息呢，哪里肯干活。于是，哥哥走了过去，给汽车做了检查。车子没什么大问题，就是很长时间没修养过了，于是他对那位先生说："您的车交给我吧，明天一定能修好。"

　　客人听到这话，放心地走了。哥哥一刻不停地忙了起来，他不但修理好了汽车的毛病，还把汽车里里外外擦得一尘不染。这时，躺在一旁的弟弟嘲笑他说："老兄，别太傻了，不该干的活儿也干了，那么勤快有什么用！"

　　哥哥却笑了笑说："反正我也没事做，擦擦车我并没有受损失呀，等明天顾客来取车时看到车子焕然一新，心里一定很高兴呢。"

　　第二天，那个顾客来取车了，他看到汽车不但修好了，还擦得干干净净，非常高兴，连声感谢修车的哥哥。

　　这天晚上，那个顾客给哥哥打了电话，说："我是一个大公司的董事长，你为我修车的这种勤快、细致、周到的精神，使我深受感动。我认为你是一个优秀的人，你愿意到我的公司去工作吗？"

　　哥哥的命运从此发生了改变，不久，经过努力他当上了这个公司的部门经理；而弟弟却仍然在车行里做着他觉得枯燥的工作。

　　【感悟】纳西族有这样一句谚语："好逸恶劳千金也能吃空，勤劳勇敢双手抵过千金。"勤劳这种美德是永远不过时的。哥哥的诚恳和默默无闻地做好小修理反而赢得了一个大公司董事长的赏识，比起弟弟的自作聪明，勤快才是大智慧。

忘我的能量

有人说，一个人在发展事业中，有时进入忘我的工作状态，往往会释放出难以想象的能量。下面的故事就是最好的注释。

19世纪中叶，瑞典的一个富豪人家生下了一个女孩子。然而不久，孩子患了一种无法解释的瘫痪症，丧失了走路的能力。

一次，女孩和家人一起乘船旅行。船长的太太给孩子讲船长有一只天堂鸟，长得很美丽，叫得很好听。女孩被这只鸟的描述迷住了，很想亲自看一看。于是保姆把孩子留在甲板上，自己去找船长。孩子耐不住性子等待，她要求船上的服务生立即带她去看天堂鸟。那服务生并不知道她的腿不能走路，而只顾带着她一道去看那只美丽的小鸟。奇迹发生了，孩子因为过度的渴望，竟忘我地拉住服务生的手，慢慢地走了起来。

从此，孩子的病痊愈了。孩子长大后，又忘我地投入文学创作中，最后成为第一位荣获诺贝尔文学奖的女性，她就是塞尔玛·拉格洛夫。

【感悟】不要把自己当作老鼠，否则肯定被猫吃。忘我是走向成功的一条捷径，只有在这种环境中，人才会超越自身的束缚，释放出最大的能量。

优惠钓鱼

某地新开张的一家鱼塘新店，贴出一张"开张大吉，钓鱼优惠"的广告，上面写着：钓鱼仅需一百元。

优惠的广告，吸引了不少人前来钓鱼。可有些人钓了一天也没有钓到一条鱼，有些失望。于是，鱼塘老板灵机一动，说："凡没有钓到鱼的都免费赠送一只鸡。"由此吸引很多人都来这家鱼塘钓鱼了，凡来钓鱼的都拎着一只鸡离去，大家都钓得很开心！感觉这家老板很够意思。

最后，听鱼塘的门卫大爷说，其实这家鱼塘的老板是个养鸡的，鱼塘里压根就没有鱼。

【感悟】一个养鸡的老板,为了快速清理活鸡库存,想出了"钓鱼"这个妙计,让顾客们心甘情愿为他买单(100元钓鱼费"卖"掉一只鸡)。这个养鸡老板"以钓鱼促售鸡"的经营做法不可取,但他变通的营销策划思维值得借鉴。

智慧通言

把工作当成事业来做

人到了30岁,有的说要有份职业,有的说要有份事业,许多人认为是一回事,其实不然。

一、"职业"与"事业"是有区别的

"职业"与"事业"是有区别的:职业是用来谋生的,事业则不仅可以解决谋生和发展的问题,更加具备了各种责任,对家庭的责任,对事业伙伴的责任,对员工的责任,对社会的责任,对国家和人民的责任。

把工作当职业干的人,是出于无奈的不得已而为之,怀着"当一天和尚撞一天钟"的心态干工作的;只有把工作当事业干的人,才能始终对工作充满热情、充满激情、充满感情,才能潜心谋事、一心干事、全心成事。

"把工作当作职业"的人最后可能是一个"能工巧匠",而"把工作当作事业"的人会是最后的成功者。

二、而立之人要把工作当成事业来做

30岁的人,要想在职场上有所发展,有所成就,就一定要把每一项工作都当成事业来做。事实上,只要我们从一开始便专注于某一项事业,就一定会做出令自己都感到吃惊的成绩来。

专注的意志不可思议。"性痴,则其志凝;故书痴者文必工,艺痴者技必良。世之落拓而无成者,皆自谓不痴者也。"看一个人将来的成就,就看他现在

做事的态度与专注的程度。

一个初中刚毕业的青年找了一份门卫工作，在这个不起眼的岗位上他一干就是六十年。这是个看上去很清闲的活计，但并不清闲。闲暇之余，他就在那里打磨镜片，一磨就是六十年。

他做镜片的时候非常专注和细致，他的手工活儿超过了专业水平，磨出的复合镜片的放大倍数比一般专业镜片都高。借助自己打磨的镜片，他发现了当时人们还不知晓的另一个广阔世界——微生物世界。他因此被巴黎科学院授予院士头衔，英国女王亲临小镇探访他。其实，他只想把自己手中的镜片磨好，却把自己磨成了科学家，不仅如此，因为长期的专注和劳动，也确保了身体的健康，他活到了九十岁。这个人的名字叫安东尼·列文虎克。

工作就是事业。一个人若能习惯这种思维，工作时就会格外投入，投入就会衍生激情，激情能使人的大脑变得分外活跃，就能从工作中学到更多知识，积累更多经验，就能从中挖掘到价值和财富。也许这种效果不能立竿见影，但可以肯定，当"不认真"成为一种习惯时，这个人绝不可能出类拔萃。工作上的投机取巧也许会给老板带来一点点的经济损失，但是却可以毁掉员工的一生。

三、事业心，是实现梦想的基础

事业心，是实现远大梦想的基础，也是一个人的思想境界和事业追求的反映。可以说，一个人对生命有什么样的追求，就会产生什么样的事业心，这样的境界既需要在工作中不断学习，也需要自我的修炼。工作就像一面镜子，你如何对待它，它就会如何回报你。任何一份工作都值得你认真对待，值得你用心去完成，即使在别人眼里再卑微的职业，同样可以寻到提升自己的机会，即使再不起眼的工作，也可以创造你未来的价值。只有摆正心态，面对工作，我们才会认真对待，才会全力以赴，尽职尽责地认真完成，把每一天的一小步都当作完成梦想的一个台阶，把工作当成事业来做，执着地追求，付出终生努力去成就事业，我们才会离实现梦想越来越近。

智慧醒言

读懂事业人生的道理

30岁，意味着即将步入中年，父母已老，你是父母的依靠，是孩子的榜样。谈责任，干事业，是中年人的必修课。

30岁没有条条框框，但而立之年的你必须慢慢成熟起来，要了解懂得事业上的人生道理：

一、成年人的沉默，就是拒绝的意思

30岁以后，你就该知道，成年人的沉默，就是拒绝的意思。

你遇到什么困难，和朋友诉苦，如果朋友沉默，你就该闭嘴了。

别人帮你是情理，不帮你是道理，都30岁的人了，没必要道德绑架。

总有一天你会明白，每个人都只是陪你走一段路，父母、子女、亲戚、朋友、同事等。与他们同行的日子都是有限的，等父母百年以后，儿女长大后，朋友离开后，你的人生还是要自己走完。

一个人成熟的标志，就是自己的苦自己扛，再也不会像年少时，遇到一点事情就闹情绪。

成熟后，你突然发现，愿意倾听你心事的人越来越少，许多事情都需要自己一个人慢慢消化。

总有一天你会知道，不轻易麻烦别人，是成年人应有的自觉。

二、不要轻易开口向人借钱

俗话说，救急不救穷，你急用钱的时候，大家可以帮你，可你没钱吃饭了，就算给你再多，也是一个填不满的无底洞。

人越穷的时候，越不能随便开口借钱，不要随便把自己的伤口扒开给别人看，说不定别人比你的伤口更深呢！况且说到钱，大家都很敏感，弄不好会造成不必要的误会，甚至伤害双方感情。

人生路上有些苦，只能自己一口口吃掉，别人是代替不了的。

请记住，人生的低谷期，反而是转折期，熬过这个冬天，春天还会远吗？

三、如果你是对的，没必要发脾气

如果你是对的，没必要发脾气，人生的最高境界是以理服人，有理走遍天下，而发脾气只会让自己有理变没理。

当别人的意见和自己不同时，与其和人争得面红耳赤，不如微笑面对。

智者应该懂得，你争赢了没有奖杯，输了也没有损失什么，心态决定命运，以平常之心面对现实，反而有意外的收获。

发脾气是失败者的借口，而不轻易发脾气的人，才是真正的聪明人。

四、如果你是错的，没资格发脾气

有一句话叫作恼羞成怒，明明知道自己做错了，不肯承认自己的错误，反而冲别人发脾气，这恰恰是无能的表现。

如果你是错的，没资格发脾气，只能怪自己没本事。

生活中很多人自己做错事，却迁怒于别人，把责任推得一干二净，是懦弱的表现。

五、办事一定要有分寸感

每个人都要找到自己的位置，应该是你的，才是你的；不该是你的，连搭腔都不要。宁可藏拙，也不要露怯。话说得越多，反而会显得自己越浅薄。

所以，人要实，话要藏，用做事的结果来征服人，而不是说服人。

六、30岁以后，不做无用社交

30岁以后，再也不会像以前一样经常呼朋唤友去喝酒，不再相信酒桌上的推杯换盏，你开始明白，酒肉朋友不是真正朋友。

有人说，酒桌上超过三位的聚会，是无用社交。到了一定的年纪，开始远离尘嚣，归于平静，学会了独处。30岁以后，比的不再是酒量，而是心境。

七、爱情不是生活的全部

年轻时，总以为爱情大过天，30岁以后，你就该知道，爱情只是生活的一部分。

那些因为爱情而放弃梦想的人，现在都很后悔，真正爱你的人，不会劝你放弃事业，而是鼓励你追求梦想。

人生应该是先苦后甜，而不是先甜后苦，嫁给爱情也要共同成长，把爱情当作整个天空，就会遮住你的双眼。等到有一天，你被爱情辜负了，那么你的人生该何去何从？

八、读书、健身，让自己变得更优秀

你的生活方式，决定了你的人生质量，30岁以后，应该增加自己的生活质感。看书、健身、养生，好好爱自己，身心健康，才有资格谈优秀。

30岁以后，比的不是颜值，而是自律。生命在于运动，你读过的书，都藏在你的言谈举止中，你健身流过的汗水，都在你的体形中。

九、拿成功证明你的存在

人生要有点能力，有些本事，人家才不敢小看你。没有靠山，你自己就是山；没有天下，你自己打天下；没有资本，你自己赚资本！这个世界从来并没有什么救世主。弱了，所有困难就强了。强了，所有阻碍就弱了！活着就该逢山开道，不畏艰难。生活，你给我压力，我还你奇迹！

成功才是硬道理！

品行篇

智慧名言

品行智慧

涵养、致知、力行三者,便是以涵养为首,致知次之,力行又次之。

——朱熹

人应尊敬他自己,并应自视能配得上最高尚的东西。

——黑格尔

凡是有良好教养的人有一禁诫:勿发脾气。

——爱默生

德可以分为两种:一种是智慧的德,另一种是行为的德,前者是从学习中得来的,后者是从实践中得来的。

——亚里士多德

没有任何东西比人类的爱更富有智慧、更复杂。它是花丛中最娇嫩的而又最质朴、最美丽和最平凡的花朵,这个花丛的名字叫道德。

——苏霍姆林斯基

当你看得起任何人的时候,你离成功也不远了,当你看不起任何人的时候,你离失败也不远了。

——爱因斯坦

智慧表现在下一次该怎么做，美德则表现在行为本身。

——约尔旦

赢得友谊要靠智慧，保持友谊要靠美德，这两者是同等重要的。

——威·佩因特

道德常常能填补智慧的缺陷，而智慧却永远填补不了道德的缺陷。

——但丁

在男人身上，智慧和教养最要紧，漂亮不漂亮，对他来说倒算不了什么！要是你头脑里没有教养和智慧，那你哪怕是美男子，也还是一钱不值。

——契诃夫

一种美德的幼芽、蓓蕾，这是最宝贵的美德，是一切道德之母，这就是谦逊；有了这种美德我们会其乐无穷。

——加尔多斯

诚实是智慧之书的第一章。

——杰弗逊

品德，应该高尚些；处世，应该坦率些，举止，应该礼貌些。

——孟德斯鸠

做一个正直的人，就必须把灵魂的高尚与精神的明智结合起来。

——爱尔维修

说谎话的人所得到的，就只是即使说了真话也没有人相信。

——伊索

脾气暴躁是人类较为卑劣的天性之一，人要是发脾气就等于在人类进步的阶梯上倒退了一步。

——达尔文

我愿证明，凡是行为善良与高尚的人，定能因之而担当患难。

——贝多芬

如果道德败坏了，趣味也必然会堕落。

——狄德罗

人的美并不在于外貌、衣服和发式，而在于他的本身，在于他的心。要是人没有心灵的美，我们常常会厌恶他漂亮的外表。

——奥斯特洛夫斯基

那些立身扬名出类拔萃的，他们凭借的力量是德行，而这也正是我的力量。

——贝多芬

我宁愿要那种虽然看不见但表现出内在品质的美。

——泰戈尔

道德方面的伟大，就在于对朋友始终不渝的爱，对敌人不可磨灭的恨。

——莱辛

道德是永存的，而财富每天在更换主人。

——普卢塔克

巨大的财富对于一个不惯于掌握钱财的人，是一种毒害，它侵入他的品德的血肉和骨髓。

——马克·吐温

一个人的成功，不只取决于他的智力因素，更重要的是取决于他的品德修养等非智力因素。

——爱因斯坦

美德大多存在于良好的习惯之中。

——佩利

智慧故事

心灵宁静的老铁匠

某城老街上有个老铁匠，经营方式非常古怪。人坐在门内，货物摆在门外，不吆喝，不还价，晚上也不收摊。你无论什么时候从这儿经过，都会看到他在竹椅上躺着，微闭着眼，手里拿着一只半导体，旁边有一把紫砂壶。

一天，一个文物商人从老街上经过，偶然间看到老铁匠身旁的那把紫砂壶。商人走过去，端起那把紫砂壶，只见壶嘴内有一记印章，是戴振公的。商人惊喜不已，因为戴振公有捏泥成金的美名，据说其作品现在仅存3件。

商人端着那把紫砂壶，说要以10万元的价格买下它。老铁匠听后先是一惊，然后又拒绝了，因为这把壶是他爷爷留下的，他们祖孙三代打铁时都喝这把壶里的水。

商人走后，老铁匠有一把价值连城的紫砂壶的消息很快就传开了。一时间，登门访问的人络绎不绝，几乎挤破了他家的门。有的问他还有没有其他的宝贝，有的甚至开始向他借钱，更有甚者，晚上还有人破门而入。他宁静的生活被彻底打乱了，他真不知该怎样处置这把紫砂壶。

又过了一段时间，那位商人第二次登门来了，说要以20万元买下这把紫砂壶。老铁匠听后再也坐不住了。他立即招来了左右邻居，然后拿起一把斧头，当众把那把紫砂壶砸了个粉碎。

此后，老铁匠又像以往一样在卖货物，恢复了以往的宁静生活。据说他活到了110多岁呢。

【感悟】能在一切环境中保持宁静心态的人，都有高贵的品格修养。我们要像老铁匠那样，努力培养自己心理上的抗干扰能力，冷静地应对世间的千变万化。

真情流露最宝贵

某地渡口有个老船公，10年摆渡不停，经风雨，见世面，人称"百渡船工"。

一天黄昏，渡口来了4个人，一个富人，一个当官的，一个武士，还有一个诗人。他们都要求老船公把他们摆渡过去。老船公捋着胡子，漫不经心地说："把你们的特长说出来，我就摆渡你们过去。"

商人掏出白花花的银子说："我有的是金钱。"

当官的不甘示弱，说："你摆渡我过河，我就可以让你当一个县官。"

武士急着说："我要过河，否则……"说着扬扬握紧的拳头。

"你呢？"老船公问诗人。

"唉！我一无所有，可我如不赶回去，家中的妻子儿女一定会急坏的。"诗人无奈地说。

"上船吧！"老船公挥了挥手，对诗人说："你已经显示了你的特长，这是最宝贵的财富。"

诗人疑惑地上了船，问道："老人家，你刚才说的是什么意思？"

"你的一声长叹，你脸上的忧虑便是你最好的表白。"老人一边摇船一边说，"你的真情流露是你们四人中最宝贵的。"

诗人听后，拱手连声感谢！老船公的话声在他耳边回响。

【感悟】权势、金钱、武力不是万能的，它们也有苍白无力的时候。只有真情流露才是人性最为宝贵的底色。真情表白，真诚相对，则会令人如沐春风，有如晤故人之感。

学会包容他人

下面是英国前首相威尔逊与一个小孩的一件趣事。

有一天，威尔逊在一个广场上举行公开演讲，广场上聚集了近千人，场面有些混乱。

演讲开始不久，人群中突然飞来一个鸡蛋，正好打在威尔逊的脸上，蛋清蛋黄洒满了他的脸，很长时间都睁不开眼睛。这对他来说是件很失面子的事。安全人员马上下去搜寻闹事者，结果发现扔鸡蛋的是个小孩子。威尔逊得知之后，先是指示属下放走小孩，并当众让助手记录下小孩的名字、家里的电话与地址。台下听众猜想威尔逊可能要处罚小孩子，开始有些骚动起来。但威尔逊心平气和地说："那个小朋友从下面能够将鸡蛋扔中我的脸，扔得这么准，证明他可能是一个很好的人才，所以我要将他的名字记下来，以便让有关部门栽培他，为国效力。"

威尔逊别具亲和力的一席话，把听众都说乐了，整个场面变得很融洽，掌声不断，威尔逊的演讲非常成功。

【感悟】有时候，忍耐并非懦弱，而是尊重他人、宽容他人的体现。这个故事告诉我们，在别人犯错误时，不要轻易指责，要从别人的过错中，发掘对方长处，让不愉快的事情随风而逝，而且有时还会将坏事化为好事，帮助自己摆脱尴尬境地。

善良就是财富

下面是两个善良人的故事，情节感人，用心阅读，必有收获。

故事一：五元钱的故事

在美国，有个律师叫逸臣，他兢兢业业地做律师，经过他的努力拼搏，律师事务所的工作逐渐走上正轨。

世事难料。几年后，逸臣的资产投资股票几乎亏尽，更不幸的是，岁末年初，移民法又被再次修改，职业移民名额削减，他的律师所顿时门庭冷落。从辉煌到倒闭几乎是在一夜之间。

一天，逸臣收到了一封答谢信，是一家公司总裁写的，大意是愿意将自己公司40%的股权转让给他，并聘他为公司和其他两家分公司的终身法人代表。太神奇了，他不敢相信自己的眼睛。

这天，逸臣按照信封上的地址找上门去。总裁是个只有四十多岁的荷兰裔中年人。"还记得我吗？"总裁问。他摇摇头，总裁微微一笑，从宽敞的办公桌的抽屉里拿出一张皱巴巴的名片，印着逸臣律师的地址、电话。逸臣定神看了看自己的那张名片，他实在想不起还有这么一桩事情。

总裁看了看逸臣，便和颜悦色地跟他说起十年前的一件往事——

"十年前的一天，我在移民局排队办工卡，排到我时移民局已经快关门了。当时，我不知道工卡的申请费用涨了五元钱，移民局不收个人支票，我又没有多余的现金，如果我那天拿不到工卡，雇主就会另雇他人了。这时，是你从身后递给了我五元钱，我要你留下地址，好把钱还给你，你就给了我这张名片。"

这时，逸臣好像也渐渐回忆起来了，但是仍将信将疑地问："后来呢？"

"后来我单枪匹马来到美国闯天下，发明了两个专利，当上了这家公司的总裁，是你当初给我的五元钱改变了我对人生的态度，所以，我就给你写了这封答谢信！"

逸臣听后感激不尽，紧紧握住总裁的手许久许久！

故事二："自己的床铺不收钱"

美国费城，一个暴风骤雨的夜晚，一对上了年纪的夫妇来到一家旅店。他们衣着朴素，行李也非常简单。

年老的男人对旅店年轻伙计说："我们跑遍了附近的旅店，全都客满了，我们想在贵处借住一晚，行吗？"

年轻伙计解释说："真不巧，这两天，有三个会议同时在这个地方召开，所以附近的旅店家家客满。不过，天气这么糟糕，你们两位一把年纪，没个落脚处也不方便。"

年轻伙计一边说一边把两位老人往里边请："要是你们不介意的话，你们就睡我的床吧！"

"那你怎么办呢？"那对夫妇异口同声地问。

"我的身体很好，在桌子上趴一会儿或者在地上搭个铺都不碍事的。"年轻伙计和气地说。

第二天早上，老人付房钱时，年轻伙计坚持不要，说："我自己的床铺不是用来赢利的，我怎么能收你们的钱呢？"

"年轻人,你可以成为美国第一流旅馆的经理。过些日子兴许我要给你盖个大旅馆。"老人认真说道。

年轻伙计听了,觉得这老人真是幽默,开怀大笑起来。

两年过去了。

一天,年轻伙计收到一封信,信里附着一张到纽约的双程机票,邀请他回访两年前在那个雨夜借宿的老人。

年轻伙计来到纽约,老人把他带到一幢高楼前说:"年轻人,这就是我们为你盖的旅馆,请你当经理。"

不错,这位当年的年轻伙计就是如今纽约首屈一指的奥斯多利亚大饭店的经理乔治·波尔特,那位雨夜借宿的老人则是拥有亿万财产的石油大王保罗·盖蒂。

【感悟】一颗善良的心,永远是这个世界上一笔巨大的财富,不管它披着如何贫穷的外衣,带给他人的温暖,带给世间的光亮,是抵得上黄金的灿烂光芒的。俗话说,好人有好报。一个人与人为善,在帮助别人的同时,也是帮了自己。这也是一种人生的智慧!

智慧通言

圆满人生真善美

圆满人生像一个鼎,真、善、美好比鼎的三个足,缺了一足,鼎就必然立不成。对一个人而言,"真"是骨骼,"善"是经脉,"美"是皮肉,三者支撑起一个"人"字。

"真"就是要求人们要真诚待人,真心为人好的心地和言行,不要虚心假意,更不能存心不良。比如刀子嘴豆腐心的"心"就是真心,菩萨心肠也是真心;又如问寒问暖、推心置腹、直进谏言都属于真心的话,再如鞠躬尽瘁、死而后已、忍辱负重、俯首甘为孺子牛等为人民服务的行为就是真行为。

"善"就是要求人们不但不要做有损于他人利益的事，而且还要多做有利于他人及社会的事，不计报酬，不计名利。也就是说，要做善人，要有善心，要有善行。如此，我们的社会才会更和谐，更温暖。通常情况下，善人一定有善心，善心决定善行，善行来自善心。

"美"就是要求人们去做一个为人好的"美"人。显然，"美"人应该是比真人和善人更上"档次"的人，因为真人和善人是能给他人带来利益的好人，而人的最终追求是幸福，"美"人就是能给他人带来幸福的人或事物。美包括美人、美事和美物。

一般而言，真、善、美指人们真实的、真诚的、良好的品行，美好的言行和事物。

真善美是人类社会的理想追求。 求真则代表了人类追求真实、真相的意愿。真诚往往可以引发良知而做出对别人有益的行为——善行，就是对他人具有关爱之心、谦卑之心、赞美之心、包容之心、感恩之心。善代表着道德，善与真二者之间有着一定联系，但真未必善，而善也未必真。康德说过：一个人可以没有知识，但不能没有道德，人之所以为人，就是因为人有道德。美则是美丽与完美。一个人只有拥有真与善，他才可能称为美，一件艺术品只有展现出了真与善，才会被人看到美！

真善美是人类永恒的美丽追求。 布鲁诺是文艺复兴时期的意大利天文学家、哲学家，他因为宣传哥白尼的学说和自己的科学见解，在罗马教堂的地牢里受了六年的非人的折磨，但他仍旧没有低头，最后在罗马鲜花广场被活活烧死。布鲁诺为追求真理而献出了宝贵的生命，布鲁诺的生命因追求真理而美丽。

中国传统文化中注重把美与善联系起来。老子倡导"道法自然""信言不美，美言不信"；孔子主张"里仁为美"，即接近仁就是美。传统文化常将自然事物的美比附人类的道德：玉之美，在于其温润圆通的素质；竹之美，在于它"千磨万击还坚劲，任尔东西南北风"的坚定品格和节操；梅花之美，在于其不畏苦寒和耐得住寂寞的高风亮节；菊花之美，就在于它淡泊宁静和悠闲自得品位等。

追求真善美的人生，才是圆满的人生。 在现实生活中，我们每个人都向往真善美，也会为表现真善美的事情而感动。生活中的真善美时刻都发生在我们身边。有些人之所以没有发现它，是因为缺少了一双发现真善美的眼睛，缺少了一颗感悟真善美的心！

你看，一位青年为一位叔叔拾回钱包，这位青年人难道不是一位"真诚使者"吗？你瞧，小朋友摔倒了，一位阿姨小跑过去，顺手从口袋里拿出了一片创可贴帮他贴上，还关心地问着："小朋友，痛不痛，要不要去医院？"这位阿姨不正是一位"善良贴士"吗？你再看，"城市美容师"——清洁工，起早贪黑地清扫路面，只为了让我们有一个更优美的环境。这些清洁工不就是一位位"美化心灵师"吗？是啊，给陌生人的一个微笑，给老人的一个搀扶，公共汽车上给老弱病残让座和帮助……其实，这些看似很小的事情，但如果我们每天能给别人多一些关怀和帮助，我们的生活会更加幸福快乐。

真善美如一场细雨，滋润着人间；真善美如一根教鞭，规范着人们的言行；真善美如一座火炉，温暖着人心。

人们常说，这个世界很美，就是因为有了"善"的滋润、"真"的陪伴和"美"的存在，才构成这个缤纷的世界。

追求真善美的人生，才是圆满的人生。让我们一起手拉手，共同播下"善与爱"的种子，让它生根、发芽、开花、结果，茁壮成长，真善美伴我行。

智慧醒言

人到无求品自高

"人到无求品自高"，是清代文学家纪晓岚的先师陈伯崖撰的一副联，原文是"事能知足心常泰，人到无求品自高"。"人到无求品自高"的意思是：人要做到了无欲无求，品格自然高尚。

这里的"无求"，不是人生的不思进取和漫不经心，也不是心灰意冷和垂头丧气，更不是一筹莫展和难掩烦闷的消极态度和庸人哲学，而是告诫人们要舍弃满脑子的功利与浮躁，不为外物所羁绊，不为浮云所遮双眼，从而获得一种超然物外的自在与宁静。

一、"人到无求品自高"，是一种高尚的品格

人果真达到了无欲无求了，其人格便会自动提高。人格的伟大之处在于：它能超出欲望的需求而追求品德的完善。因此，能够遵循人格的要求，有所为有所不为，能够"不降其志，不辱其身。"无为而无所不为，有所不求，才能有所追求。这才是"无求"的最高境界。这种境界，也是一种胸怀，又是一种信仰，还是一种品格，更是一种心态。能做到这样的心境，需要时间的磨砺，也需要坎坷人生的锤炼，更需要坦荡心境平如水的淡泊心态。

二、"人到无求品自高"，是一种淡泊的境界

"淡泊"是一种古老的道家思想，《老子》就曾说"恬淡为上，胜而不美"。诸葛亮说："非淡泊无以明志，非宁静无以致远。"无求就是一种淡泊。面对复杂的人生，需要的是一无所求的淡泊。人生，看淡世事无常，静观花开花落，需要经历人生坎坷崎岖中的颠沛流离，需要经历茫然失意中的迷惘困惑，需要经历风云莫测中的繁华盛衰。经历了人生的潮起潮落，才会有"淡泊以明志，宁静而致远"的心境。经历了人生的磨难，才会让自己在"人到无求品自高"的境界中，心灵慢慢得以升华。

淡泊名利，是古今许多人一生所求。春秋时期越国范蠡顺天道，明进退，视功名利禄为身外之物，在荣华富贵面前并没有迷失，没有为钱财和功名所左右，反而能够重德行善，屡次散尽家财施济贫困，既救助了他人又保全了自己。司马迁称赞他是"富好行其德者"。

三、"人到无求品自高"，是一种淡然的超脱

超然物外，像白玉兰那样，卓尔不群，纤尘不染，带着某种孤傲与矜持，超然于世俗之上，这是一个人的智慧到了可以看淡一切的境界，"得失随缘，心无增减"。世上万事万物都归于一个"淡"字，清淡明志，雅淡抒节，平淡处世。用一份超然物外的静心，慢慢体味"人到无求品自高"的境界，随缘而安，得之不喜，失亦无忧。

"不求""无欲"是与各人的年龄密切相关的。人不到一定的年龄，没有一定的人生阅历，没有一定的人生感悟，是不会达到无欲无求的境界的。什么都想要，什么都得要，完全不服输，什么都得争个你死我活，什么都得比个我高你

低，什么都得取胜，老子天下第一。这种心态，往往是不可能做到"人到不求品自高"的。

"不求""无欲"又与各人的经历密切相关。人要做到知足常乐，无欲则刚，还真不是个容易的事儿。年轮往往会给人们带来一切，这种高尚的品格也不例外。孔子讲的那种"三十而立，四十而不惑，五十而知天命，六十而耳顺，七十而从心所欲不逾矩"。其实指的就是这种"不求""无欲"是与年龄的增长成正比的。

诚然，"不求""无欲"并不是与世隔绝，万事不求人。更不是看破红尘，超凡脱俗，厌于人世。人生在世总是会有正常的交往的。这种交往，只要不是低三下四、阿谀奉承、迎合拍马、诡谀狡诈；只要是相互尊重、礼尚往来、堂堂正正、刚直不阿，就是正常平等的来往。这样当然不影响你的品德的自高。当然那种看破红尘，厌于人世，削发为僧，剃发为尼，确实是一种"不求""无欲"，但这是一种宗教信仰的另一个层面的选择，与凡世红尘之人的品德自高并无关联。

"人到无求品自高"。如果我们能够持有一颗平常心，坐看云起云落，花开花谢，笑看人生沧桑，淡泊名利，就能获得一份云水悠悠的好心情，让每一天都充满着阳光，洋溢着希望，自己的人生一定会色彩纷呈！

婚恋篇

智慧名言

婚恋智慧

以爱情为基础的婚姻，乃是人间无可比拟的幸福。

——梁实秋

为了爱情的继续，婚姻的美满，妻子固要取悦丈夫，丈夫也要取悦妻子，至于如何取悦，乃是一种高级的艺术。

——柏杨

如果我的生命中没有智慧，它仅仅会黯然失色；如果我的生命中没有爱情，它就会毁灭。

——亨利·德·蒙泰朗

婚姻是人生的一大考验。

——易卜生

外表的美只能取悦于人的眼睛，而内在的美却能感染人的灵魂。

——伏尔泰

恋爱是美丽的，婚姻却是神圣的。

——伊丽莎白

你所结婚的对象是你在最脆弱时觉得最适合于你的人。

——贝里克

与其与一个冷漠无情的聪明女子结婚，毋宁和一个多情鲁钝的女人结合。

——卡尔·波普尔

草率的婚姻少美满。

——莎士比亚

恋爱给人以智慧，而它常常借智慧而支持。

——派斯格尔

只有爱情才能使婚姻神圣，只有使爱情神圣的婚姻才是真正的婚姻。

——列夫·托尔斯泰

在婚姻中，每个人都要付出，同时也要收回点什么：这是供求规律。

——罗曼·罗兰

恋爱视快乐为目的，而婚姻视整个人生为目标。

——巴尔扎克

你"匆匆忙忙地嫁人"，就是甘冒成为不幸者的风险。

——苏霍姆林斯基

夫妻生活中最可贵的莫过于真诚、信任和体贴。

——穆尼尔·纳索夫

美满的婚姻是人生最大的幸福之一，不幸的婚姻无异于活着下地狱。

——奥斯瓦尔德·施瓦茨

婚姻的持久靠的是两颗心，而不是双方的肉体。

——绪儒斯

婚姻的成功取决于两个人，而一个人就可以使它失败。

——塞缪尔·约翰逊

与一个好女人结婚，你是在暴风雨中找到了避风港；和一个坏女人结婚，你是在港口中遇到了暴风雨。

——席恩

信任是婚姻关系中两个人所共享的最重要特质也是建立愉快的、成长的关系所不可短缺的。

——尼娜·欧尼尔

与所爱的人长期相处的秘诀是：放弃改变对方的念头。

——萨尔丹

婚姻是一本书，第一章写的是诗篇，而其余则是平淡的散文。

——巴法利·尼克斯

只追求容貌的婚姻通常只是一种庸俗的交易。

——罗·格林

婚姻是一张即使赌输了也不能撕毁的彩票。

——海伦·罗兰

没有真正的爱情的婚姻，是一个人堕落的起点。

——海明威

婚姻一开始两方面就不能以身以心赤诚相爱，一旦瓦解起来也就比什么都快。

——弗洛伊德

结婚后夫妇间的关系并不是单方面的要求和给予，必须各尽所能，各得其所，才可能发挥到极致。

——萧伯纳

婚姻产生人生，爱情只产生快乐，快乐消失了，婚姻依旧存在，且更诞生了比男女结合更可贵的价值。

——莫罗阿

在幸福的婚姻中，每个人应尊重对方的趣味与爱好。以为两个人可有同样的思想，同样的判断，同样的愿欲，是最荒唐的念头。

——摩路瓦

智慧故事

正确选择　赢得幸福

20世纪90年代，随着我国对外开放脚步的加快，涉外婚姻也越来越多。

一位美国的小伙子看中了一位中国姑娘，便一直追求。最后，姑娘辞掉了令人羡慕的工作，跟小伙子结了婚，飞到大洋彼岸去了。

一天，姑娘对小伙子说："我放弃了那么好的工作，远离父母跟你到美国来，这可是我为你做出的牺牲呀。"她以为这样说能令他感动，没想到小伙子只是说："不，不，我不认为这是什么牺牲，在我看来，这只是你的一种正确选择。"

姑娘后来才认识到，美国人在人际交往中，只会尊重你的选择，而不会承认你的牺牲。这就意味着：你做出的所有决定，都必须符合你自己的心愿，符合自己的心愿才能成为自己的正确选择。这样与人打交道，才会拥有真正的平等，同时也才能赢得他人的尊重。

那位小伙子是一位通晓中美两国语言的医生，他工作一个小时就有一百美元的收入，但是姑娘却跟国内的朋友说："我必须学会自己赚钱。如果没有经济上的独立，就不可能做出真正符合自己心愿的正确选择，也就不可能赢得他长久的尊重，赢得幸福。"

这位中国姑娘做出了正确选择，赢得了婚姻美满幸福。

【感悟】在婚姻的天平上，我们常以自己做出的某种牺牲，给对方加压，以致我们的爱情不堪重负。其实，如果我们将这种牺牲当作自己的正确选择，不让别人为自己的选择负责，而且一直保持自己选择的权利和自由，便会赢得婚姻的幸福和爱人的尊重。

"我就爱你现在这个样子"

黄勇和新婚妻子从美国度蜜月回来，上班第一天上午，黄勇就收到妻子一条亲密的微信，请他讲出自己的几条缺点，以便她今后改进，成为他更好的妻子。

黄勇看了，心里甜丝丝的，立即给妻子回了微信："亲爱的，让我想一想，中午我再告诉你。"

午饭后，黄勇来到一家鲜花店，请花店老板给妻子送去十朵玫瑰花，并附上一个纸条："我看到的都是你的优点，实在想不出你需要改变的缺点，现在给你送上十朵玫瑰花，寓意是：你是个十全十美的好妻子。"

晚上，黄勇回到家，妻子已站在门口迎接他，她感动得几乎要流泪，上前把黄勇紧紧抱住，深情地说："我就爱你现在这个样子。"

从此，宽容和赞赏的力量，使他们新组建的小家庭关系融洽，美满幸福！

【感悟】宽容、自由、尊重都是铸就美满婚姻的秘诀。在对方的缺点和不完美中找到好的、可爱的地方，直到让对方满意，就会收获爱情——这就是宽容和赞赏的效果。

当你宽恕别人的时候，你就不会感到自己和别人站在敌对的位置。你宽恕别人，别人才有可能会原谅你。这是亘古不变的道理。

武士与公主

俗话说："一个成功男人的背后总有一个默默支持他的女人。"此话不假，下面的故事就是一个例证。

某地有个武士，身披盔甲，骑着骏马，奔驰在城郊。

忽然，前面传来一阵哭声，武士便朝着哭声策马飞奔过去，来到一座城堡下面，只见城门口有一只猛兽，武士见状，立即挥剑杀死了野兽，城堡的人们得救了！城堡的公主仰慕武士的勇敢，成了武士的恋人。

一个月之后，武士再次出行。回来时，又发现一只猛兽在袭击这个城堡。武士马上拔出利剑刺向猛兽，然而这次屡屡不能杀死猛兽。这时，只见公主从城墙上丢给他一条绳子，边哭边喊道："您不要用剑，用绳子绑住猛兽！"武士就用绳子套上了猛兽的脖子，然后用力一拉，猛兽死了，城堡的人们又得救了！

几个月之后，武士出行前会见公主，公主叮咛他多保重。武士回来时，又遇到同上次相同的情况。但这次用利剑和绳子都无法杀死猛兽。公主看在眼里，随手把一包毒药丢给武士。武士接住毒药，倒入猛兽的嘴里，猛兽立刻死掉了。城堡人人欣喜庆祝，

从此，武士作为这个城堡的英雄，留在了城堡里，与公主过着幸福快乐的日子。一时间，"武士与公主"的爱情故事在城堡内外广为流传。

【感悟】每个男人既可能成为驰骋疆场的将军，也可能沦为懦弱的逃兵。这就看他背后的女人是不是始终如一地相信他，支持他。故事中的公主做到了，她可以让身披盔甲的武士成为驰骋疆场的将军，而不是被人唾弃的懦夫和逃兵。

这样的爱情难有结果

一天，风和日丽，一个在世界五百强企业做软件开发的小伙子，在一个软件开发会议上认识了一个貌若天仙的女子，很快两人堕入爱河。

小伙子的工作单位好，学历高，能力强，长得很帅，生活井井有条，也没有不良嗜好。而那女子也有不错的职业，曾是大学的"校花"。按理说，郎才女貌，年龄相配，这可是值得羡慕的一对。

相识后，两人微信联系不断，追求与日俱增。可是，大概由于软件开发职业的缘故，同时也可能因为外企思维训练所致，小伙子在生活中，将生活弄得像计算机编程似的。他与女孩子购买的东西、摆放区域严格区分，不可越雷池一步！生活中碰到争议时，小伙子经常用枯燥无味的语言做出最理性的分析，寻原因，找责任，追根底，并定下各人承担的比例等。同时，小伙子还对两人生活的起居饮食做出了二十条必须遵守的规定，他还要求，婚前的财产要进行严格的界定。

小伙子编程式的恋爱生活，把这个女孩子吓得要发呆了。显然，这段爱情没

法发展下去，更谈不上走向婚姻了。

【感悟】这个故事告诉我们，要追求爱情，享受幸福，要多用主管情感、艺术的右脑，少用主管逻辑、理性的左脑。左脑可以让人享受事业的成功，却无法让人享受生活的幸福。故事中的小伙子，只用左脑去处理生活，自然就很难收获爱情。

所以，奉劝恋爱中的人，工作请多用左脑，生活请多用右脑。

考验爱情的"度"

某地，一座华丽的房子，一个临街的阳台，站着一位明眸似水、秀发如云的妙龄美女，不断引来路人驻足观望。

这时，一位帅哥途经此处，他被美女的容貌吸引，随即停下来，大胆地向美女示爱。

美女很得意地说："如果你喜欢我的话，请您在阳台底下等上一百天，我就会下楼来会您。"美女对帅哥虽也很满意，但仍保持着女人的矜持。

九十九天过去了，只剩下最后一天。

这天一早，美女轻轻挑起窗帘，偷窥三个多月纹丝不动坐在那里的帅哥。

下午，太阳快落山了，美女突然发现那个帅哥缓缓地站了起来，夹起椅子，若无其事地走了。

美女看到这意想不到的情景，突然两眼一花，昏倒在地上……

【感悟】相爱的人，总会想一些形形色色的招法，来考验对方爱自己的程度。爱情需要检验，但是要掌握一个"度"，超过了这个"度"，伤了对方的尊严，考验就成了一种折磨，一种痛苦。故事中的帅哥缺的并不是耐心，他在最后的一天离开，既恰如其分地表达了自己的爱，又恰如其分地保持了自己的尊严。

明智的选择

周末,在一个社区小公园里,几个人在津津有味地议论着外遇的话题。

话题一:外遇的起因是什么?

有的说,许多有外遇的人,都是当对原有爱人的依恋失去后,就很容易被别的异性吸引。有的说,有的人本来也很想维护家庭的稳定,但一旦有了外遇,心态和视角都会改变,甚至不明白当初为何那么疯狂地爱过去的那个人。

话题二:一旦出现外遇现象时如何是好?

一个相识多年的朋友说:他妻子发现了他有外遇,可妻子并未采取任何行动,这更让他不知如何是好。妻子是一家出版社的编辑,一个很优秀的女人,当与朋友说及此事时,妻子说得却很特别——

妻子说:第一,他是否有外遇她不会主动去打听,更不会去捉奸,因为这是他自己的私事;第二,如果他有外遇又能按隐私的规则去自律,做到不让她知道,这便是他的聪明;第三,如果外遇暴露而他又不主动与她沟通,甚至企图隐瞒事实,这就是他愚蠢;第四,如果他能坦诚地与她深刻分析他们的婚姻现状,并共同实事求是地做出选择,这算是他的明智。

【感悟】外遇已成为现代社会一个时髦的话题,故事中那位女编辑的一番话很值得回味,应不失为认识外遇和解决外遇的高见。如果有一天你也站在情感的三岔路口,像那位朋友一样困惑,不妨参照一下。

糊涂的爱

有这么两个故事,都是糊涂人遇上糊涂的爱。

故事一:从不表白的爱

某地有个男子,在一次郊游中认识一个姑娘,双方一见如故,说话很投机,都有一种微妙的感觉。

此后，两人不断联系，逐渐擦出爱情的火花。一天，男子约姑娘一起吃晚饭。席间，男子几次想向姑娘表白爱慕之情，可又难以启齿，一直鼓不起勇气去说。

后来，姑娘嫁给了别人。男子失望之下，娶了另外一位他根本就不爱的姑娘。

若干年后，当年的男子与当年的姑娘不期而遇。

这时，已身为人父的男子对已身为人母的姑娘讲起了他们年轻时的往事，感慨万千。

男子说："那时，其实我对你很爱慕，但可以肯定地说，你根本就不爱我，是吗？"

可是，姑娘却说："你又没有向我表白过，你怎么知道我不爱你呢？"

男子吃了一惊："你是说，你也曾经爱过我？"

姑娘一笑答道："虽然我当时并没有爱上你，但是，我对你很有好感，感情可以慢慢发展嘛。"

姑娘的话，使男子后悔极了，他拍了拍自己的脑袋，说："我当时真是个糊涂人呀！"

然而，一切都太晚了，这场糊涂的爱只能消失在时光的冲洗中……

故事二：等候开门的爱

一对大学读书时曾经的恋人，后来因为一件小事闹翻了。毕业后，他们天各一方，各自走过了一条坎坷的人生旅途。他们的婚姻都不太美满，所以时时怀念年轻时的那段恋情。如今皱纹爬上了他们的额头，一个偶然的机会，他们又相聚了。闲谈中他们谈起了那段初恋的事。

男人问女人："那天晚上，我来敲你的门，你为什么不开门？"

女人说："我在门后等你。"

"等我！等我干什么？"

"等你敲第十下才开门——可你只敲了九下！"

男人和女人都为这件事后悔了。女人后悔自己过于执拗，她完全可以在男人敲第九下的时候把门打开，或者在他离去时把他叫回来，这样，她已经很有面子了，为什么非要坚持等那第十下不可呢？

男人呢？几十年后如梦初醒：原来那扇门并没有关死呀？可我为什么不继续

敲下去呢？只要多敲一下，一切就会完全不同了呀！

【感悟】这些都是一场糊涂的爱。故事一的男子"糊涂"在于从没有向姑娘表白过爱，这样，他怎么知道姑娘不爱他呢？故事二的男女"糊涂"在于轻易地放弃了不该放弃的机会。那女子为什么非要坚持等敲到第十下才开门呢？那男子为什么不继续多敲一下门呢？所以，生命当中，该坚持的，永远不能放弃。

智慧通言

内在美胜于外在美

任何时代，青年男女谈情说爱，谈情只是调剂，爱美才是刚需。人之美有外在美和内在美之分，两者相比，究竟哪种美重要呢？见仁见智，莫衷一是。但从美的整体效应及其对人生影响等方面综合考虑，大多数人认为，还是内在美比外在美更胜一筹。

"外在美"是由先天父母赐予和后天本身保养而拥有的精致容貌、苗条身材。"内在美"是由后天的良好教育（如文化修养教育、家教、礼仪）培养出的良好品德、高智商、高情商。这些自信、善良、机灵、艺术修养气质的形式通过眼睛、表情、神采从面容、举止、动作上充溢出来，使人觉得有充满魅力的感觉，这种感觉就是内在美。外在美，要依附肉身，美在躯壳。内在美，靠的是心灵的修炼，美在灵魂。

为什么说内在美胜于外在美呢？可从以下几个方面去领会个中的道理。

一、人的外在美是短暂的，而内在美是长效的

俗话说："外美易逝，内美常在。"外在美不能永恒，红颜迟早会因时间的推移而消逝。当岁月毫不留情地剥去外在美的那层皮后，闭月羞花总会变成苍颜白发。但内在美可以永恒，它永远不会因时间的推移而褪色，它永远会在清水出芙蓉的时间长河里闪烁着最美的光芒。比如，品德高尚的女人美，眼睛里发出慈

爱之光；读书的女人美，"腹有诗书气自华"；有才华的女人美，艺术修养使人充满魅力；温柔的女人美，温柔能征服任何一个男人的心。人如果想永远不老，当然是不可能的，但如果有强大的内在美支撑，想永远美丽，却是可能的！

　　90岁时的秦怡，一脸的皱纹了，还是那么美！比年轻时还美得多！秦怡老不老？老！可她美不美？美！为什么？因为经过90年的修炼和阅历，她的内在美与日俱增，甚至比年轻时更漂亮。她多读书，她修养深厚，她勇敢坚强，不向命运低头，她善良……正是强大的内在美成就了秦怡的永恒之美。

二、外在美不能决定我们做什么，而我们做什么却能决定我们的内在美

　　一个人外在美永远不是成功的因素，但是一个人只要他有理想，有能力，道德高尚，学识渊博，就可能成为一个成功人士。也就是说，内在美可以是事业成功的因素。

　　自古以来许多颇有成就的名人的外貌并不出众，而真正令世人景仰的、流芳千古的就是他们内在的美。德国著名音乐家贝多芬，是个矮个子、扁鼻子、脸上还有几粒麻子的人，而且失聪的不幸对于搞音乐的他来说，几乎使他的一生都处于忧伤和痛苦之中。但世界不给予他欢乐，他却创作出以欢乐颂歌为形式的《第九交响曲》给予世界，他具有一颗为人类服务的善良之心，这心灵是伟大的，是所有美中更令人陶醉的内在美。

　　商纣王的爱妃苏妲己是一个相貌形体十分美丽的人，可谓是"倾国倾城"，但在人们心中，她却是一个丑恶的形象。她不仅不具有内在美，反而心如坚冰、冷酷无情，杀害无辜生灵。这样的人我们常常会厌恶她美丽的外表，因为她的灵魂是肮脏的。

三、人不是因为美丽而美丽，而是因为可爱而美丽

　　这里第一个"美丽"指的是外在美丽的躯壳，而第二个"美丽"指的是内在美和外在美的综合感受。而"可爱"指的就是内在美。就像古人说的"画龙点睛"的故事一样，外在美就好比是龙的整个身体，如果整个龙身都画好了，但没有"点睛"，那么龙身再漂亮，也还仅仅在纸上，没有活灵活现。而当内在美——"可爱"——钻入了躯壳，女人就像"点睛"后的龙一样，立刻活起来了，成了真正的美人。

四、相由心生，内在美魔力无比强大

　　美，不仅仅是外表那层皮，心理与面容有一定的关系，往往是心里有什

么，脸上就表现出什么，这就是我们常说的"相由心生"，这种"心生"魔力往往十分强大。

有一个雕塑家，原来是个挺漂亮的人，后来却变得越来越丑，他到处寻医问药也变不漂亮。于是他找到一个高僧，要高僧给他想想办法。高僧说："别急，你先帮我塑个佛像。"于是雕塑家整日琢磨佛像，想象佛的慈眉善目，揣摩佛的慈善心肠，仿佛自己就是一尊佛。终于，佛像塑好了，他也变漂亮了。他去感谢高僧，高僧却说："你应该感谢你自己，是因为你心中有善良慈悲的佛，所以面孔也随佛祖的精神而美得超凡脱俗。"雕塑家恍然大悟：原来他变丑的原因是那段时间他在塑夜叉！不错，心里有什么，脸上就表现出什么。雕塑家心里装着夜叉，内心丑陋、凶狠，多半面孔也显得狰狞恐怖，丑陋至极；同样，还是这个雕塑家，外表没变，但是后来心里装着佛祖，内心善良、仁爱，面孔也会闪烁着佛祖的光辉。这就是内在美的魔力！

内在美胜于外在美。人们总是喜欢追求内容与形式的统一，而内在美又恰恰完全可以承当二者的综合效应。在衡量对方内在美的时候，不仅要看其仪表美、语言美、行为美、举止美、文静美、含蓄美、幽默美、刚健美等"形之于外"的东西，更要看那"发乎其中"的东西，即心灵美。若以此标准衡量对方，则应主要看他（她）是否心地善良、善解人意和自强自立，因为这是为人妻应具有的基本心理品质。若以此标准衡量男方，则应主要看他（她）是否正直、守信、负责任。

智慧醒言

先立业后成家

成家和立业对于人生都非常重要,这一点,越到人生后半段感触越深。

"先成家后立业"是个传统观念。过去的生产力决定了这种生产关系,决定了这种传统的合理性,没什么可质疑的。所以大家都这样约定俗成地生活,大部分人都乖乖的早早成家。

而现代人的婚嫁形式发生了根本变化,男人女人对于婚姻的需求,也跟从前有了很大的不同。于是,成家和立业的先后次序引发了现代青年的争议。有人赞同"先成家后立业",有人则热衷"先立业后成家",仁者见仁,智者见智。不过现今绝大部分的年轻人不同意"先成家后立业"这个观点,而接受和追求"先立业后成家"这种观点,主要理由如下。

一、"先立业后成家"可为家庭打下经济基础

现代社会,成家需要物质基础和生活保障,只有立业,才有资本去顾及成家之事。试想,如果没有稳定的事业,如何承担家庭的负担?假如有了小孩,又如何负担小孩的抚养呢?成家了就意味着有了家庭的责任,这些都是要靠事业扶持的。没有事业,是不可能为家庭带来幸福的。没有面包不会有爱情,也是不会有家庭的。相对来说,有一定的经济基础和事业的人,他们婚后,会更加的幸福。如果婚后创业,譬如一个丈夫,因为经常在外面工作或应酬,夫妻之间感情的交流会少很多,矛盾不断出现。如果婚前创业,有一定的事业基础,就可以大大减少这种问题,因为一切都已经走上正轨,没有必要那么劳心劳力了。

再说,在现如今社会状况下,先成家未必是一件智慧的选择。居高不下的房价,孩子的上学问题等都是让人烦恼却难以解决的。单从房子来说,成家意味着得有一个稳定的居住地,这对于一个年轻人来说无疑不是天大的问题,再从家庭来说,结婚后面对的是柴米油盐酱醋茶,也是一个十分现实的经济问题。

所以，对于男人，不立业何以家为？先立业才能"买房买车"，才能为成家储备资本；对于女人，立业和自我也同样要放在首位，自己优秀才是最大的安全感。

二、"先立业后成家"利于事业成功发展

许多年轻人认为，先立业，没有家庭的束缚，没有负担，想干啥就干啥，有利于做出一番成就。相反，先成家，在某程度上反而阻碍了"立业"。一个人的精力和时间是有限的，有了家庭和孩子之后，势必会分散自己的注意力，事业成功的概率，相对来说比较小。而且人都有惰性，在一个舒适的环境中待久了之后，曾经的雄心壮志就会大大减弱。所以，为了避免温水煮青蛙的效应腐蚀自己的生活，许多年轻人都会理智地选择"先立业后成家。"

三、"先立业后成家"有助于建立和谐温馨的家庭

先成家，对于年轻人来说，往往带来不少生活烦恼。由于人生阅历浅，社会经验不足，加上择偶时只注重外在美，婚后性格严重不合，矛盾多多，争吵不止，甚至离婚……据报道，年轻人成家之后三年内，离婚率最高，导致了家庭的破裂。如果先立业，社会经验丰富了，又有了一定的经济基础，就可避免出现这些问题，有利于建立和谐温馨的家庭，促进社会安定团结。

四、现代青年晚婚状况适合"先立业后成家"

古代的人是先成家的，而且结婚较早，男子18岁以前就结婚了，女孩子就更早了。古语还说"三十而立"，那就说明古代人强调在三十岁的时候应该有一番建树。他们结了婚，在拖儿带女的情况下都可以立业呢！而现在的人结婚晚，绝大多数人结婚在25岁以后了，有的甚至更晚些，大龄青年而未成家的数量不断增加。现代人结婚比古人要晚十年左右，在这十年里，没有结婚，单枪匹马，正好用来奋斗，比古代人更应该有事业，闯出自己的一番天地。当然，个人能力有差异，"立业"也不一定就是多大的产业，但至少应该成为一个价值创造者，有能力为自己未来的家庭承担责任。

五、现代社会经济状况摒弃"先成家后立业"

古人总是先成家后立业的，年纪轻轻就过上相夫教子的生活，这是当时生产力决定的必然意识形态。试想一下，过去的女子难以有力气单独完成挑水、劈柴、补漏屋子等重活儿，她需要一个男人完成这项工作。而同样，男人也需要女人为他缝补衣服，生儿育女。这种结合，是物质需要大于精神渴求。对于他们来

说，个人的力量单薄卑微，成家才能让生活得到保障。所以古人早早就成家。

但是，现代社会的经济水平与状况就不同了。现在，男人的房子乱了，衣服皱了，有钟点工候命；女人无力搬抬煤气罐，可找搬运工。明显的性别分工已经不复存在。丁克族的出现，使"成家"的气味一再淡化。可见，男性与女性在家庭构成里的有形需要已被淡化，换言而之，男人没有女人，一个人照样可以活得精彩。反之亦然。这种现代社会经济状况促使不少年轻人摒弃"先成家后立业"，而选择"先立业后成家"。

成家与立业都是人生的修行，而所有的一切，都是考验人的德行和智慧。无论是"先成家后立业"，还是"先立业后成家"，这都是自己的选择，毕竟如人饮水，冷暖自知。如果你认为彼此条件很适合，比如双方青梅竹马、志同道合，选择"先成家后立业"，本无可非议。不过根据现代社会经济状况，再从人生智慧角度和权衡整体利弊考虑，还是选择"先立业后成家"好些，毕竟经济基础决定上层建筑，如果一个人的经济基础很薄弱，那么婚后的生活也会举步维艰。

挫折篇

智慧名言

抗挫智慧

患难困苦，是磨炼人格之最高学校。

——梁启超

我觉得坦途在前，人又何必因为一点小障碍而不走路呢？

——鲁迅

我以为挫折、磨难是锻炼意志、增强能力的好机会。

——邹韬奋

困难和挫折也许是有好处的。这是一种锻炼，这是推动我继续前进的动力。

——冼星海

种子不落在肥土而落在瓦砾中，有生命力的种子决不会悲观和叹气，因为有了阻力才有磨炼。

——夏衍

即使跌倒一百次，也要一百零一次地站起来。

——张海迪

生活总是让我们遍体鳞伤，但到后来，那些受伤的地方一定会变成我们最强壮的地方。

——海明威

黑夜无论怎样悠长，白昼总会到来。

——莎士比亚

在人生中总是会有一块顽石，那就是挫折，然而我们可以利用这些顽石成为我们登向成功的垫脚石。

——大仲马

失败也是我需要的，它和成功对我一样有价值。

——爱迪生

没有播种，何来收获；没有辛劳，何来成功；没有磨难，何来荣耀；没有挫折，何来辉煌。

——佩恩

患难与困苦是磨炼人格的最高学府。

——苏格拉底

卓越的人一大优点是：在不利与艰难的遭遇里百折不挠。

——贝多芬

水果不仅需要阳光，也需要凉夜。寒冷的雨水能使其成熟。人的性格陶冶不仅需要欢乐，也需要考验和困难。

——布莱克

逆境是达到真理的一条通路。

——拜伦

上天完全是为了坚强我们的意志，才在我们的道路上设下重重的障碍。

——泰戈尔

斗争是掌握本领的学校，挫折是通向真理的桥梁。

——歌德

每一种挫折或不利的突变，是带着同样或较大的有利的种子。

——爱默生

不因幸运而故步自封，不因厄运而一蹶不振。真正的强者，善于从顺境中找到阴影，从逆境中找到光亮，时时校准自己前进的目标。

——易卜生

天才免不了有障碍，因为障碍会创造天才。

——罗曼·罗兰

要记住！情况越严重，越困难，就越需要坚定、积极、果敢，而越无为就越有害。

——列夫·托尔斯泰

作为领导人，最好的锤炼方法是失败。没有什么比经历失败更能锻炼人了。

——肯·塞福

希望是厄运的忠实的姐妹。

——普希金

有理想的人能在逆境中看到希望，在黑暗中看到光明。因为他的逆境只是过渡，黑暗也只是一时的过程。

——罗曼·罗兰

灾难就像刀子，握住刀柄就可以为我们服务，拿住刀刃则会割破手。

——洛威尔

一切不幸都是可以忍受的，天下没有逃不出的逆境。

——屠格涅夫

逆境中，人靠希望得救。

——拜伦

不经巨大的困难，不会有伟大的事业。

——伏尔泰

智慧故事

不向命运低头

出生于德国的贝多芬,一生坎坷,受尽命运的玩弄与折磨,但他从不向命运低头,执意进行音乐创作,终于成为世界著名的作曲家。

贝多芬26岁时听力渐渐衰退,45岁时完全失聪,只能通过谈话册与人交谈。这对作曲家来说,是个多么大的打击啊!然而,孤寂的生活并没有使他沉默和隐退,反而是更加振作地执意音乐创作。

贝多芬说:"我要扼住命运的咽喉。"为了克服失聪带来的困难,他就坐在乐队近旁,看乐器演奏和演员歌唱。到了晚年,这个办法也不顶用了。他就用一支小木杆,一端插在钢琴箱里,一端咬在牙齿中间,在作曲时用来"听"音。

贝多芬一生给人类留下了9部交响曲、32首钢琴奏鸣曲、5部钢琴协奏曲、一部小提琴协奏曲、16部弦乐四重奏,等等,为人类创造了巨大的精神财富。在音乐表现上他几乎涉及当时所有的音乐体裁,大大提高了钢琴的表现力,使之获得交响曲的戏剧效果,又使交响曲成为直接反映社会变革的重要音乐形式。

【感悟】人是哭着来到这个世界的,这仿佛注定了在今后的生活道路上将遭遇各种困难和折磨。贝多芬就是这样,面对失聪带来的困境和苦难,他从不向命运低头,执意进行音乐创作,为人类创造了巨大的精神财富。这就应了巴尔扎克说的一句话:"苦难对于天才是一块垫脚石,对能干的人是一笔财富,对弱者是一个万丈深渊。"

坚持就是胜利

报社有个新来的职员,名叫克尔,报社领导分配他当广告业务员。

克尔对工作很有信心。他列出一份客户名单,准备去拜访一些很特别的客户,报社的业务员都认为那些客户是不可能与他们合作的。

在去拜访这些客户前,克尔把自己关在屋里,站在镜子前,把名单上的客户念了10遍,然后对自己说:"在本月之前,你们将向我购买广告版面。"

他怀着坚定的信心去拜访客户,第一天,他和20个"不可能的"客户中的三个谈成了交易;在第一个星期内,他又成交了两笔交易;到第一个月月底,这20个"不可能的"客户中就已有19个买他的广告了。

一次,克尔去请一个商人做广告,而每天早晨,这位商人却回答说:"不!"每一次,当这位商人说"不"时,克尔就假装没听到,然后第二天继续前去拜访。到那个月的最后一天,已经连着说了30次"不"的商人对克尔说:"你已经浪费一个月的时间来请求我买你的广告,我现在想知道的是,你为何要坚持这样做。"

克尔说:"我并没浪费时间,我等于在上学,而你就是我的老师,我一直在训练自己在逆境中的坚持精神。"那位商人点点头,接着克尔的话说:"我也要向你承认,我也等于在上学,你已经教会了我'坚持到最后才是胜利'这一课,对我来说,这比金钱更有价值,为了向你表示我的感激,我要买你的一个广告版面,当作我付给你的学费。"

年终,报社领导请克尔在总结大会上介绍经验时,克尔作了题为《坚持到最后才是胜利》的介绍,迎来了阵阵热烈的掌声。

【感悟】面对失败要有不屈不挠的精神,才有可能取得最后的成功。克尔正是凭着自己在挫折中坚韧不拔的精神,走上了成功之路。其实,我们在生活和事业中,需要的就是在困难面前坚持下去,迎接胜利的到来。

两个探险者

有两个探险者，一个年长，一个年少，这天迷失在茫茫的大戈壁滩上。

探险者在茫茫戈壁滩上艰难跋涉，加上长时间缺水，他们的嘴唇裂开了一道道的血口，如果继续下去，两个人只能活活渴死在戈壁滩上。

这时，年长的从年少的手中拿过空水壶，说："我去找水，你在这里等着我吧！"接着，他又从行囊中拿出一支手枪递给年少的同伴，说："这里有六颗子弹，每隔一个小时你就放一枪，这样当我找到水后就可以循着枪声方向找到你。千万要记住啊！"

年少的点了点头，年长的才蹒跚离去……

几个钟头过去了，年少的手枪里仅仅剩下最后一颗子弹了，可找水的同伴还没有回来。

年少的心里想："他这么久还没回来，一定是被风沙湮没了，或者找到水后撇下我一个人走了。"年少的越想越害怕，焦灼地等待着。在饥渴和恐惧中，他仿佛嗅到了死亡的味道，他绝望了！突然，他不由自主地扣动手枪的扳机，将最后一颗子弹射进了自己的脑袋……

就在年少的尸体轰然倒下的时候，年长的同伴带着满满的两大壶水赶到了他的身边……

这时，戈壁滩上，狂风在吹，风沙阵阵，一派凄凉！

【感悟】困难的时刻，绝望的时刻，千万不要轻言放弃，只要坚持下去，就有希望。故事中年少的探险者是不幸的，因为他放弃了坚持，同时也就放弃了自己宝贵的生命。所以，在我们人生的道路上，面对困难和挫折，只要我们能够咬着牙关坚持熬过艰难的时刻，成功就会伸手与我们相握。

女博士的智慧美

美国加州大学有个女博士叫黄美廉,自小就患上脑性麻痹症。此病发病时,患者会肢体失去平衡感,手足会时常乱动,口里念叨着模糊不清的话语,模样十分怪异。这样的人在常人看来,已失去了语言表达能力与正常的生活能力,更别谈什么前途与幸福。

但是,黄美廉靠她顽强的意志,考上了美国著名的加州大学,并获得了艺术学博士学位。她靠手中的画笔,很好的听力,抒发着自己的情感,做个智慧美的女博士。

一次演讲,一个中学生竟然这样提问:"黄博士,你从小就长成这个样子,请问你怎么看你自己?"

在场的人都责怪这个学生不敬,但黄美廉笑了笑,十分坦然地在黑板上写下了这么几行字:"一、我好可爱;二、我的腿很长很美;三、爸爸妈妈这么爱我;四、我会画画,我会写稿;五、我有一只可爱的猫;六、……"

最后,她以一句话做结论:"我只看我所有的,不看我所没有的!"

黄美廉的回应,引来同学们热烈的掌声,纷纷称赞她的智慧美!

【感悟】智慧美是最高境界的美。故事中的女博士,正视自己生理上的缺陷,没有抱怨命运的不济,只看自己所有的,不看自己所没有的,从而获得了艺术学博士学位。女博士的这种智慧美不失为一种最高境界的美。

智慧通言

战胜挫折"三板斧"

挫折,一个令人头痛的字眼,一种令人心醉的挑战。挫折对于弱者是一个万丈深渊,但对智者是一块垫脚石。我们只要不畏惧挫折,有信心、有勇气,用战胜挫折"三板斧"的实干精神,就会迅速走出困境,迎来"柳暗花明"的美好春天。

一、看破挫折

要确立正确的挫折观,看透、看破挫折。世界上的一切事物都是相对的,挫折也一样,它能给人以打击、痛苦,也能使人奋进、成熟。"自古雄才多磨难",古今中外那些在政治上、科学上、文学艺术上对人类做出了较大贡献的人,几乎无不经历过挫折和失败。

但是,有些人心理耐力比较差,经不住一点点挫折和磨难,有时难免做出不理智的反应,不正确的行为。因此,我们更要树立正确的挫折观。

首先,我们应当认识到,挫折的存在具有普遍性。可以这样说,每一个人都会遇到挫折,它是我们人生的组成部分,这是不可避免的。纵观古今,许多著名的科学家、天文学家都是在逆境中磨砺过来的。人类所取得的文明成果,无不是经过许多挫折和失败后取得的,这正是"宝剑锋从磨砺出,梅花香自苦寒来"。

美国前总统林肯的父亲是个农民,家境极为贫穷。林肯断断续续地接受正规教育的时间,加起来还不足一年。但林肯从小就养成了热爱知识、追求学问、善良正直和不畏艰难的好品质。他买不起纸和笔,就用木炭在木板上写字,用小木棍在地上练字。他抓紧一切时间看书学习,练习讲演。林肯失过业,做过工人,当过律师。从29岁起,他开始竞选议员和总统,前后尝试过11次,失败过9次。最后一次成功是在他51岁那年,他终于问鼎白宫,并取得了辉煌的业绩。面对各种各样的挫折，林肯没有选择放弃，他的锲而不舍最终成就了一段非凡的历史。

其次，要认识到挫折具有两面性。一方面，它会给人以打击，带来失败和痛苦；另一方面也能使人奋起、成熟。

挫折是一种"兴奋剂"，它可以激发人的进取心，促使人为改变境遇而奋斗，它能够磨炼人的性格和意志，增强人的创造能力和智慧。同时，挫折也是一种"镇静剂"，它可以使头脑发热的人冷静下来，这对于青年尤其重要。

再次，要善于换角度看待挫折。有的人在遭受挫折之后，就认为自己是天底下最倒霉的人。其实事实并非如此。和那些更不幸者相比，你或许是一个十分幸运的人，在其他方面你依然幸运。

英国作家萨克雷说过："生活是一面镜子，你对它微笑，他就对你笑；你对它哭，它就对你哭。"的确，我们要以欢悦的态度微笑着面对挫折，将它看作自己的成功之路的必备品，就会感受到温暖和愉快。

二、战胜自我

战胜挫折，首先要战胜自己，而战胜自己，要比战胜别人难得多，需要一股自强不息的决心、能力和勇气。在命运的惊涛骇浪里，生存还是毁灭，这确是一个问题。大海里没有礁石就激不起浪花，生活中经不住挫折就成不了强者。文王拘而演《周易》；仲尼厄而作《春秋》；屈原放逐，乃赋《离骚》；左丘失明，厥有《国语》；司马迁忍辱负重受宫刑，最终创作出堪称"史家之绝唱，无韵之离骚"的《史记》。这样的例子不胜枚举，他们的故事启示着我们：要战胜挫折，就要积极面对人生，战胜自我。

战胜自己，要不断总结，想出解决的方式。列宁在一个漆黑的冬夜要越过芬兰边境回国领导革命，在路上，一条冰河横在他面前。河里的冰已经开始融化成许多冰块浮在水面上，踩着冰块过河一点也不能迟疑滞留，否则就会掉到河里。列宁没有丝毫的胆怯和犹豫，他果断迅速地踏着浮冰很快到达了对岸。面对浮冰，过河人要么返回原路，要么像列宁那样毫不犹豫地走过河去，但不管你是退缩还是过河，冰河是不会改变的，而改变的应当是过河人自己。著名作曲家贝多芬一生有许多不朽之作，但很多有激情的曲目都是在他失聪后创作的。失聪，就预示着一个音乐家音乐生命的结束，然而，贝多芬以顽强的意志想出了战胜自己的方式：通过自己对音乐的认识，自己在脑中创作，手上弹，再用手触摸五线谱的木板，往上写，终于完成了《命运交响曲》。看来，要战胜挫折，首先要战胜自我。

良好的个性心理品质，对于战胜自我尤为重要。如果心理品质不良，就会对挫折产生错误的知觉判断，从而增强对挫折的感受性，降低对挫折的耐受性；反之，一个人具备了较优良的个性心理品质，就能充满信心地迎接挫折的挑战，直至完全战胜它。特别是青年人，要勇于投身到火热的生活激流中，认识自我，完善自我，形成良好的心态与个性，正确面对挫折。总之，不要把挫折当作坏事就行了，即使是坏事，也可以变成好事。

三、以变应变

挫折总是跟目标连在一起的，挫折就是自己的行为受阻，心中的目标暂时没有实现。因此，当受到挫折后，要以变应变，重新衡量一下，目标是否定得过高，是否符合主、客观条件，如果确属目标不切实际而造成挫折，那就要重新调整目标，使自己既定目标符合实际水平。

玛格丽特·米契尔是著名的作家，她的名著《飘》享誉世界。但是，这位女作家的创作生涯并不是平坦的，相反，她的创作生涯可谓是充满坎坷曲折。她靠写作为生，没有其他任何收入，生活十分艰辛。最初，出版社根本不愿为她出版书稿，所以，她在很长一段时间里不得不为了生活而处心积虑，但是，玛格丽特·米契尔并没有退缩。她说："尽管那个时期我很苦闷，也曾想过要放弃，但是，我时常对自己说，为什么他们不出版我的作品呢？一定是因为我的作品不好，所以我一定要写出好的作品。"经过调整心态和努力，《飘》问世了，玛格丽特·米契尔为此激动得热泪盈眶。她在接受记者采访时说："在出版《飘》之前，我曾收到出版社一千多封退稿信，但是，我并不气馁。退稿信的意义不在于说我的作品无法出版，而是说明我的作品还不够好，这是叫我提高能力的信号。所以，我比以前任何时候都努力，终于写出了《飘》。"这就说明，人遇到烦心的挫折，只要端正自己的心态，调整奋斗目标，就能战胜困难，继续前进，到达理想的彼岸。

人生暂时的挫折是为了将来更大的成功。善于总结经验教训，勇敢挥手告别昨天，告别挫折，告别逆境，把目光投向远方，努力创造美好未来是你的最佳选择。

智慧醒言

人生因挫折而精彩

如果说人生是一幅美丽的画卷，那么挫折便是画卷中最艳丽的色彩；如果说人生是一首优美的乐曲，那么挫折便是这乐曲中最动听的音符；如果说人生是一本发人深省的好书，那么挫折便是这本好书中最为深刻的道理……挫折是人生路上必不可少的一部分，如果没有挫折的人生将是单调而有缺陷的，只有经历过挫折的人生，才称得上是精彩完美的人生。

一、挫折是人生成功的一门精彩必修课

挫折是人成功的一门精彩必修课。这门课，增加了我们的勇气，增强了我们的意志；这门课，坚定了我们的信念，使我们更坚强，更勇敢，更乐观……

挫折是一把双刃剑，关键在于你如何认识，如何转化和利用。譬如电流，有人视为猛虎，怕为之所伤；有人视为好的工具，用它来为生产生活服务。其实，挫折也是如此。表面看来，挫折打破了原先的人生设想，改变你的正常生活。但换个角度想想，也许是另外一番景致。古人云："天将降大任于是人也，必先苦其心志，劳其筋骨，饿其体肤，空乏其身"。可见，人生中遇到挫折，上苍已经把你作为有成就的人物来雕琢、来考验，所受的挫折实际上是成功的前奏。只要勇于挑战，再前进一步就是胜利。

勾践，越国君主，终是没能逃过失败的命运，后来，他只能向吴王称臣纳贡。来到吴都，他在坟前的石屋守坟、喂马。面对这样的挫折，他忍辱负重，卧薪尝胆。三年后他被释放回国，最终灭吴雪耻。挫折过后的他终是重生了。司马迁，一代汉朝史官，却因李陵事件，被囚禁在了黑暗潮湿的牢笼之中，每天见不到阳光，只能与蚊虫相伴。面对这样的挫折和酷刑，面对众人的嘲笑，他没有自暴自弃，而是坦然面对，以刚毅之心，正直之气，经过了三十多个春秋，终于完成了伟大的著作——《史记》。

所以，上天给人一份挫折时，也给了人一份智慧。倘若你把挫折当作人生的必修课，那么你才能在奔流中奋起拼搏，最终取得成功。这时，挫折是你人生中一道亮丽的风景线，你的人生，因为有挫折，才会精彩，才会美丽。

二、挫折是人生成熟的一场美丽修行

挫折是人生一场美丽修行。人生之修行在于承受，只有直视挫折，承受挫折，才能使我们走向美丽和成熟，更加彰显出人生的辉煌；人生之修行在于坚持，面对挫折，只有坚持不懈，风雨兼程，才能使人生不断走向成熟；人生之修行在于淡定，人生的道路是曲折的，人生的挫折是暂时的，我们需要用一种淡定的心态去面对，才能迎来更加辉煌的人生。

古今中外，有不少功成名就的人在挫折中修行人生的故事，可歌可泣！在挫折中，贝多芬悄然地品尝着生活的不幸，却又没有向命运低下那不屈的头颅，所以他的《命运交响曲》充满着穿透人心、震撼人心的力量；在挫折中，屈原悲悯浮生，坚持"举世浑浊我独清"，所以他的《离骚》有着博大的胸怀和高远的境界；在挫折中，李清照任性洒脱，才有了卓绝千古的绝唱。其遒逸之气，俯视巾帼，压倒须眉；在挫折中，鲁迅心系民众苍生，所以他对敌人能够"横眉冷对千夫指"，对人民却又"俯首甘为孺子牛"。

所以，当你从挫折中走来，修行道路已在你眼前铺展。只要你坚持走下去，你的品行就会慢慢地修炼成一朵花，人生就会变得更加成熟美丽！

三、挫折是人生成长的一个亮丽阶梯

人生，不可能事事顺心，总伴有或大或小的挫折。这些挫折像闪闪发光的星星，点缀着我们的人生；这些挫折如一个亮丽阶梯，促使我们快速成长。不经风雨，哪有漂亮迷人的彩虹？只有一步步克服挫折，战胜挫折，才能享受成长中每一面精彩。

挫折可以磨炼人的意志，强健人的筋骨。因此。挫折是强者人生走向成功的基石，也是人生成长的一个亮丽阶梯。奥斯特洛夫斯基的一句名言："人的生命，似洪水在奔流，不遇着岛屿，暗礁，难以激起美丽的浪花。"人的生命因为挫折而精彩，人的成长因为挫折而强壮。

张海迪的人生历程中，挫折总是和她相伴。她5岁时患脊髓病、高位截瘫，下肢从此失去知觉，生活不能自理。但是在残酷的命运挑战面前，张海迪没有沮丧和沉沦，她以顽强的毅力和恒心与疾病做斗争，经受了严峻的考验，对人生充满了信心。她虽然没有机会走进校门，却发愤学习，学完了小学、中学全部课程，自学了大学英语、日语和德语，并攻读了大学和硕士研究生的课程。1983年张海迪开始从事文学创作，先后翻译了《海边诊所》等数十万字的英语小说，编著了《向天空敞开的窗口》《生命的追问》《轮椅上的梦》《绝顶》等书籍。其中《轮椅上的梦》在日本和韩国出版，而《生命的追问》出版不到半年，已重印3次，获得了全国"五个一工程"图书奖。从1983年开始，张海迪创作和翻译的作品超过100万字。她取得了多么大的成功，即使是我们这些健全人又有几个能达到她的高度。挫折，对于她来说已不再是挫折，而是她成长的阶梯，成功的动力。

张海迪的事迹告诉我们，挫折并不是失败，而是更加地接近成功的阶梯。正是因为有了这些挫折，我们才能快速成长，我们的人生才变得更加精彩！

而立之年的智慧大事

一、主动挑起人生三大责任

而立之年,最基本的要求是:必须挑起对自己负责、对家庭负责、对社会负责这三大责任。大富大贵也好,平平凡凡也罢,做好自己,挺起腰杆,扛起责任。这样才能仰不愧天,俯不愧地。

二、在继续学习中不断充实自己

作为而立之人在干事创业中,要不断充实自己的学识,或再续文凭,或参加培训,或自学自修,在继续学习中增长才干,开拓视野,才能在攻坚克难中少走弯路。

三、有一份适合自己的人生事业

人到而立之年,一定要有一份适合自己的事业。这份事业,或许不能立即给你带来可观的收入,但可以肯定的是,有了适合自己的这份事业后,一种负责任的做事态度已深入你的意识与潜意识。同时,你还会从工作中学到比别人更多的经验,而这些经验便是你今后向上发展的踏脚石,就算以后你从事不同行业,也会容易收获成功。

四、建造一个温馨的小家庭

在婚恋中,要坚持"内美胜于外美"的原则,参考前辈的建议,综合考虑,避免因情感冲动而出现的偏差,确保婚姻的持久美满。建立小家庭后,夫妻都要对家庭负责,家庭才会幸福温馨。

五、做一个品行端庄的而立人

必须坚持勤以修身、俭以养德,始终保持高尚的精神追求和道德情操,传承和发扬艰苦朴素、勤俭节约的优良传统和作风,确保做人有底气,做事有硬气,做官有正气,做一个名副其实的而立之人。

六、在挫折磨炼中逐渐成熟起来

在人生路上，每个人都会有跌撞，有几处伤疤，不要彷徨失措，要勇敢站起来，战胜挫折就是胜利，这也是而立人逐渐成熟的标志之一。

事业有成不惑年

人迈过40岁的坎，已如日中天了。

此时，有志有才者已经事业有成，即使是平庸之辈，人的生理心理也已经熟透，遇事能明辨不疑，有主张、有见解，不为外界事物所迷惑。办事不再犹豫，行为果断，不会再轻易被别人议论左右。一切重担也因时光流淌而减负了。父母已经年迈，儿女也已长大。这个时候，人通常会像爬到一道高坡一样长长地舒口气。

然而，这时的你已行而不惑，当你回头看时，才发现前些年为自己活得太少，于是，发展自己便成了这个阶段的主旋律。所以，40岁称为"不惑之年"。

40岁的你，经过一番人生的奋斗之后，已开始踏入一个幸福美好的阶段，但请别忘了家中父母，父母为你成才操劳变得衰老了。对此，我们应该学会感恩：常常与父母挽手同走在公园，就像小时父母牵你的手一样；为父母嘘寒问暖，就像童年时父母为生病的你担心一般；多与父母同桌就餐，为父母夹点他们以前为我们而少吃的菜，就像小时父母为我们夹菜那般情景……当你做到这一点时，你向成功人生又迈出了大大的一步。

思维篇

智慧名言

思维智慧

你如果想要儿童变成顺从并守教条的人,你就会采取压服的教育方法;而如果你让他能独立地批判地思考并有想象力,你就应该采取能够加强这些智慧品质的方法。活教育教人变活,死教育教人变死。

——陶行知

思维是灵魂的自我谈话。

——柏拉图

人有一颗产生感情的心,一个能思维的脑,一条能说话的舌。

——雪莱

要使人成为真正有教养的人,必须具备三个品质:渊博的知识、思维的习惯和高尚的情操。知识不多就是愚昧,不习惯于思维就是粗鲁或蠢笨,没有高尚的情操就是卑俗。

——车尔尼雪夫斯基

音乐是思维着的声音。

——雨果

才能是来自独创性。独创性是思维、观察、理解和判断的一种独特的方式。

——莫泊桑

哲学是人们进行思考、推理和想象的思维形式，也是人类生存的真正的价值所在。

——查埃利奥利

思维自疑问和惊奇开始。

——亚里士多德

真知灼见，首先来自多思善疑。

——洛克威尔

大脑应得到休息，这样你才能进入更好的思维状态。

——菲得洛斯

意志、悟性、想象力以及感觉上的一切作用，全由思维而来。

——笛卡尔

思维世界的发展，在某种意义上说，就是对惊奇的不断摆脱。

——爱因斯坦

劳动，不仅仅意味着实际能力和技巧，而且首先意味着智力的发展，意味着思维和语言的修养。

——苏霍姆林斯基

知识，只有当它靠积极的思维得来而不是凭证记得来的时候，才是真正的知识。

——列夫·托尔斯泰

思索，连续不断的思索，以待天曙，渐进乃见光明。

——牛顿

思考才使我们阅读的东西成为我们自己的。

——约翰·洛克

一个人年轻的时候，不会思索，他将一事无成。

——爱迪生

凡善于考虑的人，一定是能根据其思考而追求可以通过行动取得最有益于人类东西的人。

——亚里士多德

读书使人充实，思考使人深邃，交谈使人清醒。

——富兰克林

把时间用在思考上是最能节省时间的事情。

——卡曾斯

读书不是为了雄辩和驳斥,也不是为了轻信和盲从,而是为了思考和权衡。

——培根

思考是人类最大的乐趣。

——布莱希特

一个能思想的人,才真是一个力量无边的人。

——巴尔扎克

科学到了最后阶段,便遇上了想象。

——雨果

一个具有天才的禀赋的人,绝不遵循常人的思维途径。

——司汤达

独创常常在于发现两个或两人以上研究对象或设想之间的联系或相似之点。

——贝弗里奇

智慧故事

哭婆不哭

有个老婆婆有两个女儿,大女儿卖伞,小女儿卖布鞋。

老婆婆总是不停地在一座庙跟前哭泣,晴天哭,雨天也哭。

有个老和尚听到哭声,上前问老婆婆:"老人家,你为什么哭得这么伤心?"

老婆婆说:"天晴的时候,大女儿的雨伞卖不出去;下雨天的时候,又没有人去买小女儿的布鞋。一想到这些,我就难过。"说完,老婆婆又悲悲切切地哭了起来。

老和尚听了，就开导说："老婆婆，你为什么不反过来思考呢？晴天，你小女儿的鞋店前门庭若市；雨天上街的行人又都往你大女儿的伞铺里跑。这样不是很好吗？"

老婆婆想了想，觉得老和尚的话有道理，便听从了他的劝告。从此，她天天笑逐颜开，不再哭了。

【感悟】光不存在的时候，黑影也会存在。换一种思维方式去看待生活，眼前的天空便会变一种颜色。

呆若木鸡

齐王爱好斗鸡，经常参加斗鸡比赛。一天，他叫来有经验的纪先生，替他养斗鸡，以训练好去参加斗鸡比赛。

纪先生买回很多只鸡，才养了10天，齐王就来追问道："斗鸡养好了没有？"

纪先生答道："还没养好呢，现在这些鸡十分骄傲，到处蹦跳，自大得不得了。"

过了10天，齐王又来问斗鸡的事，纪先生回答说："还不行，这些鸡一听到声音，看到人影，就惊动地飞跑起来了。"

又过了10天，齐王又来了，当然还是关心他的斗鸡。纪先生还是说："不成，这些鸡还是目光犀利，盛气凌人。"

再过了10天，齐王已经不抱希望了，但还是来看他的斗鸡。不料纪先生这回却说："训练得差不多了，这些鸡虽然有时候会啼叫，可是不会惊慌，看上去好像木头做的鸡一样，其他鸡见了都不敢来挑战，只有急急逃走。"

齐王高兴地用纪先生养好的鸡参加斗鸡比赛。只见斗鸡场上，齐王带来的斗鸡总是低着头呆呆地站着，竟然从没遇到能斗胜它的对手。

原来，这些呆若木鸡不是真呆，只是看着呆，其实它眼睛里只有战斗，冷静异常，凭借它的眼神就可以吓退其他参斗的群鸡了。

【感悟】斗鸡场上，活蹦乱跳、骄态毕露的鸡，绝不是最厉害的。"望之似木鸡"，这才是斗鸡追求的境界。同理，看似聪明伶俐的人，绝不是真正聪明的人，只有那些看似糊里糊涂，不以物喜，不以己悲的人，才真正拥有大智慧。

小溪流水

一天早晨，佛祖与侍者阿傩一起到郊外巡游。

两人经过一条小溪，穿过一片森林。中午，烈日当空，天气炎热，佛祖觉得口渴，就告诉阿傩："我们刚才曾跨过一条小溪，你回去到小溪边帮我取一些水来。"

阿傩回头去找那条小溪，但小溪实在太小了，加上刚才有一些车子经过，溪水被弄得很污浊，水不能喝了。

于是，阿傩回来告诉佛祖："刚才有很多车子经过那小溪，小溪的水已变得很脏而不能喝了，我们继续向前走，我知道再走几里路就有一条河呢。"

佛祖听了，稍稍思索了一下，说："不，你还是回到刚才那条小溪去。"阿傩表面遵从，但内心并不服气，他认为溪水那么脏，怎么能喝呢？

阿傩在去往小溪的途中，心里想：为什么溪水混浊了，师父还要坚持要那里的水呢？不行，我要去找师父理论。

阿傩跑回来对佛祖说："师父，您为什么坚持要取那小溪的水呢？"

佛祖不加解释，语气坚决地说："你再去。"阿傩觉得师父好固执，但也只好遵从。

当阿傩再来到小溪旁时，那溪水就像它原来那么清澈、纯净。泥沙已经流走了，阿傩笑了，提着水跳着回来，拜在佛祖脚下说："师父，您给我上了伟大的一课，没有什么东西是永恒的，只要有耐心。"

佛祖听了，知道阿傩已明白当中的道理，点了点头，高兴地饮了阿傩从小溪取回来的水。

【感悟】这是一个富于哲理性的故事。阿傩原来只知道小溪的水很脏不能喝，不知道水脏的原因——很多车子经过那小溪，使小溪的水已变得很脏。所以，师父要他继续回到那小溪取水，他很不服气。常言道："水流百步自清"。其实，世间万物皆如流水，一切都会改变，没有某一件事是永恒的。用发展的观点思考问题，看待变化的事物，在人世间就会处之坦然。

可怜的驴子

驴子每天辛勤地干活，从无怨言。

一天，驴子驮着几袋沉甸甸的盐，累得呼呼直喘气。当走到一条小河边时，驴子见河水清澈见底，河中鹅卵石形状各异，看得清清楚楚。驴子只顾欣赏美景，一不留神蹄子一滑，"扑通"一声，摔倒在小河里。好在河水不深，驴子赶紧站了起来。奇怪！它觉得背上的盐轻了很多，走起来再也不感到吃力了。驴子很高兴："看来，这河水是魔水，在河里摔一跤，背上的东西便会轻了许多！"

不久，驴子又运东西了，这次驮的是棉花。装棉花的口袋看起来很大，可分量并不重，驴子走起来显得很轻松。不觉又到了上次的那条小河了，驴子想起了驮盐那件开心的事，想用上次同样的方法，把背上的几袋棉花变得再轻一些。于是，驴子喝了几口水，走到了河心，它故意一滑，"扑通"一声，又摔倒在小河里。这次驴子可不着急，故意慢腾腾地站了起来。哎呀，太可怕了，背上的棉花变得好沉呀！比那可怕的盐袋还沉几倍呢。

驴子好不容易上了岸，却始终不明白为什么河水能让重的变轻，也能让轻的变重？驴子活得真可怜！

【感悟】这个寓言中可怜的驴子始终不明白河水能让重的变轻，也能让轻的变重的道理，是因为驴子不会从所驮的不同东西方面思考问题。没有一成不变的事物，也没有放之四海而皆准的真理，必须变化地去看事物，抱着旧观念、旧框框去看待新情况，必然是行不通的。

三个应聘者

有个公司招聘雇员，只有三人应聘。

这天，老板分别对三个应聘者进行考试。

老板对第一个应聘者说："这栋楼的楼道有个玻璃窗，你用拳头把它击碎。"第一个应聘者立即一拳打去，庆幸那不是一块真玻璃，不然他的手就会严重受伤。

接着，老板对第二个应聘者说："这里有一桶脏水，你把它泼到清洁工身上去。她此刻正在楼道拐角处那间小屋里休息。你不要说话，推开门泼到她身上就是了。"第二个应聘者立即提着脏水出去，找到那间小屋，推开了门，果然看见一位女清洁工坐在那里，不动也不说话。应聘者把脏水泼在她头上，回头就走，向老板交差。老板此时告诉他，坐在那里的不过是个蜡像。

最后，老板对第三个应聘者说："大厅里坐个胖子，你去狠狠击他两拳。"第三个应聘者说："对不起，我没有理由去拳击他；即便有理由，我也不能用击打的方法。就是您不录用我，我也不能执行您这样的命令。"

此时，老板当众宣布：第三位应聘者被聘用了。理由是：他是一个勇敢的人，也是一个理性的人。他有勇气不执行老板的荒唐的命令，当然也更有勇气不执行其他人的荒唐的命令了。

【感悟】三个应聘者，前两个坚决执行老板的命令，好像也无可厚非，但他执行的是老板的荒唐的命令，缺少智慧。第三个应聘者拒绝执行老板的荒唐的命令，但执行了老板的智慧。所以，他被聘用了。

分粥

有七个人曾经住在一起，公司每天早上送来一大桶早餐粥。可是，这一大桶粥天天都不够分。刚开始他们抓阄决定谁来分粥，每天轮一个，结果一周下来，他们只有一天是能吃饱的，那就是自己分粥的那一天。

后来，他们决定推选一个道德高尚的人，让他给大家分粥。开始就有人挖空心思地去讨好、贿赂分粥的人，搞得整个小团体乌烟瘴气。

然后，他们又组成三人分粥委员会及四人评选委员会，还是互相攻击、扯皮，当粥吃到嘴里时已经是凉的了。

最后他们又想出了一个办法：轮流分粥。但分粥的人要等到其他人都挑完后，喝剩下的最后一碗。为了不让分粥的人吃到最少的，大家都尽量分得平均些。这样一来，大家快快乐乐吃粥，越吃越有味道；和和气气过日子，日子越过越甜！

【感悟】这个故事告诉我们：只有运用辩证思维的方式，才能正确处理量变与质变的辩证关系。唯物辩证法认为，量变是质变的前提和必要准备，质变是量变的必然结果。在事物总体数量不变的情况下，由于构成事物的成分在结构和排列次序上发生了变化也能引起质变。这要求我们要思考优化结构、理顺体制问题。轮流分粥，但分粥人要等到其他人挑完后，自己才能端剩下的一碗是理顺体制，是量变。快快乐乐、和和气气，日子越过越好是质变，是量变的必然结果。

智慧通言

四十不惑新思维

当今，社会上流行一种叫"降维打击思维"，运用这种思维模式，提高思维认知层次，拓宽条件选择层面，用高维打低维，很多问题就迎刃而解了。人到中年，要想跳出生活的困境，突破自我，就需要这样的降维打击思维模式。

一、降维打击思维是成年人的一种新思维模式

所谓降维打击思维，是指从更高维度俯视问题，将问题化繁为简，从而解决复杂问题。

人的认知是分层级的，面对同一个问题，有的人认知层次低，有的人认知层次高，这就影响了对问题的判断和解决思路。比如，为什么中国足球进不了世界杯？有人说是因为球员纪律松散，不努力踢球，这是在行为层面进行的思考；有人说是因为球队的管理制度出了问题，市场化不够，这是在制度层面进行的思考；还有人说是因为球队的数学没学好，没有用数学算法找到效率最高的进攻方式，这是在科学层面进行的思考。思考的层次越高，越接近问题的本质，也就越能够从根本上解决复杂问题。

作为成年人的你，正值谋事业的时候，必须灵活运用"降维打击"思维模式，努力提高自己的认知层次，勤思考，布大局，智慧地下好人生这盘棋。

二、运用降维打击思维，让你的思维提高N个层次

很多人在思考问题的时候，只关注逻辑是否清晰，推理是否严密，却很少思考自己是在哪个层级思考问题的。如果能够对思考逻辑进行分层，我们就有了强大的思考武器。

比如，在一个公司中，当有问题发生的时候，就会出现几种层次思维模式：

第一层：抱怨型思维。这个层次的人思考模式是：都是你们的错。处在这个理解层次的人首先会将问题原因归在环境不好。认为公司处于现在的这个困局，是所有人的问题，是环境的问题，甚至是时代的问题，就不是自己的问题。这样的人，对问题的理解死死地被困在了"环境"这个最底层次，从而给自己带来了诸多困难。

第二层：行动型思维。这个层次的人思考模式是：我还不够努力！处在这个理解层次的人，觉得可能是自己做得不够多才会导致问题的出现。他们是人们眼中的"行动派""实干家"，他们相信，只要持续努力，事情一定会有转机。但是，即使努力了，所有问题也不一定都能被解决。因为所有的问题是一盆很脏很浑的水，你花再大的力气也不能把它洗干净。所以只能等一段时间，杂质一沉淀，水自然就清了。此刻我们需要捕捉的是水变清的那一刻的感受力、耐力、判断力……也就是综合的"能力"。

第三层：战术型思维。这个层次的人思考模式是：方法总比问题多。处在这个理解层次的人有着强大的学习能力和应用能力，能把学习到的知识，转化为可操作的方法，进而改善效率，解决问题。不过，他们即使有一身的技能，也会在处理一个又一个难题时陷入焦虑和迷茫。因为每一个选择，都意味着不同走向，一旦选择错了的问题，优秀的"能力"和"行动力"只会让你越走越远。

第四层：选择型思维。这个层次的人思考模式是：什么才是更重要的？处在这个理解层次的人认为，我们必须在纷繁复杂的事物中找到什么可以做，什么不可以做，什么更重要，什么可以忽略不管？这就是做选择题的能力，这是较为高层次的思维模式。

这样，我们运用"降维打击"思维就能从低层次的思维模式，逐层往上探究高层次的思维模式，这一种升维的过程往往能够挖掘出问题的关键所在；当我们处于一个更高的维度，也就拥有了"降维攻击"的能力，这种思维能力能让我们从眼下的困局中跳脱出来，以一种全新的方式来看待世界，原来的问题也就随之迎刃而解。

三、顶级的思维层次促进人生大格局形成

以前很多人说性格决定命运，今天思维决定命运的时代已经到来了。这是因为思维决定层次，顶级的思维层次促进大格局形成。有什么样的格局，就有什么样的结局。

格局就是指一个人的眼光、胸襟、胆识等心理要素的内在布局。大格局，即以大视角切入人生，力求站得更高、看得更远、做得更大。大格局决定着事情发展的方向，你掌控了大格局，也就掌控了局势，胜券就稳操在你手中。正如有一句话说得好，你的心有多宽，你的舞台就有多大；你的格局有多大，你的心就能有多宽！放大你的格局，你的人生前景将不可思议。

有一句谚语说，再大的烙饼也大不过烙它的锅。意思是：你可以烙出大饼来，但是你烙出的饼再大，它也得受烙它的那口锅的限制。你未来的人生就像这张大饼一样，是否能烙出满意的"大饼"，完全取决于烙饼的那口"锅"——这就是"格局"。谋大事者必要布大局，对于人生这盘棋来说，我们首先要学习的不是技巧，而是布局。

有时候，我们已经够努力了，却还是看不到生活有所改变的迹象，内心就像陷入了一个迷宫，迷茫而焦虑。这时，你就要考虑思维层次问题了。你一旦提升了思维的层次，你拥有了更高的视野，看清了事实的真相，并根据现实布好格局，用"升维思考"来"降维攻击"，改变现状也就是水到渠成、顺势而为的事情了。所以说，当别人和你拼手段的时候，你已经在拼格局了，这就是你的思维模式高明之处。

智慧醒言

不惑之年不惑人

时光荏苒，岁月如梭，不经意间已到了不惑之年，回首遥望40年岁月留下的足迹，感慨万千……这时，不惑之年的你，凡事不再迷惑，发现走过的路是一笔宝贵的财富；这时，不惑之年的你，思维方式已经成熟，无论你是官或是民，是富或是穷，你都会茅塞顿开，明白了许多人生道理。

一、40岁之后才会真正明白：幸福指数取决于心态

人的幸福指数，完全取决于一个人的心态，而不是取决于你拥有什么。

心态好的人更懂得深谙生活之道，纵使生活风雨飘摇，也不会对生活失去希望。心态好的人有好人缘，往往受人尊重。

心态好的人对事并不会斤斤计较，是一种豁达的心态。心态好的人可以给家庭带来和谐，家和万事兴。所以，有一个好的心态，你的人生才会变得越来越幸福。

二、40岁之后才会真正明白：名利如过眼烟云

人生一世，始终会与名利相伴，选择什么样的名利观就选择了什么样的人生。选择贪婪就选择了低俗，选择淡泊就选择了高尚。若想不为名利所累，其实也简单：视之越重，害处越大；视之越轻，益处越多。名利如过眼烟云，简简单单就是最好的生活。一个人只有真正摆脱了外界名利的诱惑，才能真正做到豁达，真正做自己的主人，真正感觉到"人生就是美丽的"。

三、40岁之后才会真正明白：钱是用来花的东西

人生，随着年龄的增长，对钱的看法也不断变化。孩童时视钱如宝，有钱就有糖吃；年轻时视钱如血，花心血挣来的钱节俭养家。年届四十的人，才更理性地明白钱的内涵：钱只有在自己努力赚来的时候，才会深刻体现价值感，也只有在被你花掉的时候，才算是真正属于你的。除此之外，无论钱放在股票、证券，或存在银行，甚至放在钱包里，都不能证明这些钱就是你的。这个认识也是日后进入天命之年时认为"钱乃身外之物"的一个铺垫。

四、40岁之后才会真正明白：要活在当下，感受当下

过去那些曾经令人痛苦不堪的事情，现在都仿佛过眼烟云，也不会为明天的事情而烦恼。"活在当下"注重的是当下的感受，当下的观察、当下的分析，是基于"事实"的，而不是基于"幻想"的，是直观而具体的感受，是对事情的真正改善和解决。

五、40岁之后才会真正明白：苦与累都是人生一道风景

人到中年，上有老人，下有孩子，自己有事业。这是每个人一生最关键的时刻，也是最苦最累的时候，积累财富，赡养老人，教育子女等，所有的磨炼和历练都在这一刻达到了顶峰。无论苦与累，这些都是人生的一道风景。每天，以饱满热情和高昂的状态工作和生活，做到无愧于心、无悔于情足矣。

六、40岁之后才会真正明白：贫贱和富贵在终结的时候差别不大

虽然出生的年代与家庭常常会在自己的一生中打下深深的烙印，但到了不惑之年的你，也不再为这些遗憾了。贫穷曲折的人生经历，也可能会带来辉煌的将来，而且还可能令自己的生活会更有滋有味且回味无穷。因为你相信：贫贱和富贵在终结的时候差别不大。

七、40岁之后才会真正明白：谁也赢不了和时间的比赛

时间是世上最无情的东西，再深的感情、恩义、情愫，都会因天涯远隔、岁月流逝而渐渐淡去。这不是世事炎凉，而是岁月之风和时光之手淡化了心中的你我。对于40多岁的人来说，要活出自我，活出自信，该想的就想，该做的就做，爱你自己，更要爱他人。不论何时何地，要特别珍惜缘分，别等到无能为力的时候，才翻起终生的遗憾和悔恨的记忆。

八、40岁之后才会真正明白：人生成功三要素

人生事业成功原因各有不同，每个人自身素质和机遇都不一样。但人生事业成功的共同原因，大多数要看是否具备成功三个要素，即领导赏识、个人学识、环境机遇。其中领导赏识就是千里马还需伯乐来识别；个人学识就是具有别于他人的特长，这能加重自身价值筹码；环境机遇就是机遇巧合，即机会和缘分恰好吻合。这三个要素缺一不可，如果仅是个人学识高而没有领导赏识的不成，如果单是领导赏识而机遇不合也不成，只有这三个要素同时具备才可大功告成。

九、40岁之后才会真正明白：到底什么样的时间才是属于自己的

青少年时不知道时间为何物？只知道为兴趣而玩。青少年也不知道到底什么是"愁滋味"，却有时假意对天哀叹。40岁之后才知道，时间其实只有被自己利用才是真正属于自己的。所以做个率性的人，做自己喜欢做的事情，那么这个时间才是真正属于你的。只有当时间真正属于你自己，你才是在做真正的自我，而且只有这样才有可能做出成绩来。

十、40岁之后才会真正明白：身体健康才是自己的

40岁前的人，也许你经常对别人讲"身体是事业的本钱"，可是你或许从来都不知道自己讲的是什么？每个人都在忙忙碌碌追逐金钱和财富，追逐权力和高颜值，可是有多少人会停下来，回头看看自己到底活着是为了什么？

40岁后的人，终于明白了：人要想成功就一定得珍惜自己的身体，因为这时候你才领悟"身体是事业的本钱"的真正意义：身体才是人生最大的财富，有了健康的身体，才有人生的一切。正如有人打个数字比方：健康好比数字1，事业、家庭、地位、钱财等一切都是0；有了1，后面的0才有意义，越多就越富有；反之，没有1则一切皆无。

十一、40岁之后才会真正明白：人比人气死人

我们常听说，有的年轻夫妻会拿自家的老公（老婆）跟别人相比，比职位、比收入、比恩爱……结果，人比人气死人。这是内心自卑脆弱的表现。内心足够强大的人是不会去比的，反而能帮助别人，适当的时候给予别人，做到不卑不亢。

诚然，有比较才会有鉴别。但如果对人或事物只从表面而不从内里，以一时一事而论却不从未来发展去比较、鉴别的话，是会"一叶障目，不见泰山"的。所以，少比较、少生气、多做事，益身体，才是正理。

十二、40岁之后才会真正明白：内在美胜于外在美

人当青春年少让人艳羡不已，但人到成熟时更显得韵味深长，即内在美胜于外在美。对于当代青年来说，选择对象已不再只是喜欢青春美貌，更不能把容貌作为唯一标准。人的相貌是天生的，但外貌美丽是短暂的，而内在的气质、品格才是永久的。所以，选择对象应着重选择具有内在美的人。内在美不仅能反映人的心灵美，同时也直接显示出人的文明程度。内在美有助于婚姻美满幸福。

十三、40岁之后才会真正明白：先立业后成家

古人总是"先成家后立业"，不过现今绝大部分的年轻人不同意这个观点，而接受和追求"先立业后成家"这种观点。主要理由如下：一是"先立业后成家"利于事业成功发展；二是"先立业后成家"可为家庭打造经济基础；三是"先立业后成家"有助于建立和谐温馨的家庭；四是现代青年晚婚状况适合"先立业后成家"；五是现代社会经济状况摒弃"先成家后立业"。年过不惑的你，也许会从人生智慧角度和权衡整体利弊考虑，真正明白和赞同年轻人的选择。

十四、40岁之后才会真正明白：人生得一知己足矣！

人生一世，对于亲情、友情甚至爱情，其实得到的并不是很多。闲暇时静静地想一想，活了几十年，到底有多少个真正靠得住的知己。即使是亲情，如遇上不孝子女，不奢望反哺之义，反而得来反骨之举。别以为夫妻可靠，为了一己之私，"后院起火"，损失不堪设想。这虽是个别现象，而且大都是当初教子无方或择偶不慎所留下的祸根，但也应清醒警惕、智慧防范啊。常言道："人生得一知己足矣"。也许想过之后，连一个知己都没有，心灵是何等的凄凉。这时你也许反思自己：我对待别人可是真的呀！但愿真情换真情，能够成为现实。

十五、40岁之后才会真正明白：溺爱出不了孝子

当初对孩子无微不至的照顾和溺爱，不但使我们本身成为一种负累，也使孩子迟迟挺不起脊梁。孩子小的时候，怕他们吃苦，怕他们受罪，千般关爱，百般迁就。待他们长大后，我们却仍然要为我们当初的劳累深深地悲愁和痛楚，但孩子理解过你这用心良苦吗？他们对你们的养育之恩和倾力付出有过感恩举动吗？如果没有，又是谁之过？"溺爱出不了孝子"，这话一点都没错！

十六、40岁之后才会真正明白：视野决定人生格局

花季之年学习"读万卷书不如行万里路"，懂得知识和阅历的重要；弱冠之年学习"行万里路不如阅人无数"，认识社交技巧和洞察能力的必要；而立之年学习"阅人无数不如名师指路"，领会名师指点和明确方向的意义；不惑之年学习"名师指路不如自己去悟"，悟出善于思考和提高认识的道理。这几句格言展示出一幅幅颇具哲理的人生视野图，令人感慨不已。视野决定人生格局，人的视野不断扩大，人生格局不断提升。

十七、40岁之后才会真正明白：人生要学会感恩

人到中年，要学会感恩，要深深感谢父母的养育之恩，真诚感谢曾经热心帮助的人和曾经爱过的人。学会感恩，这是成熟人生的大智慧，也是一种处世哲学。这样，你才会有一个积极的人生观，才会有一种健康的心态。

十八、40岁之后才会真正明白：人生要有三悟

一是醒悟：我们是人，做事总会犯点错。所以，做人做事，不要一错再错，要学会及时醒悟，才会让心灵重生，才会让情感更真。

二是感悟：生活如盐，是咸是淡，是苦是甜，取决于心量的大小。人生很多东西无所谓最好，只要你认为值得就是最好。一个人的外表真的无关紧要，内心真诚才至关重要！这些都在你的人生感悟之中。

三是领悟：人的一生，既不是想象中的那么美，也不会是想象中的那么坏。生命就是一场旅程，就是一路风景，一路欢歌，所以，人生重在领悟：每个人须亲自感受人生的一切。

十九、40岁之后才会真正明白：人生有三种境界

平庸的人有一条命：性命；优秀的人有两条命：性命和生命；卓越的人有三条命：性命、生命和使命。这三条命概括出了人生的三种境界。

平庸的人，只是来世上走了一遭，徒有性命而已。他们只追求一日三餐的温

饱，没有高远的目标，亦没有伟大的理想，每一天都重复着昨天的故事。这样的人，毕生都没能走出人生的第一境界。

优秀的人活得有滋有味、有声有色，他们在珍惜性命的同时，更注意提高内在修养和生活质量，正所谓"我们不能决定性命的长度，但能拓宽性命的广度"，这才可以当之无愧地称为"生命"。显然，在做人的格调上，生命比性命更胜一筹，此乃人生的第二境界。

卓越的人，则把自己的生命同国家、民族甚至整个人类的命运紧紧联系起来，赋予生命至高无上的责任，他们的肩上便有了沉甸甸的担当，这就是神圣的使命。中华民族有五千年悠久历史，这样彪炳史册的人自然不胜枚举。胸怀使命的人，有高远的目标、崇高的理想、矢志不渝的人生信念，以国家的兴旺、民族的复兴为己任，粉身碎骨浑不怕，把使命看得大过天，超过生命，在历史的长河中，谱写了一曲又一曲壮丽诗篇。毋庸置疑，使命是远远高于性命和生命之上的第三种境界。

二十、40岁之后才会真正明白：大智慧比小聪明强

如果有人说你是小聪明的话，就是指你爱耍小计谋、小心机、人精于算计、投机取巧，一般目光比较短浅。所以有"聪明反被聪明误"之说。

大智慧是真正的聪明，见解独到，目光长远；办事沉着冷静，着眼的不是小恩小惠。一个人能够做到忍让，同时做到宽容，这就是人生的一种大智慧。显然，大智慧比小聪明强得多。

识人篇

智慧名言

识人智慧

同事之人,不可不审察也。

——韩非

远使之而观其忠,近使之而观其敬,烦使之而观其能,卒然问焉而观其知,急与之期而观其信,委之以财而观其仁,告之以危而观其节,醉之以酒而观其则,杂之以处而观其色。

——庄周

形相虽恶而心术善,无害为君子也;形相虽善而心术恶,无害为小人也。

——荀况

剑不试则利钝暗,弓不试则劲挠诬,鹰不试则巧拙惑,马不试则良驽疑。

——王符

虽笑未必和,虽哭未必戚;面结口头交,肚里生荆棘。

——孟郊

观貌之是非,不若论其心与其行事之可否为不失也。

——韩愈

试玉要烧三日满,辨材须待七年期。

——白居易

相人之术有三：迫之以利而审其邪正，设之以事而察其厚薄，问之以谋而观其智与不才，贤不肖分矣。

——李翱

闻过如不闻，见善如不见，庸人也；诋善以为非，闻过则必文，小人也。

——刘炎

事之至难，莫如知人；事之至大，亦莫如知人；诚能知人，则天下无余事矣。

——陆九渊

来说是非者，便是是非人。

——释普济

凡有才名之士，必遭险薄之辈假以他事中伤。始乎屏弃，卒不得用。

——包拯

无事时埋藏着许多小人，多事时识破了许多君子。

——吕坤

真正高明的人，就是能够借助别人的智慧，来使自己不受蒙蔽的人。

——苏格拉底

委托贪婪的人保管财物，自然要上当。

——伊索

要认识一个人，就要从整个着眼，不能单看他个人的历史，应当从深入他血液的、他所继承到的种种特质和特征的全部来看。

——马明·西利比亚克

世界上还没有一种方法，可以从一个人的脸上探察他的居心。

——莎士比亚

为了认识人，就必须从他们的行为中去认识他们。

——卢梭

只要你告诉我，你交往的是些什么样的人，我就能说出，你是什么人。我只要知道你是干什么的，我就知道，你能成为什么样的人才。

——歌德

疯狂的人总是向别人诉说他们的神智清明。

——冈察洛夫

如果我们想法交朋友,就要先为别人做些事——那些需要花时间、体力、体贴、奉献才能做到的事。

——卡耐基

一个正直的人要经过长久的时间才能看得出来,一个坏人只要一天就认得出来。

——索福克勒斯

对于我们终日接近的人,我们反而只有在离开以后,才能够充分了解。

——屠格涅夫

智慧故事

吃饭看人

吃饭看人,是识人的方法之一。从吃饭看人,一看一个准儿。请看下面这个故事:扔掉饼皮的人。

唐朝有个尚书,姓郑,一向俭朴持家。有一天,有个远亲来拜见他,这位远亲本是个种地的农民,郑尚书见他穿着很朴素,就问他想要什么,这位远亲说:"我想在您这里谋个差事做。"郑尚书见他人很朴实,就答应了他,准备为他写封推荐信,安排他到下面当差。

几天以后,郑尚书和这位远亲一起吃饭,吃的是饼,郑尚书发现他把饼皮都扔掉了。郑尚书心想:"为什么外表与内心,相差这么远呢?以为他穿着朴素,一定知道世事的艰难,哪料到他比富家公子还会浪费,这样的人哪能当好差呢。"郑尚书亲手把他扔掉的饼皮捡起来自己吃掉,送了一些财物给他后,就打发他回家了。

【感悟】上面这个故事,我们可以从中得到一些启发:在与人交往的过程中,要善于从细微之处洞察人性,比如从吃饭看人,由小见大、由近及远,才能真正认识一个人。而我们在修身时，不仅仅在大事上要严格要求自己，更要注意细节，做到慎微。

下棋识人

唐代有个叫吕元膺的人，官至东都留守。他平时喜欢交友，但他交友比较细心，常常会通过观察到的一些细节来判断此人是否可交。

有一个姓任的士人来投奔吕元膺，吕元膺以礼待之，给他安排了份差事。吕元膺喜欢下棋，恰好任某也喜欢下棋，于是两人便经常在一起下棋。

一天，他俩下棋时，有人送公文来让吕元膺批，就在吕元膺批公文的时候，任某偷偷地换了一枚棋子。这样一来，局势顿时大变，任某赢了那盘棋。其实，吕元膺当时把这一切都看在眼里了，只是没有说破。

三个月后的一天早上，吕元膺忽然客客气气地对任某说："我这儿人浮于事，难免会耽误先生的前程，还是另请高就吧，实在抱歉得很！"说罢，给他准备了一份礼物、为他送行，任某虽不愿走，但也不好再说什么，只好带着礼物离开了。

当时，吕元膺打发任某走的时候，许多人都不理解，就连他的子孙们也都不明白他为什么要那么做，但吕元膺也没有解释。直到十多年后吕元膺病危之际，他才语重心长对围在病床边上的儿孙说："为人处世，交朋友一定要认真对待，仔细选择。十多年前我在东都时，和一个姓任的门客相处极好，但有一天，我们下棋时他偷偷地换了一枚棋子，这本是小事一桩，但我却从中看到他心迹可畏，所以就把他辞退了。"

吕元膺慧眼识人，一看一个准儿。据说，被他辞退的任某后来又到了另一个官员那里任职，但一年之后，就被那个官员的政敌用重金收买了，编造谎言诬陷那个官员，险些使那个官员摊上牢狱之灾。

【感悟】这个故事，使我们读懂了古人识人的智慧。吕元膺与门客任某下棋，任某偷偷地换了一枚棋子，这本是一件小事，但吕元膺从细节看人，从中看到任某心迹可畏，所以就把他辞退了。另外，吕元膺"不说破"的处世态度，这是一种建立在宽容、善良基础上的操守，颇值得我们学习。

细节识君子

清朝"一代商圣"胡雪岩的经商故事广为流传。这里说的是他细节识人的一个小故事。

胡雪岩早些时候经常听到关于清朝重臣左宗棠的负面传闻，对左宗棠有成见。

一次，胡雪岩因事拜访左宗棠。胡雪岩发现左宗棠身为朝廷一品大员，生活却非常俭朴。吃饭的时候，饭桌上一道湖南的熏肉。胡雪岩吃了一块后，发现肉略有变质，难以下咽。精明的左宗棠发现了这一细节，对胡雪岩说："这熏肉是我在湖南的夫人托人捎过来的，只因路上时间长了点，有点变味，因是夫人所送，所以我舍不得丢掉。"

胡雪岩明白过来，以前就听说左宗棠早年科举不利，受人白眼，一贫如洗，幸得名门出身的夫人看中。左宗棠对妻子也是敬爱有加，从这盘变了质的熏肉就可以看出左宗棠是一个念恩情的人。

胡雪岩从左宗棠舍不得丢掉熏肉这个细节，改变了对左宗棠的看法。他回去后，清点了两万两银票，又派人从洋人那里购得一万石粮食，准备一并捐给左宗棠作军饷。身边的人悄悄地跟胡雪岩说："您为什么一定要捐这么多钱粮给他呢？"胡雪岩胸有成竹地一笑，说："此君子不交，我交何人？"后来，两人消除误会，成为知己，这是后话。

【感悟】与人结交，看重品行。道听途说的未必可信，亲自观察到的小细节才真实可靠。从左宗棠舍不得丢掉变质熏肉的细节中，胡雪岩看出了左宗棠是一个重情重义之人。后来的事实也可以看出胡雪岩"细节识人"是正确的。

远处识差人

早些时候,与一朋友谈起如何识人之事,他深有感触地说:"两个经常在一起的人,往往不能真正彼此认识,只有两人离开一段时间,才能真正互相了解。这就是'远处识人法'。这种情形,与看画展一样,走得太近看画就会模糊不清,只有离远一些,才能把画看得清楚明了。"接着,他说了如下一个"远处识差人"的故事。

明代永乐年间,有一个叫万咸的人,在知府手下当差人。

万咸特别会讨知府喜欢,什么事都为知府办得十分妥帖,知府对他十分满意。

有一年,知府治下有一个盐运司副使的空缺,知府有心向上级推荐万咸,却先把他派到了某县去协助管理粮务。

一个月以后,知府听到有人反映,万咸对人态度特别傲慢,不把下边人放在眼里,对县令也态度不恭。

知府听说后,便把万咸调回自己身边,仍做差人,对提拔他的事只字不提。

直到知府告老还乡,也没有提拔差人万咸。

后来,有人问知府当初为何这样,知府说:"一个人每天围在你身边,你就很难真正了解他,很可能对他的缺点视而不见。只有和他拉开距离,才能真正了解他。这就是我当初把万咸派到某县去协助管理粮务的目的。"

【感悟】当我们和一个人距离很近的时候,很容易使我们的认识出偏差,我们反而很难全面了解他,倒是对那些有一定距离的人了解得透彻。因为距离可以容我们有沉淀后的思考,距离可以允许我们以冷视的目光去观察。距离就是这样一种奇怪的东西。所以,如果你想了解一个人,就和他保持一定的距离,这样或许才能真正认识他。

新来的主管

几天前,单位调来一位新主管,据说是个能人,专门被派来整顿业务的。

可是,日子一天天过去,新主管却毫无作为,每天彬彬有礼走进办公室,很少出门与人交往。那些本来紧张得要死的坏分子,现在反而更猖狂了。

"他哪里是个能人?根本是个老好人!"同事们偷偷议论着。

四个月过去,就在人们感到失望时,新主管却发威了:单位的坏分子一律开除,能人则获得晋升。下手之快,断事之准,与刚来时的他,简直判若两人。

年终聚餐时,新主管在酒过三巡之后致辞:"大家可能对我到任前后的表现,感到很不解。现在,听我说个故事,各位听后就明白了:

我有位朋友,买了一栋带着大院的房子。他一搬进去,就将那院子的杂草杂树全部清除,改种自己新买的花卉。一天,原先的屋主来访,进门大吃一惊地问:'院里最名贵的牡丹哪里去了?'我这位朋友才发现,他竟然把牡丹当杂草给铲了!

后来我的朋友又买了一栋房子,搬进后他却是按兵不动。果然,冬天以为是杂树的植物,春天开了繁花;春天以为是野草的植物,夏天成了花团锦簇;半年没有动静的小树,秋天居然红叶满树。直到暮秋,他才真正认清哪些是无用的植物,而大力铲除,并使所有珍贵的草木得以保存。"

说到这儿,新主管举起杯来:"如果办公室是个花园,你们都是珍木,珍木不可能一年到头开花结果,只有经过长期的观察才认得出啊!让我们为保护珍木干杯!"

新主管的话引来热烈的掌声!这时,大家才真正认识新主管,正如新主管才真正认识大家一样。

【感悟】世间的珍木,不可能一年四季开花结果,只有经过长期的观察才认得出。在你做一项抉择的同时,也请慢下手,仔细观察后再做决定。同理,识人亦然。

智慧通言

智慧识人定亲疏

识人是一门学问，精通这门学问的人，都是大智慧的人。俗话说："知人知面不知心"，只有学会识人术，看懂天下人，才能使你在纷繁复杂的人际关系中左右逢源，在社会的大潮中自在遨游。

一、人生需懂识人术

识人术顾名思义就是认识他人的技术或方法。曾国藩说："宁可不识字，也要会识人。"可见识人术的重要。俗话说："林子大了，什么鸟都有。"生活中，有各色各样的人，哪些能深交，哪些要远离，我们一定要心中有数。若识人无术，为小人所伤，可就亏大了。

在生活中，不会识人的人看到的只是他人的表象，而会识人的人看到的则是他人的真实内心，他人的内在本质。学会识人，学会运用各种合理的方法看透对方的内心与本质，你就可以避免遭遇一些难以逾越的障碍。古语说得好："害人之心不可有，防人之心不可无。"这里的防人是被动的，如果我们能化被动为主动，主动地学会识人，以冷静的思维看透人心、看待社会，远离小人，结交好人，那么我们的工作和生活就一定更加顺畅自在。

学会识人，可以更有效地利用好自己性格的优缺点，甚至把自己的问题转化为资源，这可以减少很多的内耗以得到更好的发展，对自己的不断成长和事业发展大有裨益。

学会识人，还可以帮助我们正确地选择适合自己的环境，更快地适应陌生环境，可以帮助我们更好地与身边的人合作相处。良好的生活环境和人缘关系是一笔不可忽视的财富。

二、识人之道各有法

自古以来，真正有本事的人都非常重视"识人术"。他们通过一个人的面相、谈吐、神情、仪态、行为、性格等，来认清一个人的本质。各种识人法，从不同角度、不同分类，介绍识人的方式方法，如经验识人、知事识人、品质识人、时间识人、远处识人等。

为了让大家容易记忆，简便运用，现把识人法的要点归纳为言色、行为、个性三个方面，简称"识人三法"。

1.言色识人——察言观色

在民间，很多人会通过面相来认识一个人。一脸凶相的人，可能会被归类为"恶人"；一脸慈祥的人，会被归类为"好人"。可是，现实生活中，常常会有"面善心恶""口蜜腹剑"的情况，这就需要我们学会察言观色了。

谎言可以编造，言色却很难伪装。一个人的心理活动在他的言色上会有所表现，即使是城府再深的人，也往往会在不经意间通过自己的言色透露出自己内心的秘密。在与人交流的时候，我们可以通过察其言、观其色来察觉到对方的真实想法和内心情感，一看一个准。

清朝年间有一个举人，寒窗苦读数年，终于得到了一个县令的职位。上任第一天，他去拜见道台大人，开始想不出该说什么话，沉默了一会儿，忽然问道："大人尊姓？"道台大人不知所以，被他的问话吓了一跳，勉强告诉了他自己的姓氏。

县令低头想了很久，突然说："大人的姓，百家姓中似乎没有。"道台更加惊异，说："我是旗人，贵县不知道吗？"县令站起来，问道："大人在哪一旗？"道台说："镶红旗。"县令说："正黄旗最好，大人怎么不在正黄旗呢？"

道台勃然大怒，县令却浑然不觉，接着问道："大人家居何处？"道台满脸怒气，认为县令是在讽刺他从关外而来，于是起身拂袖而去，县令却茫然不知为何。

第二天，县令就接到了道台的公文，被贬到一个乡野小县去了。

这个县令被贬黜的原因很简单：他不懂得察言观色，只知道一味地表达自己的观点，希望以此拉近和上司之间的关系，结果反而弄巧成拙。

察言观色是一个人处世识人时必须掌握的技巧。一个懂得察言观色的人，往往能够通过自己的观察知道对方在想什么，并且让自己的反应与对方产生共鸣，从而取得对方的信任，实现自己的目的。否则，其下场就像这个县令一样，适得其反。

2.行为识人——以小见大

认识一个人之所以那么困难，就在于我们需要从一些很小的事情来判断其本质。这就是古人所说的"窥一斑而见全豹。"我们要学会从蛛丝马迹的细小行为中去判断，以小见大。

曾国藩驻军安庆的时候，他的一个亲戚来投奔他，打算在他这里找点事做，曾国藩就留下了他，准备日后给他一份差事。一个多月以后的一天，两个人在一起吃饭，饭里有一粒稗子，那个亲戚就把稗子挑出来扔到了地上，然后才吃那碗饭。曾国藩看到以后，就给他准备路费，打发他回家。那个亲戚问曾国藩为什么打发自己走，曾国藩说："你来我军营才一个多月，吃饭的时候就把稗子挑掉了才肯吃，我担心你将来见异思迁，反而使自己受了拖累。"

曾国藩不愧是一个"识人"的高手。他从那亲戚吃饭时把稗子挑掉这件小事上，认识其人品及未来，可谓智慧超群。现实生活中，我们也要懂得从一些无意间的小行为来看一个人的真正为人，甚至可以预知其未来表现。

3.个性识人——由近及远

世界上没有两个性格完全一样的人。一个始终笑脸迎人的人，也可能把自己的内心包裹起来不让人窥见；相反，一个沉默寡言的人，也会有开怀大笑的时刻。

人的性格虽然难以捉摸，却始终存在着一定的倾向和内在规律。人的性格的形成是长时间磨炼的结果，只要了解一个人的经历，就可以从中推测出一个人的性格特点。

三国东吴重臣陆逊，就是一个能识透人性的智者。他深谋远虑、战功赫赫，深受孙权器重，并在吕蒙之后成为东吴大都督。作为东吴举足轻重的角色，他也深谙"识人术"。

陆逊从诸葛恪"太过张扬、目中无人"的性格中看到了他的祸患，并直言不讳地忠告诸葛恪说："先生气势太盛，经常侵犯地位高的人，又看不起地位低的人，恐怕将来会有祸患。"但诸葛恪不以为然，毫不改过。后来，因为诸葛恪独断专行，为孙亮所除，终尝恶果。

我们常说，性格决定命运。什么性格，往往预示着什么结果。所以，如果诸葛恪听从陆逊的忠告，就完全可以避免这个灾祸。

三、智慧识人定亲疏

俗语云:"进山不怕虎伤人,只怕人情两面刀。"老虎虽凶猛,我们能看到,还能够防范;人却难懂,若不细心体察,可能引来祸患。

所以,我们要学会智慧识人,从言色变化、行为端倪、个性特征来了解一个人的内心及将来可能的结果。清醒认识身边人,无论对事业发展或人际关系都将是一笔人生财富。

其实,这些"识人术",归根结底只有一个方法,那就是:相信自己的"感觉"。自己的感觉是一个非常精密的仪器,可以帮自己测出一切可能或者不可能发现的问题,并带着自己有效的策略来应对,从中看清一个人,从而亲近秉性良好的人,疏远身边的小人,这样,你才能具有脚踩大地的事业成就感和生活幸福感。

不过,你要知道,当你在怎样识人的时候,人家也在如何识你,这是相互的。所有的套路,都敌不过"真诚"两字,你掌握这些识人的基本方法,都是为了让你的真诚更好地表达出来而已。

智慧醒言

交朋结友先识人

人生在世,免不了交朋结友。交上一个好朋友,可谓是我们人生的助力,但如果碰上了小人,就会拖累我们,消耗我们的运气。因此,我们必须学点识人之术,懂得什么样的人值得交往,什么样的人不值得交往。下面让我们从识人的角度去看看值得交往与不值得交往的几种人。

一、值得交往的四种人

1.淡泊名利的人

淡泊名利的人并不一定就清高自傲,之所以他们能把名利看得淡如水,就说明他们有一颗与世无争的淡然之心,不自私自利,对人坦诚相待,对事理性分析，在生活中往往是你值得交往的朋友。

2.尊老孝顺的人

孝敬父母、尊敬长辈是中华民族的传统美德。父母给了我们生命，把我们养育成人，在这个世界上对我们不求半点回报，只有付出的人就是我们的父母，我们有什么理由不去孝顺他们呢？如果一个人连养育自己的父母都不去孝顺，我们又怎么指望他能跟我们去用心交往呢？所以，无论是谁，即使跟你的关系再好，如果你发现这个人是个不孝顺父母的人，那么你就得重新衡量你们之间的关系了。

一个孝顺父母的人，也一定是个懂得感恩的人，更是一个有责任心的人。即使这个人不是什么达官显贵，也没有什么显赫地位，也值得我们去交往，因为跟这样的人接触，我们安全放心。

3.性格坦荡的人

古语云：君子之交淡如水，小人之交甜如蜜。所谓君子，就是光明磊落、内心坦荡的人。与性格坦荡的君子相交，他宁愿自己吃亏，也不会让你吃亏。他重情义，有原则，懂得换位思考，顾及别人的感受，这样的人值得别人尊敬，也值得我们交往。

4.同甘共苦的人

真正的朋友，会在你需要帮助的时候，竭尽所能地帮你。在你遭遇落魄、跌入低谷的时候，主动伸手拉你一把。他还会在你被人污蔑的时候，第一时间出来维护你，在你需要人理解的时候，陪在你的身边不离不弃。这样同甘共苦的人很值得我们交往。

二、不值得交往的四种人

1.心口不一的人

这种人言行不一致，十分善于伪装。他们表面功夫做得极好，内心却无比肮脏，为了对人掩饰其内在的邪恶本性，便会在表象上塑造一个笑脸蜜语的形象。你若一旦与之交往，开始会得益于其"关怀备至"，与之称兄道弟，而日子一久，心口不一之人的本性便会凸显出来，在你背后做出一系列损你利他的事情。

心口不一的人，不能说他人品就一定有问题，但至少不能对你做到开诚布公。一个跟你相处甚密的人，都不能将其心扉对你敞开，说明没把你当真正的朋友。因此，这样的人你应尽早离开。

2.忘恩负义的人

有一种人，在特殊时期受过你的恩惠与帮助，但到了后来就开始忘记了，这不是忘恩负义吗？其实这样的人就是小人。小人则只想到怎么让别人帮助他自己，而且是持续的帮助，他也不会想到报答别人，甚至还对于别人的恩惠吹毛求疵，过河拆桥。像这样的人，最好离他越远越好，因为这种人完全没有原则，没有良心。

3.溜须拍马的人

有些人在事业上总是靠"拍马屁"获得升迁和进取，这些人不能和他相交。因为能够用"拍马屁"获得晋升的人，往往不在乎别人的利益，为了自己的私利，不惜把别人的利益践踏在脚下，靠踩着别人的肩膀来往上爬的人，迟早会摔得很惨。所以在他们身边，都要提心吊胆，保持警惕，以防哪一天被他利用，与其这样，不如早点离开，避免引火烧身。

4.城府很深的人

城府很深的人，做事不考虑他人的感受，完全以自我为中心。

就算你与他平时交好，在利益面前，他照样可以将你出卖。纵使他们外表看起来多么的"和善"，但那都只是虚伪的假象，一旦你涉及他的利益，那么他的本性定会暴露无遗。

识人是一种本领，也是对自己人生的一次救赎。每个人来到世上走一遭，注定会遇到形形色色的人。有的人可靠可信，可以给你带去正能量，很值得相交；而有的人则恶习缠身，会感染导致你自甘堕落，须谨慎交往。因此，我们要灵活运用识人之术，与人相交，务必智慧识人。因为和善良的人在一起，我们才会一起进步；和小人在一起，我们就会惹来祸患。

爱心篇

智慧名言

爱心智慧

几十年的经验使我懂得,多想到别人,少想到自己,便可以少犯错误。

——巴金

真正的同情,在忧愁的时候,不在快乐的期间。

——冰心

爱,可以创造奇迹。乔迈被摧毁的爱,一旦重新修建好,就比原来更宏伟,更美,更顽强。

——莎士比亚

有的人觉得能够舍身,能够用牺牲来对人类表示深切而毫无私心的同情,是一种快乐。

——罗曼·罗兰

感谢是爱心的第一步。

——西谚

朋友,熟人是靠山,但不能一味地依靠他们。

——樱井秀勋

爱是不会老的,它留着的是永恒的火焰与不灭的光辉,世界的存在,就以它为养料。

——左拉

爱是美德的种子。

——但丁

爱是理解的别名。

——泰戈尔

人生是花，而爱是花蜜。

——雨果

爱是生命的火焰。没有它，一切变成黑夜。

——罗曼·罗兰

对于我来说，生命的意义在于设身处地替人着想，忧他人之忧，乐他人之乐。

——爱因斯坦

无论是朋友或是生人遭到了危险，我们都要大胆地承担下来，尽力帮助人家，根本不考虑自己要付出多大的代价。

——马克·吐温

聪明人都明白这样一个道理，帮助自己的唯一方法就是帮助别人。

——埃·哈伯德

只有当你给你的朋友以某种帮助时，你的精神才能变得丰富起来。

——苏霍姆林斯基

一个人的力量是很难应付生活中无边的苦难的。所以，自己需要别人帮助，自己也要帮助别人。

——茨威格

爱之花开放的地方，生命便能欣欣向荣。

——梵高

为着品德而去眷恋一个情人，总是一件很美的事。

——柏拉图

父子兄弟间相爱，本出于天性，而要讲究利害，就失去了家庭的温暖。夫妇结合，本出于情爱，而要以经济为条件，就失去了相爱的本意。

——苏格拉底

当人们一旦遇到自己寻找的人时，心中将会充满惊讶和喜悦之感。如果找的时间越长，越难找，这种心情就会越激烈。

——洛岱丹巴

爱能使伟大的灵魂变得更伟大。

——席勒

你可曾想到，失去了爱，你的生活就离开了轨道。

——拿破仑

地球无爱则犹如坟墓。

——勃朗宁

爱可以战胜一切。

——希尔泰

希望被人爱的人，首先要爱别人，同时要使自己可爱。

——富兰克林

不被任何人爱，是巨大无比的痛苦；无法爱任何人，则生犹如死。

——格林贝克

爱是自然而来的，不是买得到的。

——朗费罗

智慧故事

仁爱待人

传说古时有一位年老的国王，他决定将王位传给三个儿子中的一个。

王位传给哪个儿子呢？国王想了一个办法：三个儿子都要到外面游历一年。一年后回来告诉他所做过的事情，谁真正做过的高尚事情，谁就可以继承王位。

这一天，国王把三个儿子叫到跟前，说了以上的办法和要求，三个儿子分头到外面去游历了。

一年后，三个儿子回到了国王跟前，告诉国王自己这一年来在外面的收获。

大儿子先说："我在旅行期间，曾经遇到一个陌生人，他十分信任我，托我把他的一大袋金币交给他住在另一个镇上的儿子，当我游历到那个镇上时，我把金币原封不动地交给了他的儿子。"

国王说："你做得很对，但诚实是你做人应有的品德，不能称得上是高尚的事情。"

二儿子接着说："我旅行到一个村庄，刚好碰上一伙强盗打劫，我冲上去帮村民们赶走了强盗，保护了他们的财产。"

国王说："你做得很好，但救人是你的责任，还称不上是高尚的事情。"

三儿子迟疑一会，说："我有一个仇人，他千方百计地想陷害我，有好几次，我差点就死在他的手上。在我的旅行中，一个夜晚，我独自骑马走在悬崖边，发现我的仇人正睡在一棵大树下，我只要轻轻地一推，他就会掉下悬崖摔死。但我没有这样做，而是叫醒了他，告诉他睡在这里很危险，并劝告他继续赶路。后来，当我下马准备过一条河时，一只老虎突然从旁边的树林里蹿出来，扑向我，正在我绝望时，我的仇人从后面赶过来，他一刀就杀死了老虎。我问他为什么要救我的命，他说'是你救我在先，你的仁爱化解了我的仇恨。'这算不算做了高尚的事情？"

"孩子，你能帮助自己的仇人，是一件高尚而神圣的事，"国王严肃地说，"孩子，从今天起，我就把王位传给你。"

三儿子表示，今后要坚持仁爱待人，仁爱治国。

国王听后频频点头！

【感悟】"仁爱待人"是中华民族伦理学说中的精华。孔子说："仁者安仁，知者利仁。"不要长久地仇视他人，要懂得用宽容的心，用爱，去看待仇视自己的人，爱能化解仇恨。这样的人才是高尚的人，才是一个大写的人。就像孔子所提倡的那样，每时每刻都要怀着一颗仁爱的心，只有这样你才能得到更多人的帮助，你才不会寂寞。反之，如果你天天用仇恨的眼光，去看这个世界的话，那么你永远也不会体会到，得到别人帮助时的快乐是什么滋味。

爱心便当

在学校里，同学们都从家里带午餐到学校上课，小邹也是如此，但他的饭菜都是黑黑的豆豉，而同班的小胡的饭盒却经常装着火腿和荷包蛋，两者有着天壤之别。

每天中午，小邹会先从饭菜里捡出头发之后，再若无其事地吃他的饭菜。这个令人浑身不舒服的发现一直在同学中维持着。

"小邹每天饭里都有头发，可见他妈妈有多邋遢。"同学们私底下议论着。但为了顾及同学自尊，又不能表现出来。

有一天放学之后，小邹对小胡说："如果没什么事就去我家玩吧。"虽然小胡心中不太愿意，不过自从同班以来，小邹第一次开口邀请小胡到家里玩，所以小胡不好意思拒绝小邹。

小胡随小邹来到了位于这座城市最陡峭地形的一个居民村。

"妈，我带同学来了。"听到兴奋的声音之后，房门打开了，小邹年迈的妈妈出现在门口。

"我儿子的同学来啦，让我看看。"但是走出房门的小邹妈妈，只是用手摸着房门外的梁柱。原来她是个双眼失明的盲人。

小胡终于明白了。原来，小邹的饭菜虽然每天都是豆豉，却是眼睛看不到的妈妈，小心翼翼帮他装的饭菜，那不只是一顿午餐，更是妈妈满满的爱心，甚至连掺杂在里面的头发，也一样是妈妈最美的爱。

此时，小胡感觉到一阵鼻酸，一句话都说不出来，小邹那失明的妈妈的形象顿时变得高大可亲！

【感悟】先入为主的观念，往往影响人对事情的判断，多观察、多了解，会有更多意外的发现：小邹双眼失明的妈妈有颗高尚的爱心，是最美、最伟大的母爱。母爱是丰盛的，母爱可以让全天下的母亲愿意为子女做任何一件事。

老人卖房

某市有位孤独的老人，无儿无女，又体弱多病，在养老问题上陷入苦苦思索中。

最后，老人决定搬到养老院去。但房子怎么处置呢？把房子卖掉吧，但他又有点舍不得，要不是健康情形不行，他是不会卖掉这栋陪他度过大半生的房子的。经过再三考虑，他终于做出卖房子的决定。

老人卖房的消息刚放出，购买者闻讯蜂拥而至。房子底价二十万元，但人们很快就将它炒到了三十万元，价钱还在不断攀升。

一天，一个衣着朴素的青年来到老人眼前，弯下腰，很有礼貌地说："先生，我也好想买这栋房子，可我现在只有五万元。可是，如果您把房子卖给我，我保证会让您和我生活在这栋房子里，我们一起喝茶、读报、散步，天天都快快乐乐的。请相信我，我会用一颗仁心来照顾您！"

老人看了看这位青年，诚实可信，颔首微笑，便把房子以五万元的价钱卖给了他。

那位青年高兴地扶着老人在大街上慢步前行！

【感悟】完成梦想，不一定非得要冷酷地厮杀和欺诈，有时，只要你拥有一颗爱人之心就可以了。

鲜花开满邮差路

从城里邮局到一个小村庄有五十多公里，一位中年邮差每天来回奔走不停，日复一日，将一个个忧欢悲喜的故事，送到居民的家中。

20年一晃而过，人事几番变迁，唯独这条邮差路，从过去到现在，始终没有一枝半叶，触目所及，唯有飞扬的尘土扑鼻而来。

"这样荒凉的路还要走多久呢？"这位邮差一想到每天必须在这无花无树充满尘土的路上，踩着脚踏车度过他的人生时，心中总是有些遗憾与不甘。

一天晚上,一个绿化、美化邮差路的想法在他心中逐渐形成。

这天,他送完信后,走进一家花店,买了一把野花的种子,并且从第二天开始,把这些种子撒在往来的邮路上。就这样,一天,两天,一个月,两个月……他始终坚持在邮路上散播着野花种子。

没有多久,那条偏僻荒凉的邮路,竟开出了许多红黄各色的鲜花。此后,他每天一路哼歌走在这条花香扑鼻的邮路上。正是:鲜花开满邮差路,孤独邮差不再愁。

【感悟】这位邮差在邮路上散播野花种子、美化邮路的爱心,就像邮路各种鲜花一样美丽多彩,灿烂绽放。正是:人生如白驹过隙,时光飞逝,何妨留下善行,供后人乘凉。

一碗免费的汤饭

中午时分,市区的一间小吃店,进来两个人:一位老奶奶和一个小男孩。

老奶奶坐下后,向老板叫了一碗牛肉汤饭。一会儿。老板端出一碗热气腾腾的牛肉汤饭,老奶奶将汤饭推向孙子面前,叫他趁热快吃。

小男孩边吃边望着奶奶说:"奶奶,您真的吃过午饭了吗?""当然了。"奶奶含着一块萝卜泡菜慢慢咀嚼着说。

一眨眼工夫,小男孩就把一碗饭吃个精光。

老奶奶拿出一个小袋子,一边数钱一边问道:"老板,多少钱?""您是我们的第一百位消费者,所以免费。"

几个月后的某一天,小男孩蹲在小吃店的对面,每看到一个消费者走进店里,就把小石子放进他画的圈圈里,但是午餐时间过去了,小石子却只有80块。

这时,老板无意间从窗外看到小孩数小石子的情景,便从店里走出来,与小男孩嘀咕一会,之后,心急如焚地连忙打电话通知老顾客,说今天要免费请他们来小店吃碗汤饭。一会儿,老顾客开始一个接一个地到来了。

"81,82,83……"小男孩数小石子越来越快了。终于当第99块小石子被放进圈圈的那一刻,小男孩匆忙拉着奶奶的手进了小吃店。

"奶奶，这次我请您吃碗汤饭。"小男孩有些得意地说。真正成为第一百位消费者的奶奶，让孙子招待了一碗热腾腾的牛肉汤饭。而小男孩就像之前奶奶一样，含了块萝卜泡菜在口中咀嚼着。

呼噜……吃得津津有味的奶奶问小孙子："要不要留一些给你？"

没想到小男孩却拍拍他的小肚子，对奶奶说："不用了，我很饱，奶奶您看……"

这一幕感人景象，让老板感叹地说："今天的免费汤饭，值！"

【感悟】一念善心助长一棵幼苗，棵棵幼苗可以成林，人人有爱，社会有情。

智慧通言

爱心力量　无法估量

有一种关怀，它常使我们泪流满面；有一种力量，它能让我们精神抖擞；这种关怀，或仅是轻轻的一声问候；这种力量，或仅是微薄的一点捐助。那就是——爱心。爱心是火种，点燃心中希望；爱心是绿荫，撑起一片天地。爱心给我们送来胜利成功的喜悦；爱心给我们带来无法估量的力量。

一、爱心是一种顽强的生命力量

爱心，是生机勃勃的春天所散发出来的希望，是早晨的太阳所释放出的温暖。爱心，拯救着世间的一切，也只有爱心才能超越生命，也只有爱心才能使脆弱的生命表现出顽强的力量。

2008年5月，四川汶川发生一场7.8级大地震。面对这突如其来的灾难，没有人被击倒，相反，在这灾难面前，所有的华夏儿女都手牵手，心连心，大家彼此擦干对方的泪水，用自己微薄的力量去干一些力所能及的事。这时，全中国都是一片爱的海洋。而被压在废墟里的人们，似乎收到了爱的讯息，他们努力向上伸着自己无助的双手在与死神抗争着。只要还有一丝希望，他们就决不放弃。看！

坚持了80多小时的、160小时的幸存者被救出来了。生命本来是脆弱的，却因为对生的渴望和对爱的回报，他们坚持了再坚持，终于，他们活了下来。这一刻，生命不再脆弱，爱心已化作顽强的生命力量！

二、爱心是一种强大的团结力量

爱心是一种强大的团结力量。爱心能唤起众人团结一心，汇聚力量，这种团结的力量似铁如钢，力大无穷，是战胜一切困难险阻的力量之源。

2020年春一场突如其来的新型冠状病毒感染的肺炎疫情，让全中国人们都团结了起来，谱写了一曲曲"爱心就是力量"的颂歌。中华儿女以大无畏的英勇气概，以宽广的博爱之心，万众一心，众志成城，打响了一场没有硝烟的战役。从武汉到全国，从前方到后方，从出力到出钱，到处都是"一方有难，八方支援"的生动场面。其中，除了一批批赶赴武汉的医护人员，还有公益组织和社会爱心人士捐款捐物，或做疫情防控志愿者，更有全国各地疫情防控急需的医疗资源、蔬菜等用品源源不断地送往武汉……国人纷纷以实际行动支持疫情防控工作，汇聚成一股强大的爱心暖流，人人都在用心用情传递温暖，形成全民共同抗击疫情的强大力量。

三、爱心是一种无限的传递力量

爱心，是一种无限的传递力量，在传递的过程中，会发散温暖同时激活温暖。当爱心被传递时，温暖随即在所行经的空间扩张、弥漫，并汇成巨大的暖流，进而感染、温暖更大的空间，奏响幸福和谐的乐曲！

2020年，我国全面建成小康社会取得伟大历史性成就，决战脱贫攻坚取得阶段性胜利。我国向深度贫困堡垒发起总攻。历经8年，现行标准下近一亿农村贫困人口全部脱贫，832个贫困县全部摘帽。脱贫攻坚的伟大胜利，离不开党的正确领导，离不开脱贫攻坚楷模的爱心奉献精神，这也是爱心传递力量的有力诠释。如今审视这个人类减贫前所未见的壮举和奇迹，从乡村、山区各地贫困村点点滴滴的变化中，让世人体会到共产党人的勇毅担当，脱贫攻坚楷模的奉献精神，也让世界读懂了中国经验的重要意义，领会了中国人民爱心传递的无限力量。

爱心需要复制，爱心需要粘贴。在这个世界上，因为有爱心所以世界更加美好，用真心帮助他人，用真爱回报社会，然后让这种爱心传递，温暖社会每一个角落。只要人人都献出一份爱心，世界将会变成美好的人间。

四、爱心是一种奇特的救赎力量

有时候，夫妻之间，母子之间，爱人之间，朋友之间，需要一种奇特的救赎，这就是爱心的救赎力量。这种力量就是把一颗已经受伤的心变得平和，把一个外表坚硬的人变得柔软，成为爱心救赎的唯一渠道，也是最佳渠道。

有这么一个小故事。一天晚上，一位披着一身旧衣服的青年人来到一间饭店，坐在了离窗子最近的座位上。他细细地打量着这家小店后，迟疑地朝收银台走去，点了一碗汤粉。在等待中他得知这家店的主人是一位盲人，付钱只要放进一旁的木盒里就行。店里只剩他一个人了，盲人正在后厨为他做汤粉。木盒里的钱此时诱惑极大，他咽了咽口水，抬起早已出汗的双手，向木盒伸去。突然厨房发出一声响，是盲人老板要端汤粉出来了。他来不及多想，随意抓了一把钱迅速回到座位。汤粉已在他的桌上，撒着许多牛肉，还伴着一些小虾米。他对老板说："我点的是汤粉啊，不是牛肉……"话未说完，老板就打断话说："我知道，这碗里的牛肉和小虾米算我送你的，听你的声音还年轻着呢，晚上不吃点好的，饿坏了身体怎么办？"盲人老板慈爱的言行使他眼里闪过一丝纠结：老板对自己这么好，把偷的钱还给老板吧，可现在身无分文以后该怎么生活啊。良久，他做了一个决定，他将吃汤粉的钱放到木盒里时，也偷偷地把他原先偷的钱悉数放回。这时，他心里松了口气："这算是我对自己的救赎吧。"当他转身朝店外走去时，还听到盲人老板想留他在店里做帮工的话，更使他感到羞愧万分！

对于青年人而言，彼时，是救赎力量驱使他找回了人性中的善。而盲人老板所表现出的善，又让青年人感受到了世间温暖的爱心。

爱心的力量是无法估量的，爱心的色彩是无比美丽的。爱心，可给人带来幸福，带来快乐，带来欢笑；爱心，可使家庭美满，使社会安定，使世界和平。关心、宽恕和体谅都是爱，让我们一起把爱心贡献出来，给家人，给社会，给世界，使人间处处有温暖，处处有温情，处处充满爱心的力量。

智慧醒言

爱心就是要善于发现

生活中不是缺少爱心，而是缺少一双发现爱心的眼睛。爱心，不只是那些惊天动地的大事情，爱心，也可以是一个不注意的小事情。只要有一双能发现爱心的眼睛，我们就可以发现身边到处充满着爱心。

一个有趣的爱心故事。从前，有一个小女孩抱怨道：为什么自己得到的爱心总比别人少呢？有一天，小女孩遇到了上帝，小女孩对上帝请求道："上帝啊，你为什么不多给我一点爱心呢？"上帝想了想说："我会多给你一点爱心的。"小女孩跳跃着回了家。第二年，小女孩又遇到了上帝，对上帝说："我并没有得到更多的爱心呀！"上帝说："你没有一双发现爱的眼睛呢！"小女孩恍然大悟地点了点头……

对呀！在我们的生活中多少人缺少这样的眼睛啊！我们的生活多么需要这样的眼睛，而我们就应该有一双这样的眼睛。

爱心就在我们身边。爱心是一片冬日的阳光，使饥寒交迫的人感到人间的温暖；爱心是一座亮在黑夜的灯塔，使迷途航船找到港湾；爱心是一柄撑起在雨夜的小伞，使漂泊异乡的人得到亲情的荫庇；爱心是一道飞架在天边的彩虹，使满目阴霾的人见到世界的美丽……只要我们有一双善于发现的眼睛，就会发现生活中的每一个角落都充满着爱心。

有一位单身女子刚搬了家，她发现隔壁住了一户穷人家，一个寡妇与两个小孩子。有天晚上，那一带忽然停了电，那位女子只好自己点起了蜡烛。

没一会儿，忽然听到有人敲门。原来是隔壁邻居的小孩子，只见他紧张地问："阿姨，请问你家有蜡烛吗？"女子心想："他们家竟然穷到连蜡烛都没有吗？千万别借他们，免得被他们依赖上了！"

于是，对孩子吼了一声说："没有！"正当她准备关上门时，那小孩展开关爱的笑容说："我就知道你家一定没有！"说完，竟从怀里拿出两根蜡烛，说："妈妈和我怕你一个人住又没有蜡烛，所以我带两根来送你"。此刻女子很自责，感动得热泪盈眶，将那小孩子紧紧地抱在怀里。

小孩展开关爱的笑容，我们感觉到热心帮助的暖心，发现了满满诚意的爱心……

爱心是一种境界。其实，爱心就是对生活的一种态度，一种境界，它与贫富、地位、处境没有必然的联系。爱心，也不仅仅体现在必要的物质的帮助，有时候一句半句暖心的鼓励话语也会产生无穷的人生力量。一天，有一个人经过热闹的火车站前，看到一个双腿残疾的人摆设铅笔小摊，他漫不经心地丢下了一百元，当作施舍。但是走了不久，这人又回来了，他抱歉地对残疾者说："不好意思，你是一个生意人，我竟然把你当成一个乞丐。"过了一段时间，他再次经过火车站时，一个店家的老板在门口微笑地喊住他，说："我一直期待你的出现。"那个残疾人说："你是第一个把我当成生意人看待的人，你看，我现在是一个真正的生意人了。"

爱心的威力是巨大的。如果人人有爱心，学会无私奉献，生活将充满温暖。一个充满爱心的集体是温暖幸福的，一个充满爱心的社会是和谐安定的。在你学会关爱他人的同时，你也会得到博大的爱。让我们都有一双善于发现的眼睛，发现生活中每一个角落充满着的爱心，共同唱响美妙的爱心之歌！

感恩篇

智慧名言

感恩智慧

感谢命运,感谢人民,感谢思想,感谢一切我要感谢的人。
——鲁迅

失去了慈母便像花插在瓶子里,虽然还有色有香,却失去了根。
——老舍

不当家,不知柴米贵;不养儿,不知报母恩。
——中国谚语

父母之所爱亦爱之,父母之所敬亦敬之。
——孔子

老吾老,以及人之老;幼吾幼,以及人之幼。天下可运于掌。
——孟子

世界上的一切光荣和骄傲,都来自母亲。
——高尔基

感恩即是灵魂上的健康。
——尼采

感恩是精神上的一种宝藏。
——洛克

父恩比山高，母恩比海深。

——日本谚语

人世间最美丽的情景是出现在当我们怀念到母亲的时候。

——莫泊桑

忘恩比之说谎、虚荣、饶舌、酗酒或其他存在于脆弱的人心中的恶德还要厉害。

——英国谚语

卑鄙小人总是忘恩负义的：忘恩负义原本就是卑鄙的一部分。

——雨果

不管一个人取得多么值得骄傲的成绩，都应该饮水思源，应该记住是自己的老师为他们的成长播下了最初的种子。

——居里夫人

从小不知老娘亲，育儿才知报娘恩。

——日本谚语

所有杰出的非凡人物，都有出色的母亲。

——狄更斯

母爱乃世界上最伟大的势力。

——阿瑟·米

母爱是一种巨大的火焰。

——罗曼·罗兰

母爱只有做母亲的才知道。

——沃·蒙塔古

再没有什么能比人的母亲更为伟大。

——惠特曼

在这个世界上，我们永远需要报答最美好的人，这就是母亲。

——奥斯特洛夫斯基

在孩子的嘴上和心中，母亲就是上帝。

——萨克雷

慈母的心灵早在怀孕的时候就同婴儿交织在一起了。

——狄更斯

父亲！对上帝，我们无法找到一个比这更神圣的称呼了。

——华兹华斯

谁拒绝父母对自己的训导，谁就首先失去了做人的机会。

——哈吉·阿布巴卡·伊芒

母亲的爱是永远不会枯竭的。

——冈察尔

以德报德是恩惠所固有的特点。不但他人的恩惠要回报，并且自己也要施惠于人。

——亚里士多德

很小的恩惠而施得及时，对受惠的人就有很大的价值。

——德谟克利特

报恩之心比什么都高尚。

——塞涅卡

只有那些不是靠金钱买来的恩惠，才值得感谢。

——奥维德

每一个伟大人物的历史意义，是以他对祖国的功勋来衡量的，他的人品是以他的爱国行为来衡量的。

——车尔尼雪夫斯基

爱国主义深深扎根于人的本能和感情之中。爱国之情则是放大了的孝心。

——戴·达·菲尔德

智慧故事

面包里的银币

一年，某城闹饥荒，一时间，面包成了孩子们奢望的食品。

这天上午，一个心地善良的面包师把城里的穷孩子聚集到一块，然后拿出一个盛有面包的篮子，对他们说："在饥荒期间，你们每天都可以来拿一个面包。"

瞬间，饥饿的孩子欣喜若狂，一窝蜂地拥了上来，围着篮子推来挤去，谁都想拿到最大的面包。

不一会，孩子们每人都拿到了面包，可竟然没有一个人向这位好心的面包师说声谢谢，就走了。

这时，有一个叫依娃的小女孩，她既没有同大家一起吵闹，也没有与其他人争抢面包。她只是谦让地站在一步以外，等别的孩子都拿到面包以后，才把剩在篮子里最小的一个面包拿起来，然后向面包师弯腰鞠躬，表示感谢，并亲吻了面包师的手后才向家里走去。

第二天，面包师又拿来盛有面包的篮子放到孩子们的面前，其他孩子依旧疯抢面包，可怜的依娃只拿到比昨天还小一半的面包。当她回家以后，妈妈切开面包，许多崭新发亮的银币掉了出来。妈妈惊奇地叫道："一定是面包师揉面的时候不小心揉进去的。"随即叫依娃赶快把钱送回去！

当依娃把妈妈的话告诉面包师的时候，面包师面露慈爱地说："这是我特地把银币放进小面包里的，我要奖励你，这些钱是你的感恩心得到的回报！"

依娃激动地跑回了家，告诉了妈妈。妈妈为懂事的孩子而高兴得合不拢嘴。

【感悟】小女孩很懂得感恩，每次领面包时都对好心的面包师说声谢谢才走。她的感恩心终于得到了回报。

韩信与漂母

被后人奉为"兵仙"的西汉大将韩信,在未得志时,生活非常困苦,时常靠钓鱼来解决温饱问题。

但是,这并不是可靠的办法,钓鱼有时候能钓到,有时候钓不到,所以他经常就饿着肚子。幸而在他时常钓鱼的地方,有很多漂母(清洗丝棉絮或旧衣布的老婆婆)在河边做工,其中有一个漂母,很同情韩信的遭遇,便不断地救济他,给他饭吃。

韩信对于漂母的资助很是感激,便对她说,将来必定要重重地报答她。那漂母听了韩信的话,很是不高兴,表示并不希望韩信将来报答她。

后来,韩信替刘邦立了不少功劳,被封为楚王,他想起从前曾受过漂母的恩惠,便命从人送酒菜给她吃,还送给她黄金一千两来答谢她。

成语"一饭千金"就是出于这个故事。

【感悟】受人的恩惠,切莫忘记,虽然所受的恩惠很是微小,但在困难时,即使一点点帮助也是很可贵的。到有能力时,应该重重地报答施惠的人,这就是感恩。

结草衔环报恩德

"结草"和"衔环"的传说,是千古流传的古时报恩故事,一直在民间流传。

故事之一:结草

据《左传》记载:春秋时候,晋国的魏武子在生病时,曾嘱咐他的儿子魏颗,在他死后,把一个没有生过儿子的妾嫁出去。后来魏武子病重了,又告诉魏颗,在自己死后让他这个妾陪葬。

魏武子死了以后，魏颗觉得父亲病危时的语言可能是神志不清时的胡言乱语，便自己做主依照他以前的吩咐把魏武子的爱妾嫁出去了。

后来，魏颗领兵和秦国打仗，看见战场上有个老人把遍地的草都打成了结子，缠住秦军的战马，使秦军兵将纷纷坠马，魏颗因此获胜并俘虏了秦将杜回。当夜，魏颗做了个梦，梦见在战场上结草的老人自称是那位出嫁妾的父亲，是用此来报答魏颗不把自己女儿拿来陪葬之恩的。于是，"结草"就成了报恩的代名词。

故事之二：衔环

东汉有个人叫杨宝，有一天在华阴山玩耍，捉了一只受伤的黄雀，杨宝把它带回家饲养，等伤好后把黄雀放了。过后，杨宝梦见黄雀化作一个黄衣童子回来报恩，并口衔4枚白环，说杨宝的子孙将来都会像白环一样纯洁高贵。后来，杨宝的儿子杨震、孙子杨秉、曾孙杨赐和玄孙杨彪果然都飞黄腾达，而且德行为当时人所称颂。

这两个故事都含有知恩必报的意思，所以后人把它们结合成一句成语"结草衔环"，形容感恩图报。

【感悟】"结草"与"衔环"是来自两个不同的故事，旧时比喻感恩报德，至死不忘。故事中的魏颗、杨宝的德行为当时人所称颂，后世用"结草衔环"代指感恩图报，"结草衔环"也就成了一个汉语词汇。

一碗美味的泡面

某地有个单亲爸爸，独自抚养着一个七岁的小男孩。

一天，他要到外地出差一天。一早，他做好早餐，并把午饭做好，叮嘱孩子一番后，便匆匆离开了家门。

一路上，他担心着孩子有没有按时吃饭，会不会哭，心里老是放不下。到达了出差地点，他还时而打电话回家。可孩子总是很懂事地要他不要担心，他听后很是安慰。

下午，他办完公事，迅速踏上归途。回到家时孩子已经熟睡了，他这才松了一口气。他正准备就寝时，突然发现棉被下面，竟然有一碗打翻了的泡面！

"这孩子！"他在盛怒之下，叫醒熟睡中的儿子。

"你为什么这么调皮，把棉被弄脏了？"这是妻子过世之后，他第一次责骂孩子。

"我没有……"孩子抽抽咽咽地辩解说，"我没有调皮，这……这是给爸爸吃的晚餐。"

原来孩子为了配合爸爸回家的时间，特地泡了两碗泡面，一碗自己吃，另一碗给爸爸。可是因为怕爸爸那碗面凉了，所以放进了棉被底下保温。

他感动得紧紧抱住孩子，看着碗里剩下那一半已经泡胀的泡面说："孩子，这是世上最美味的泡面啊！"

【感悟】多懂事的孩子啊！孩子特地为爸爸泡的一碗泡面是世上最美味的泡面，这孩子也是世上最懂得感恩的孩子！

热牛奶与手术费

大街上，一个年轻的男孩，为了积攒学费而挨家挨户地推销商品。

傍晚，男孩奔走了一整天，又饥又渴，可身上只剩下一毛钱。他决定向一户人家讨一口饭吃。当一位天使似的姑娘打开大门时，他却不好意思开口要饭吃，只求姑娘给他一口水喝。

姑娘看出他的疲惫和饥饿，微笑着给了他满满一大杯牛奶，令男孩感激万分。

男孩子饥不择食地喝完牛奶，嗫嚅地说："我应该付您多少钱？"

姑娘微笑着对男孩说："您不用付钱。妈妈经常教导我们：施以爱心，不图回报。"

听到姑娘这么说，男孩顿时感动得热泪盈眶。

此后，男孩打消了退学的念头，刻苦用功。许多年后，男孩成了一位著名的外科医生。

一天，一位患重病的妇女被转到了那位著名的外科医生所在的医院。外科医生为妇女做完手术后,惊喜地发现那位妇女正是多年前在他饥寒交迫时,热情地给他一杯热奶的年轻女子。

手术成功了,妇女渐渐康复。这位外科医生要求医院把账单送到他的办公室,他付清了一切费用,并签上了自己的名字。那位妇女正在为昂贵的手术费发愁时,她从一沓厚厚的账单中看到一行字:"手术费——一大杯牛奶 霍华德·凯利医生。"

这个故事一直被人们广泛传颂着,是因为它颂扬了"滴水之恩,涌泉相报"的高尚品德。

【感悟】知恩图报也是一种美德。当年生活贫困的男孩成了一位著名的外科医生后,怀着一颗感恩的心,回报曾经给过他帮助的女子,让生活充满阳光,让世界充满温馨……

手语感母恩

某地有一个失语的小女孩,很小的时候爸爸去世,她和妈妈相依为命,艰难生活。

这天下午,下着很大的雨,妈妈却还没有回来。晚上,天越来越黑,雨越下越大,小女孩决定出去寻找妈妈。

她冒着风雨,走了很远很远,终于在路边看见了倒在地上的妈妈。她哭着上前使劲摇着妈妈的身体,妈妈却没有说话。她以为妈妈太累,睡着了,就把妈妈的头枕在自己的腿上,想让妈妈睡得舒服一点。

又过了一会,妈妈还是不醒,这时,她发现妈妈的眼睛没有闭上!小女孩突然明白:妈妈可能已经死了!她感到恐惧,拉过妈妈的手使劲摇晃,却发现妈妈冰凉的手里还紧紧地攥着一块年糕……她拼命地哭着,却哭不出声音来……

雨一直在下,小女孩也不知哭了多久。她想:妈妈的眼睛为什么不闭上呢?她突然明白了自己该怎样做。于是她擦干眼泪,决定用自己的手语来告诉妈妈:她一定会好好地活着,让妈妈放心……

小女孩就在雨中一遍一遍用手语做着这首《感恩的心》:

"感恩的心,感谢有你,伴我一生,让我有勇气做我自己……感恩的心,感谢命运,花开花落,我一样会珍惜……"她就这样不停地做着手语,一直到妈妈的眼睛闭上……

【感悟】天生失语的小女孩,为了让已逝去的妈妈闭上眼睛,在雨中一遍一遍用手语做着这首《感恩的心》。她这种感恩的心,是一种美德,也是一种境界!

智慧通言

感恩是一种人生境界

有人说,感恩是一种文化素养,一种社会风尚,一种生活态度,一种体现着人的价值取向和处世哲学的基本准则。而从其真正意义上来说,感恩,更是一种人生境界。

感恩是做人之本

"感恩"二字,牛津字典给的定义是:"乐于把得到好处的感激呈现出来且回馈他人",也就是说,感恩是一种对恩惠心存感激的表示,是一位不忘他人恩情的人萦绕心间的情感。感恩是中华民族上下五千年来的传统美德。自古以来,人们就对感恩倍加推崇。诗经讲"投桃报李""滴水之恩,涌泉相报"是感恩,典故讲"结草衔环""山羊跪母,乌鸦反哺"是感恩,韩信年少时漂母的一饭之恩,钟子期对俞伯牙的知遇之恩,等等,诸如此类,不一而足,经典地阐释了感恩的含义。

感恩是一个人与生俱来的本性,是人性善的反映,是人性的品德与良知。我们每个人都有一颗心,是与非都要看自己如何把握。当我们从母亲肚子里出来,母亲用乳汁尽心尽意地哺育我们长大,而更伟大的是父母从来不去想他们能得到什么,不图回报。"百善孝为先",作为子女,如果不知道孝敬父母,就很难想象他会有多么爱他的亲人和朋友。要懂得感恩，要知道孝敬父母是子女的良心和责任，即使只是对父母的一声问候，都能够给他们脸上添加笑容。"羊有跪乳之恩，鸦有反哺之义"。人，身为宇宙之主宰，更应有感恩之心，感激之情！

春秋末鲁国子路，在孔子的弟子中以政事著称，尤其是以勇敢闻名。但子路小时候家里很穷，长年靠吃粗粮野菜等度日。

有一次，年老的父母想吃米饭，可是家里一点米也没有，怎么办？

于是，小小的子路翻山越岭走了十几里路，从亲戚家借了一小袋米。当他看到父母吃上了香喷喷的米饭时，顿时忘记了疲劳。邻居都夸子路是一个勇敢、孝顺的好孩子。

古人说："老吾老，以及人老；幼吾幼，以及人幼"，我们不仅要孝敬父母，感恩父母，还要感恩老师，感恩贵人，感谢朋友，感谢阳光……这样，我们才会有一个积极的人生观，才会有一种健康的心态。同时，感恩是自己对一个没有关系或者关系不够亲密的人给予自己帮助所产生的一种亏欠心理，也是对亲人朋友的一种回馈心理，更是一个人所需要拥有的品质。

感恩是爱心之基

感恩是爱和善的基础。"仁者爱人"，只有懂得感恩，人才会更有爱心，社会才会更加和谐，生活才会更加美好。一个缺乏知恩、感恩的社会，必是一个人心冷漠、人情淡薄的社会，也必是一个缺乏爱心、道德和诚信基础支撑的社会。因为人人心怀感恩，这个世界才充满爱；因为人人满怀爱心，这个世界才有感恩。

感恩是成事之德

心怀感恩的人，他们才能执着而无私，坦荡而包容，博爱而善良，敬业而忠诚；懂得感恩的人，他们富有责任感、使命感和正义感。无论对环境、对他人或对社会都充满感激，充满爱心，并把这种感激和爱心，转化为回馈他人的人生价值追求，转化为孝敬父母、尊敬师长，转化为关心同事、呵护朋友，转化为勤奋工作、奉献社会。所以，感恩是现代社会成功人士健康性格的表现。相反，一个连感恩都不知晓的人，必定是拥有一颗冷酷绝情的心，也绝对不会成为对社会做出贡献的人。感恩还使我们在失败时看到差距，在不幸时得到慰藉，获得温暖，激发我们挑战困难的勇气，进而获取成功的动力。

感恩是快乐之源

一个人快乐与否，并非取决于他得到了多少，而是取决于他计较了多少。一个不懂得感恩的人，就会对社会，对周边的人，对自己的家庭斤斤计较，整天只懂得苛责、埋怨、牢骚，他们经常想到的，永远都是别人欠自己的，应该如何去索取。这样，最终只能导致他们终日牢骚满腹，怨声载道，甚至弄到最后众叛亲离，这还有什么快乐可言？

而我们学会感恩，我们的世界就会多一些宽容，少一些冷漠；我们学会感恩，就是播下了快乐的种子，收获一颗快乐的心。用感恩的心去发现美，欣赏美，你会发现，原来生活是如此的美好，快乐也是一件很简单的事。

人生在世，不如意事十之八九。如何对待不顺心的事，体现了一个人的境界。美国前总统罗斯福，由于他有感恩之心，家里失盗，快乐犹在。一日，他的家里失盗，被偷去了很多东西，一位朋友闻讯后，急忙写信安慰他。可罗斯福却在回信中说："亲爱的朋友，谢谢你来信安慰我，我现在很好，感谢上帝。因为第一，贼偷去的是我的东西，而没有伤害我的生命；第二，贼只偷去我部分东西，而不是全部；第三，值得庆幸的是，做贼的是他，而不是我。"对任何人来说，失盗绝对是一件不幸的事，可罗斯福却找出了让他感恩世界的三条理由，笑对生活，笑对荆棘，在不幸中的知足，在不幸中的快乐。

感恩是一种人生境界，是做人之本，立身之基，成事之德，快乐之源，是一个人拼搏奋斗的动力。我们只有感恩一切善待自己的人，感恩世间万物，知恩图报，才能感受到人生的真正美好，才会拥有无边的快乐和幸福。让我们一起行动起来，感恩这个多姿多彩的世界！

智慧醒言

人生在世十大恩

四季轮回，花开花落。生活于人世间，人并不是孤立的，因为除了父母，每个人身边都会有其他亲人和许多朋友。我们应该感恩于父母养育之恩，同样也要感谢其他亲人和朋友给我们带来人间温情。人生在世，给我们带来了十大恩情，我们要常怀感恩之心，以德报德，知恩图报，无愧于心，才能潇洒坦然在人世间走一回。

（1）**天地呵护之恩**：人在天地之间，衣食取天地之精华，享日月之灵光，健壮成长，享度一生。应报天地之恩，爱护环境，天为顶地为席是情怀，更是责任。

（2）**父母养育之恩**：十月怀胎，一朝分娩，精心喂养，呕心沥血，养育成人，望子成龙，极尽财力精力。儿行千里母担忧，冷暖成败均在父母惦记之中。父母大恩终身当报，切莫做不孝子孙。

（3）**良师培养之恩**：一个人所受教育，从启蒙开始，教师的作用是巨大的，有时甚至是决定性的。无论学文习武，还是士工农商、影戏科研，如遇良师导引，终身受益或决定方向前程。恩师之恩当衔环相报。

（4）**贵人提携之恩**：千里马常在，伯乐不常有，多少千里马郁郁不得志，更终成为卧槽马。人的一生，如果能遇到一两位赏识自己并给自己机会的贵人（上司、尊者、权贵等），将会少奋斗很多年。贵人之恩，没齿不忘。

（5）**智者指点之恩**：人的一生有很多步路要走，但关键的就那么几步。小至迷路，学无方向，课题阻滞，大至人生迷向，若有智者（不一定是学历比你高的人，更多的是那些阅历比你广的长者）在关键时予以指点迷津，施以思想火花，让你或者茅塞顿开少钻牛角尖，或者悬崖勒马免入歧途，避免走上歧途陷入绝境，从而前途一片光明。

（6）**危难救济之恩**：人生在世，难免有磕磕碰碰，天有不测风云，人有旦夕祸福，遭遇急难之事、身处于绝境之时，友人或路人在危难之时显身手，出钱出力甚至出血，使己绝处逢生，此恩莫大善焉！

（7）**绿叶烘托之恩**：一个好汉三个帮，红花需要绿叶衬，一个人的一生，多少会有那么几次独当一面的机会，来自平行组织和组织内部的支持与配合，使自己顺利撑住场面，赢得人生的辉煌。当你成为红花时，不要忘记身边和身后的那些绿叶的烘托之恩。

（8）**夫妻体贴之恩**：每个成功的人士，都离不了另一半的支持奉献。夫妻共同经营家庭，生儿育女，赡老哺幼，同甘共苦。一日夫妻百日恩，夫妻之恩切莫为功利社会之俗所吞。

（9）**兄弟手足之恩**：兄弟如手足，同是父母的血脉，同是父母基因遗传，同一家庭成长，同是父母的希望。同样的亲情同一个根。被钱权利色毁灭的手足情虽是极个别现象，不可不引以为戒。兄弟情深，手足之恩。

（10）**知己相知之恩：**红尘滚滚多烦忧，庙堂之显贵、村野之农夫、都市之商贾，每个人都面临很多烦忧之事，内心都或多或少有些说不出的苦。茫茫人海中，如果有那么一位或几位懂你的发小、红颜、蓝颜、忘年交……能及时分享你的幸福，及时分担你的痛苦，人生因为知己而精彩，一定要心怀感恩，倍加珍惜。

不惑之年的智慧大事

一、人生思维方式向更高层次冲刺

思维方式成熟也是不惑之年的特征之一,这个年龄段的人,要善于变换思维方式,冲刺思维方式,才是卓越的创业高手。例如加码思维的运用,就能在一个目标指向中,不断积累叠加,以突破自我潜能的方式来呈现更好的结果。又如善用降维打击思维,从更高维度俯视问题,将问题化繁为简,从而解决复杂问题。这些都是成年人的一种较高层次的新思维模式。

二、守住或发展已经创立的事业

不惑之年,是事业有成之年。对于事业到达一个相对比较高的阶段来说,创业容易守业难,应该把"守业"摆上重要日程;对于发展中的事业,就应该把智力集中在加大发展力度上。这样,就可以推动事业再出发、再奋斗、再辉煌!

三、推进爱心传递,温暖更多民众

在知命之年,要继续推进爱心传递工程,用真心帮助他人,用真爱回报社会,然后让这种爱心传递,温暖社会每一个角落。

四、智慧识人,发展事业

不惑之年,是智慧成熟的季节,因此,要善于智慧识人,学会辨人,因人而异,更好地判断和选择交往对象,才能避免被坑害,才能有利于事业的发展。

五、学会感恩,收获别样人生

时刻不忘帮助过自己的人,也是不惑之年的大事之一。要感恩父母,感恩老师,感谢恩人,感谢同事,感谢朋友等。有一颗感恩的心,我们方能深深地理解和懂得生活的真正意义,今后的人生也会因我们的感恩而变得更加的璀璨而美丽。

六、"发展自己"成了不惑之年的主旋律

不惑之年的人,才发现前些年为自己活得太少,于是,"发展自己"便成了这个阶段的主旋律。做自己喜欢的事情,那个时间才是真正属于自己的。爱惜身体,不论是为了家庭、孩子,还是为了事业,都应该好好呵护自己。

知命之年

伍

阅历丰富知命年

人到了50岁是知道自己命运的年龄，故称"知命之年"或"知非之年。"

这个年龄的人，早已远离了年轻潇洒、了无牵挂的时代，岁月的年轮在容貌上留下了深深的烙印，几道皱纹，几丝白发，沉淀了岁月的欣喜和苦楚。

这个年龄的人，曾经沧海，阅人无数。见惯秋月春风，不再大惊小怪。历尽是非成败，不再愤愤不平。看新贵飞扬跋扈，可不动声色；观大款挥金如土，也气定神闲。一切顺乎天命，尽我人意。

知命之年，对于人来说该是尘埃落定的时候了。优胜者已经胜出，淘汰者已经出局。优胜者便领受尊敬的风光，淘汰者也只好独尝出局的悲哀。无论优胜劣汰都会明白成败的原因，而大局已定已难更改，对于优胜劣汰的总结成了宝贵的人生经验，并且成了后人的精神财富。

知命之年，对于人来说该是安于天命了。过去峥嵘的岁月已经无法追回，"立"也罢，"不立"也罢，"惑"也好，"不惑"也好，都已经过去了。最应该把握的是现在，不管天命是什么，都认了吧，过好自己的每一天，人生少留些遗憾，才是最重要的。

经验篇

智慧名言

经验之塔

我们这一辈人本来谁也不曾走过平坦的路,不过,摸索而碰壁,跌倒了又爬起,迂回而前进,这却各人有各人不同的经验。

——茅盾

不经一事,不长一智。

——曹雪芹

没有经验,就可能没有多少智慧。

——犹太人谚语

经验是永久的生活老师。

——歌德

经验收的学费奇高,但教授法无人能及。

——汤玛斯·卡莱尔

一根经验的荆棘抵得上忠告的茫茫荒原。

——洛厄尔·坎贝尔

经验,制造一切未来;经验,是所有过去的成果。

——阿诺得

经验使你在第二次犯相同错误时及时发现。

——琼斯

经验使我们恍然大悟地认识到,我们为什么常常不从经验中吸取教训。

——萧伯纳

经验是个宝贵的学校,而傻瓜却从中一无所得。

——富兰克林

经验是思想的结果;思想是行动的结果。

——狄斯累利

经验是一个严厉的教师,她先对你进行考试,然后再给你讲课。

——斯普迪·滕姆斯

经验是一面镜子;借鉴它,你能清楚地看到往事。

——易卜生

经验是一所好学校,可它的学生却经常旷课。

——欧文·华莱士

经验是有关于行为后果的一种知识。

——迈克斯·海因德尔

经验是真知与灼见之母,因而它的一切举止都是明智而又坚定的。

——欧文

经验学校费高,愚人旁处学不到。

——米纳·安特里姆

经验犹如一所大学校,它能使你认识到自己是个什么样的傻瓜。

——乔希·比林斯

经验犹如一盏明灯的光芒,它使早已存在于头脑中的朦胧的东西豁然开朗。

——德拉·梅尔

没有经验,就可能没有多少智慧。

——犹太人谚语

没有经验,任何新的东西都不能深知。

——培根

一个人的经验是要在刻苦中得到的,也只有在岁月的磨炼中才能够使它成熟。

——莎士比亚

我有个引导我脚步的唯一油灯,那油灯叫作——经验。

——帕特立克

人在一小时中获得的经验,用尽莎士比亚作品中的全部词汇也表达不清。

——斯蒂文森

对大多数人来说,经验犹如航船上的尾灯,只照亮已经驶过的航程。

——柯尔律治

借用经验比付出代价得到经验好得多。

——科尔顿

很少有人搔抓自己经验的表面,更少有人对这些经验细细琢磨。

——兰多尔夫·伯恩

一克的经验抵得上一吨的理论。

——塞西尔

拥有丰富经验的我们的知识无不以经验为基础,一言以蔽之,知识全由经验而来。

——洛克

在这个世界上,没有什么东西可以取代实际的经验。

——塔弗思

当一个人在浓雾弥漫之中陷入污秽的泥淖而泥浆已经没到脖子处的时候,经验就宛如初升的曙光出现在他的眼前并向他揭示:他不应该走这条路。

——安布罗斯·比尔斯

人的生命的大部分都是致力于从心灵深处来拔掉自己青年时代的幼芽。这种手术就叫作经验的获得。

——巴尔扎克

有经验的车夫知道,作为一种恐吓举着鞭子,比打跑着的牲口的头好。

——列夫·托尔斯泰

智慧故事

不拉马的士兵

一位年轻的炮兵军官上任后,到下属部队视察士兵操练情况。

这天,在操练场看了部队的士兵操练,发现他们操练时有一个共同的情况:在操练中,总有一个士兵自始至终站在大炮的炮筒下,纹丝不动。

年轻军官经过询问得知:原来是部队仍沿用马拉大炮时代的规则,当时站在炮筒下的士兵的任务是拉住马的缰绳,防止大炮发射后因后坐力产生的距离偏差,减少再次瞄准的时间。现在大炮不再需要这一角色了,但条例没有及时调整,所以仍出现了"不拉马的士兵"的现象。

年轻军官立即向上级报告这个操练现象,及时更变了条例的这一规则,受到了国防部的表彰。

【感悟】事物是发展变化的,有经验的管理者应当根据实际动态情况对人员数量和分工及时做出相应调整。否则,队伍中就会出现"不拉马的士兵",给企业带来的不仅仅是工资的损失,而且会导致其他人员的心理不平衡,最终导致公司工作效率整体下降。

高悬屋檐上的牛草

一位游人旅行到乡间,看到一位老农把喂牛的草料铲到一间小茅屋的屋檐上,不免感到奇怪,于是就问道:"老大爷,你为什么不把喂牛的草料放在地上,方便牛直接吃呢?"

老农说:"这种草料草质不好,我要是放在地上,牛就不屑一顾;但是我放到让它勉强可以吃得着的屋檐上,它会努力去吃,直到把全部草料吃个精光。"

【感悟】"我把草料放到让牛勉强可以吃得着的屋檐上，它会努力去吃，直到把全部草料吃个精光。"是这位老农的经验体会。是的，太容易到手的东西就不会珍惜。很多时候，一个头衔、一点奖励，哪怕官职再小、奖品再薄，也不要轻易无故地授人，最好的方法是让他们通过公平竞争的手段去获得。

商品销售实验

某超市为了促进商品的销售，做了一系列的商品销售实验。

一个是商品选择的实验。他们开设两个实验组，其中一组被测试者在六种巧克力中选择自己想买的，另一组被测试者在三十种巧克力中选择。结果，后一组中有更多人感到所选的巧克力不太好吃，对自己的选择有点后悔。

另一个是商品试吃的实验。工作人员在超市里设置了两个试吃摊，一个有六种口味，另一个有二十四种口味。结果显示有二十四种口味的摊位吸引的顾客较多：242位经过的客人中，有60%会停下试吃；而260位经过六种口味的摊位的客人中，停下试吃的只有40%。不过最终的结果却是出乎意料：在有六种口味的摊位前停下的顾客中30%都购买了商品，而在二十四种口味摊位前的试吃者中只有3%的人购买商品。

超市经理了解商品销售实验的结果后，颇有经验地做出了调整超市商品的采购计划，超市的生意越来越好。

【感悟】不要以为越多的人给出越多的意见就是好事，有时往往适得其反。由于每个人看问题的角度不同，给出意见的动机也不尽相同，所以太注重听取别人的意见很容易让自己拿不定主意，这是经验之谈。

林肯力排众议

林肯任美国总统不久,提出了一个重要法案,让幕僚们一起讨论。

幕僚们对法案的看法并不统一,于是七个人便激烈地争论起来。林肯在仔细听取其他六个人的意见后,仍感到自己意见是正确的。在最后决策的时候,六个幕僚一致反对林肯的意见,但林肯仍固执己见,他说:"虽然只有我一个人赞成,但我仍要宣布,这个法案通过了。"

表面上看,林肯这种忽视多数人意见的做法似乎过于独断专行。其实,林肯已经仔细地了解了其他六个人的看法,经过深思熟虑,认定自己的方案最为合理。而其他六个人持反对意见,只是一个条件反射,有的人甚至是人云亦云,根本就没有认真考虑过这个方案。既然如此,自然应该力排众议,坚持己见。因为,所谓讨论,无非就是从各种不同的意见中选择出一个最合理的。既然自己的意见是对的,就要果断做出决断,坚持自己正确的意见。

【感悟】有经验的领导者办事往往是力排众议,坚持己见的。只要你的决策是正确的,真理在握,独断专行也未尝不可。事实上,决断从来就不是由多数人来做出的,多数人的意见要听,但最后做出决断的,只能是一个人。

感叹蜘蛛

一场大雨过后,一只蜘蛛艰难地向墙上挂着的已经支离破碎的网爬去。由于墙壁潮湿,蜘蛛爬到一定的高度,就会掉下来,它一次次地向上爬,一次次地又掉下来。雨后蜘蛛的这一现象,刚好被三个人同时看见了。

第一个人看到了,他叹了一口气,自言自语地说:"我的一生不正如这只蜘蛛吗?整天忙忙碌碌,而无所作为。"于是,他变得意志消沉。

第二个人看到了,他很有经验地说:"这只蜘蛛真愚蠢,为什么不从旁边干燥的地方绕一下爬上去呢?我以后可不能像它那样愚蠢。"于是,他变得聪明起来。

第三个人看到了,他立刻被蜘蛛屡败屡战的精神感动了,表示今后遇事要迎难而上,砥砺前行。于是,他变得无比坚强。

【感悟】同一个场景,不同的人看,却得出不同的结果。有经验的人认为,内心定式很重要,有成功者心态的人处处都能获得成功的力量,使自己变得聪明和坚强起来。

编草鞋与织白绢

战国时候,鲁国有一对年轻夫妻,丈夫擅长编草鞋,妻子擅长织白绢。

一天,夫妻两人商议后,决定迁到越国去编草鞋和织白绢出卖,以谋生计。

这天,有一位友人造访,两人向他说了到越国的打算。友人是个商人,常往越国跑。他说:"你到越国去,一定会贫穷的。"

"为什么?"两人不解,问道。

"草鞋,是用来穿着走路的,但越国人习惯赤足走路;白绢,是用来做帽子的,但越国人习惯披头散发。凭着你们的长处,到了用不到你们的地方去,这样,难道有可能不贫穷吗?"

最后,夫妻俩还是决定去越国闯一闯,试一试,最后结果,正如友人说的,生意冷淡,生活贫穷。不久,夫妻俩又回到鲁国。

【感悟】一个人要发挥其专长,就必须适合社会环境需要。这对鲁国夫妻的专长脱离社会环境的需要,其专长也就失去了价值。因此,有经验的人都会根据社会的需要,决定自己的行动,以便更好地去发挥自己的专长,取得更佳的效益。

十只小鸡

一只母鸡孵出了十只小鸡。小鸡整天蹦跳不停,快乐极了。

母鸡经常对小鸡进行安全教育,叫小鸡不要去附近的水井边玩耍。一天,九只小鸡偷偷到水井边,高兴得连蹦带跳,一不小心都掉到井里淹死了。剩下的一只小鸡更使母鸡提心吊胆,它时时叮嘱小鸡要听妈妈的话,千万不要到井边去玩了。

这只小鸡只坚持了两三天没去井边,可心里老是嘀咕着:"井里到底是个什么样儿?"小鸡越想越纳闷,终于有一天忍不住了,就偷偷地来到了井边。它站在井口,往下一看,发现井里也有一只和它一样的小鸡。井下的小鸡好像也像它一样在叽叽地叫。这时,小鸡对妈妈的叮嘱怀疑了,它想:"这儿有什么危险呢?井里的小鸡不是玩得很快乐吗!我也应该下去和它一起玩。"

想到这里,小鸡毫不犹豫地往井里跳了下去。结果也像先前的九只小鸡一样,淹死在井水里。

母鸡知道小鸡都淹死在井水里后,悲痛地向着井口处嗟叹!

【感悟】俗话说:"不听老人言,吃亏在眼前。"这个寓言故事告诉我们:无视先人和大家的经验教训,只凭自己狭隘的经验和无知的想象去做事,势必犯错和吃亏。

智慧通言

历经沧桑知命人

人到五十,看遍人间繁华,历经世事沧桑;人到五十,走过千山万水,看遍人间百态。此时,知命了,懂得人生的真谛,懂得生命的厚度;懂得什么该放下，什么该释怀。这就是知命人的人生智慧和经验。

一、人生巅峰也坦然

如果说人生的体能是一条抛物线，那么50岁虽然体能下降了，但综合能力却处在人生抛物线的顶点上，从这个意义上来说，50岁的人生是巅峰状态的人生。

50岁人生经历已然丰富，看过了人间百态，体验过了酸甜苦辣，明白了生命之重，懂得了珍惜自己。20岁时忙着学习充实自己，30岁时忙着奋斗拼搏定位自己，40岁时忙着挑起家庭的重担从而忽视自己。进入50岁后，事业与家庭大体稳定，对未来也不再彷徨。

人生的巅峰并不是大富大贵，而是心里坦然。50岁经历了沉浮世事，心态开始发生变化，万事随风过，从不入耳听。恬静淡然回归生活，沉淀与内化成为这个年纪的主题。五十就应知天命，已懂得生命的有限。在剩下的日子里，活得潇洒超脱一些，活得充足丰实一点。面对现实，不再妄想，心里坦然，不逃避上有老要赡养、下有小需抚慰的现实，不躲避事业上、工作中的功过得失，或者甜酸苦辣，一切顺应天意，尽我人事。

二、气定神闲心归一

50岁的人，心境悠然了。争过、拼过了；得意、失意都有过了，不该有的也不作非分之想，一切都习惯了，释然了。当年的豪气化作了宽容，当年的棱角磨成了圆润，偶有不顺，一笑了之，并不放在心上。一切处于悠然自在的状态。

50岁的人，处事从容了。少年时，不知世事；中年时，为他人而活。五十岁后，为自己而活。所以，这个时候处事镇定从容，只求一个顺心如意，万事随风过，从不入耳听，以求魂归心安，心归神定。

50岁的人，心神专一了。因为没有了家庭琐事的干扰，可以专心致志地干点自己喜欢的事情；工作一辈子，一切都轻车熟路，又认真负责，极少出差错。所以50岁的人干事、做人都让人放心。

三、半百人生新活力

人到五十，经历已经丰富，心智也很成熟，知道50岁是一个充满机遇、充满惊喜的年纪，也是可以在事业上获得动力更上一层的时候。人经过50岁，在心态及生活中获得重生，开始了另一种多彩人生。

人到五十，心胸更加宽广，处事更加实在，懂得"得之，我幸；失之，我命"，不刻意强求，不过度勉强，一切顺天意，尽人事。所以，这时期所做的事业比较稳妥实在。

人到五十，懂得追求自我，无须因家庭琐事而烦恼，不必为人际关系而费心，只专注于自己的兴趣爱好，并且深耕下去，开辟另一片新天地。

50岁并不是没有希望的年纪。"三苏"之一的苏洵年轻时不爱读书，27岁才幡然悔悟，发奋读书，后多次科考不中，终于在临近五十时文名大胜。擅长画"鱼虾"的齐白石在走上绘画道路之前曾做过一段时间木匠，绘画途中虽功力日深，但并未闯出名堂，后齐白石成为"北漂"一族，转变画风，终于在55岁时声名大噪。

50岁并不是籍籍无名、得过且过的年纪，50岁的年纪你还可以创造多种可能。枯木尚可逢春，何况半百人。太公八十遇文王，重耳六十成霸主。50岁，正是好时光。人到五十，开始全新的生活，不可委屈内心，以自己开心为主，遇事，坦然一笑，乐呵呵的人生才最美。

智慧醒言

知命人生　三省吾身

人活到半百，就进入了"知天命"之年。"天命"是人生经历的自然规律和必然结果，是人生的"定数"。这个"定数"不仅是知道自己命运的年龄，也必使人有大彻大悟，以求魂归心安，心归神定，更加丰满和充实自己的知命人生。因此，知命之年，务必三省吾身。

一省：知天命而知命乎？

何谓"知天命"？到了50岁的人就要真正理解"知天命"的本义。首先，要畏天命。孔子说："君子有三畏：畏天命，畏大人，畏圣人之言。"也就是说，要敬畏天命的作用，并且顺天而为。但是，敬畏天命不代表完全听天由命，无所作为，而是谋事在人，成事在天。努力作为，但不企求结果。其次，要知天命。"知天命"是接受现实，不再幻想，好好生活，不问结果，顺其自然。天命不是不可捉摸的，而是可以通过学习体悟而知道的。在孔子看来，知天命是一种人生境界——"不知命，无以为君子也"。所以，50岁的人，如果已经"知天命"了，在日后的工作和生活中就会过得踏实、安稳，虽然仍"发愤忘食""乐而忘忧"，但对个人荣辱已经淡然，不会再过于的计较，只求问心无愧就行。

二省：应宁静而宁静乎？

当今社会，喧嚣、繁华的氛围是年轻人快节奏的生活，总让人觉得很有压力。而步入知命之年的人，要避喧嚣，求宁静。因此，该宁静而宁静乎？是这个时候需要经常自省的问题。

诸葛亮说："静以修身，俭以养德，非淡泊无以明志，非宁静无以致远。"宁静，才能致远，这对50岁的人尤其重要。要想生活舒心，就要有深邃宁静的心湖，即使偶尔展现微澜，也会微笑自己，做"平真"的我，知命年的宁静也是人生一道亮丽风景。宁静还有助于我们不受外界环境的影响，专心做好自己，淡泊名利，宠辱不惊，看淡人生，知足常乐。对人间大喜大悲少了冲动，多了理性，泰然处之。面对自然规律，更需要自己心静如水，才能接受岁月易老的客观事实。

三省：该舍弃而舍弃乎？

人到五十知天命，就要对应舍弃的事情要舍弃，抛开欲望，减轻负担，轻装上阵，过好安稳的生活。这也是步入知天命之年的人需要自省的事情。

首先，应该抛去心中的欲望，要过安稳的生活。山下英子在《断舍离》一书中提到："30岁前，人应该过加法生活，而40岁以后就应该过减法生活，减掉负担，抛弃欲望，过简单快乐的生活！"其实，人到了50岁知道这个断舍离也不算晚。这个时候，不要为世事所累，不要被压力所迫。家财万贯，也不过一日三餐；良田千亩，比不上草屋一间；美女如云，不过是过眼云烟。欲望太多，就会把自己压得太扁。安稳度余年，平安过余生，这才是知命年人想要的生活。

其次，要舍权力的欲望，高风亮节方显英雄本色。50岁就要考虑养生了，这个时候，该舍的舍，该让的让，方为明智之举。很多人认为50岁经验丰富，年富力强，重要的工作亲自抓，身体力行，这种人的精神固然值得尊敬，但那也要有个好身体，不要和自己过不去。

身体是革命的本钱，你可以运筹帷幄，但不要冲锋陷阵；你可以高瞻远瞩，但不要一往无前。很多人舍不得权力，不到退休绝对不让位，但退休之后，会立马变得老了几十岁，他们放不下心中对权力的欲望，一旦失去，身心也受到了摧残，健康没有了，一切等于零。所以，人过五十要学会保养身体，只有身体好，才能看到更多更美的风景。

仕途篇

智慧名言

从政智慧

众人重利,廉士重名。

——庄子

进不失廉,退不失利。

——晏婴

官非其任不处也,禄非其功不受也。

——司马迁

智者不为非其事,廉者不求非其有。

——韩婴

廉外则可以大任,少欲则能临其众。

——韩非子

至廉而威。

——董仲舒

廉约小心,克己奉公。

——范晔

廉者昌,贪者亡。

——班固

当官者能洁身修己，然后在公之节乃全。

——房玄龄

洗手奉职，不以一钱假人。

——韩愈

官省则事省，事省则人清；官烦则事烦，事烦则人浊。

——李延寿

廉者，民之表也；贪者，民之贼也。勿以官小而不廉，勿以事小而不勤。

——包拯

忠信廉洁，立身之本，非钓名之具也。

——林逋

廉者憎贪，信者疾伪。

——欧阳修

廉而洁，一身正气；勤而俭，两袖清风。

——王仲敏

一钱亦分明，谁能肆谗毁。

——陆游

自律不严，何以服众？

——张养浩

我一旦得到贤士和能人，就让他们紧随我，不让远去。

——成吉思汗

修身遵曾子三省，从政秉周官六廉。

——于谦

居官不难，听言为难；听言不难，明察为难。

——戚继光

国正天心顺，官清民自安。

——冯梦龙

三生不改冰霜操，万死常留社稷身。

——海瑞

公则生明，廉则生威。

——朱舜水

不廉，则无所不取；不耻，则无所不为。

——顾炎武

当官处事，但务着实；为官一任，造福一方。

——黄宗羲

公生明，明生廉；廉生威，威兴业。

——李惺

盛时常作衰时想，上场当念下场时。

——曾国藩

有容乃大千秋几？无欲则刚百世师。比武守疆驱虎豹，论文说理寓诗词。为官首要心身正，盖世功勋有口碑。

——林则徐

居高位的人是三重的人：君主或国家的人；名声的仆人；事业的仆人。所以他们是没有自由的，既没有个人的自由，也没有行动的自由，也没有时间的自由。

——培根

没有思想上的清白，也就不能够有金钱的廉洁。

——巴尔扎克

在真正的伟人的领导下，笔会比剑更有力量。

——布尔沃·利顿

诚实比起腐败会给你赢得更多的好处。

——莎士比亚

智慧故事

刘邦知人善任

刘邦,一位草根皇帝,曾经一无所有,最后却拥有大汉江山。

刘邦登上皇位时,曾经询问大臣"为什么我能够得到天下?"

高起、王陵回答说:"陛下让人攻取城池取得土地,又把城池土地封给有功的人,与天下人共同享受利益。而项羽却不是这样,杀害有功之人,怀疑有才能之人,夺得土地却不给人好处,这就是他失天下的原因啊!"

刘邦笑了一下,说:"你们只知其一,不知其二。就出谋划策来说,我不如张良;就安抚百姓来说,我不如萧何;就用兵打仗来说,我不如韩信。这三个人都是杰出人才,我能够利用他们,而且用人不疑,疑人不用,这就是我得到天下的原因。项羽只有一个范增,却不能信任和重用他,这是我战胜他的原因。"

刘邦这番话不仅说明各人的才华优势,而且说明了刘邦知人善任。项羽和刘邦的楚汉战争持续了很多年,刚开始都约定好先入关中者得天下,刘邦进入关中后,本已占领秦都,让士兵守卫禁止楚军入内,结果被手下告密引来了鸿门宴。项羽没有杀死刘邦,被后世称为妇人之仁。而在最后一次战争里,项羽是被曾经的手下韩信打败的,刘邦手下的第二谋士陈平,也曾经是项羽的手下。项羽虽然是个英雄,却不懂用人之术。

刘邦的用人之术,可以分为知人善任、不拘一格、招降纳叛、不计前嫌、用人不疑、坦诚相待、论功行赏等几个方面。

【感悟】"纳才任贤"是古代君王成就大事的最基本方法,一个人要成就一番事业靠一己之力是很难取得成功的,一个很重要的方面就是应该重用人才,知人善任。刘邦的知人善任成就了自身,也改变了中国的历史。

公孙弘智说诬告

汉武帝时,丞相公孙弘虽位居三公,俸禄丰厚,但生活十分俭朴,平时吃的也是普通饭菜,睡觉盖的依然是普通的棉被。

有个大臣叫汲黯,一向与公孙弘不和。一天,汲黯借故向汉武帝参了公孙弘一本,说:"公孙弘俸禄优厚,却衣食朴素,其实,他是故意这样来沽名钓誉,目的是骗取清廉简朴的美名。"

汉武帝便问公孙弘:"汲黯所奏是否属实?"

公孙弘回答:"汲黯说得一点也没错。在满朝大臣中,他与我的交情最好,也最了解我。今天他当庭指责我,自然是我的不对。我位列三公而生活如同小吏一般,确实是故意装清廉以沽名钓誉。幸而汲黯忠心耿耿,陛下才能听到对我如此的批评。"

汉武帝听到公孙弘的这番话,反倒觉得他为人谦让,诚实可靠,就更加尊重他了。

【感悟】很多时候面对别人有意的指责或诬告时,我们并不需要辩解,这时只会越辩越乱,甚至起到负面效应,最后让事情更加复杂。

公孙弘面对汲黯的指责和汉武帝的询问,不但不辩解,而且一切全部承认,这便是他高人一等的智慧。

勾践敬蛙

春秋时期,吴国和越国相邻,经常打仗。

一次,越王勾践在会稽大战中败给吴王夫差,当了俘虏,为吴王喂马。后来,勾践听从了大夫文种的计策,向吴王献出美女西施,自己才得以被释放回到越国。此后,勾践卧薪尝胆,立志图强复国。

在勾践立志图强期间，有一天，勾践乘车经过禹穴边，突然看见一只青蛙，蹲伏在马路中央，见勾践的车驾到来，竟毫不躲避，而且气鼓鼓地两眼圆睁，准备和庞大的车驾一决高低似的。

此时，勾践立起身来，就在车上对着青蛙敬了个礼。车夫看到之后说："大王，那不过是只青蛙，您为什么跟它敬礼？"

勾践说："不要小看了这只青蛙，区区一只青蛙能有这种勇气，敢拦阻车驾，难道说不值得致敬吗？"

勾践敬蛙这件事，一经传开，越国军民无不鼓舞。人们都认为越王对小小青蛙的勇气都如此敬重，何况对他的部下呢！因此人人都在战斗中勇往直前，奋勇杀敌，乐意为他效力。

最后，越国终于战胜吴国。

【感悟】越王勾践用敬蛙的手段表达了他治国的方向，那就是：有赏有罚才是一个国家最重要的根本。他想给士兵们传播的思想是：只要你对我忠诚，为国效力，在战场上勇猛杀敌，那么国家和大王就会尊重你，器重你。由于勾践有了正确的治国方向，终于使越国取得胜利。

所以，上位者一个真心赞许的眼神或动作，可以使部属感到理解、信任、体贴和关怀，可以激起"士为知己者死"的情感，那么想要成就的事业，有什么办不成的呢？

范仲淹用士

北宋名臣范仲淹官场上坎坷一生，高风亮节，为人所传颂。特别是在任用士人上，一向注重人品而不拘小节，深受敬重。

范仲淹在西北戍边，抵抗西夏时，所选用的幕僚，大都是一些被贬谪而尚未复官的人，有人觉得这很奇怪。范仲淹说："有才能而没有过失的人，朝廷自然会任用他们。至于那些不幸被官吏评议而遭处罚的可用之才，若是不借机启用他们，就会变成废人了。"因此，范仲淹麾下拥有很多有才能的人。

范仲淹的文学杰作《岳阳楼记》中发出的感慨——"先天下之忧而忧，后天下之乐而乐"，为后来者所崇尚效仿。范仲淹身世坎坷，从社会的底层一步一步走到领导层，经验和阅历极其丰富，充分了解民间的疾苦，对基层的情况有深刻的认识，所以，他任用人才的时候会注重人品，以简朴而实际的眼光看待人才的取舍，并大胆使用被贬谪的官员。更令人感动和佩服的是，范仲淹具有强烈的责任感，千方百计利用人才，避免人才流失，为国家挽回了不少损失。

范仲淹病逝之后，北宋皇帝赐其谥号"文正"，范仲淹的谥号为当时文人所能得的最高谥号，也足见北宋王朝对范仲淹的肯定。

【感悟】使用人才不拘小节，是领导者的理想境界。不过，实际操作起来始终难免世俗偏见的干扰。如果领导者不能在这一方面有所作为，属下的士气总会受影响，毕竟人才不平则鸣，气氛也难以活跃。

"先天下之忧而忧，后天下之乐而乐"，范仲淹做人做事，以国家为重，忧国忧民。他任用士人和选拔人才的做法，值得肯定。

国王不信奉承

有一个国王，他统治着很大一个国家，而且人民都很拥戴他。

一天，国王和他的大臣来到海边散步。这位臣子不停地奉承国王："您是天底下最伟大的国王，您拥有着无上的智慧和崇高的荣誉；您还拥有最广阔的土地和无数敬爱着您的子民；您是上天派来的神，无所不能……"这个大臣说得天花乱坠，还一点没有停下来的意思。

国王听他说了老半天，然后转头面向大海说："海啊，我是你的统治者，我现在命令你停止波浪的前进，不许再打湿我的鞋子。"

但是大海没有听从国王的命令，波浪依旧一层层地涌来，国王的鞋子和长袍都湿了。

国王转身斥责这位大臣："你看到了没有，大海并没有听从我的命令，波浪还是打湿我的鞋子。可见，国王也是一般的人，而不是像你说的那样！"

大臣听了，惭愧地低下头来，再也没开口说话了。

【感悟】作为一国之主——国王，要拥有理智的头脑，不要让别人奉承的话，迷惑了自己的心灵，永远把自己放在平凡的位置，才能做到真正的自我。故事中的国王不相信大臣说的奉承话，大智若愚，才是真正的高手。

猴子上当

有一次，猴子在野兽的集会上跳舞，活泼可爱，舞姿潇洒，赢得了大家的好感，并一致推选猴子为王。

狐狸十分嫉妒猴子，它很想戏弄猴子一下。当狐狸发现一个捕兽夹子里放着肉时，对猴子说，它在一个地方发现一个宝物，自己没敢动用，想留给王作贡品，并劝猴子亲自去取。猴子信以为真，立即连跑带跳到了那里。"哎呀！"猴子突然叫了一声，猴子被夹子夹住了，幸好另一猴子及时跑来把夹子扳开，猴子痛得在地上连连打滚。

过了一会，猴子气愤地去找狐狸算账，斥责狐狸陷害它。狐狸却傲慢地说："猴子，你这笨蛋太不成熟了，凭这点小小的本事，你还想做兽中之王吗？"

猴子听了，不知所措！

【感悟】兽中之王不好做。若没有狮子的威猛，或者狐狸的狡猾，又怎么有本事统领百兽呢？

当王是需要智慧的。没有智慧莫当头，否则便是玩火自焚，处处受欺上当。

三只鹦鹉

主人养了三只鹦鹉。一天，他把这三只鹦鹉分别放进三个笼子，一边哼着曲调，一边大踏步往镇里走去。

"卖鹦鹉！"主人在镇里的百鸟市场大声叫喊着。

一个人听到叫声，便上前去看鹦鹉。他看到一只鹦鹉，笼子前的牌子上写着:"此鹦鹉会两门语言,售价二百元。"

接着,又看见另一只鹦鹉,笼子前牌子上写着:"此鹦鹉会四门语言,售价四百元。"

"该买哪只鹦鹉呢?两只鹦鹉的毛色都很光鲜,非常灵活可爱。"这人边看边想,一时拿不定主意。

后来,他突然在第三个笼子里发现一只老掉牙的鹦鹉,毛色暗淡散乱,标价竟是八百元。

这人赶紧将主人叫来,指着第三只鹦鹉,问道:"这只鹦鹉是不是会说八门语言?"

主人说:"不。"

这人觉得奇怪了:"那为什么这只鹦鹉又老又丑,又没有能力,会值八百元呢?"

主人回答说:"因为另外两只鹦鹉叫这只鹦鹉老板呢!"

这人听了,幽默地对主人说:"你才是'鹦鹉老板'呢!"

【感悟】这个故事告诉我们:真正的领导人,不一定自己能力有多强,只要懂信任,懂放权,懂珍惜,就能团结比自己更强的力量,从而提升自己的身价。相反,许多能力非常强的人却因为过于完美主义,事必躬亲,觉得什么人都不如自己,最后只能做最好的公关人员或销售代表,成不了优秀的领导人。

智慧通言

当官不发财　发财不当官

在中国人的某些传统意识里,当官就等于发财,就等于名利双收。因此,"升官发财"甚至成为很多人认同的逻辑。然而,大凡世间当官和发财兼而有之的事情,人肯定不是什么好人,事也不是什么好事。当官与发财,要明智选择,舍得放弃。

一、自古当官发财两条道

自古当官发财两条道，想戴官帽就别想鼓腰包。就是说，选择了当官，就不能为自己谋利，要时刻不忘初心、牢记使命，认清楚"当官"与"发财"之间的界限，始终牢记"当官发财两条道"，干干净净做人，清清白白为官。

北宋名臣包拯，一生严于律己，身体力行，他在端州任知州，整顿吏治，打击贪污，深受百姓欢迎。离任时，当地民众精制一好砚相送，他都婉言谢绝，"不持一砚归"，节操高尚，名垂青史。《资治通鉴》曾记载过这样一个故事：有人劝唐代开元名相张嘉贞买田地住宅，他说，我居宰相高位，担忧什么饥寒？如果犯了法，即使有田地住宅，也没什么用。是啊！老子曰："罪莫大于可欲，祸莫大于不知足，咎莫大于欲得。故知足之足，恒足矣。"意思是：罪过没有比行私纵欲更为严重的，祸患没有比贪得无厌更为严重的，灾难没有比贪欲必得更为惨痛的。所以说懂得知足知止而心无贪求，才能经常适可而满足。

当官就不能想着发财，发财就不能想着当官。具有公职身份的官员，一定要认清自己的职责使命，绝不能"既想当官，又想发财"。

二、鱼和熊掌不可兼得

孟子曰："鱼，我所欲也，熊掌亦我所欲也，二者不可得兼，舍鱼而取熊掌者也。"人一旦选择了"当官"就不能"发财"，因为官员的公职身份决定不应个人发财，只能用来为国干事，为民谋利。所以，对为官者而言，"当官"和"发财"是一道单项选择题，这和"鱼和熊掌不可兼得"的道理一样。

为官者在财富上当然不能和商人相比较，若比较的话，之间的悬殊落差，肯定会造成心理上的不平衡。若官员忍受不了从政的"清贫"，可以选择弃官从商，也未尝不可，去实现自己的财富梦，这样拿到手的钱，心里也比较踏实和安稳。

三、范蠡：做官不发财、发财不做官的第一人

大家熟知，历史上范蠡兴越灭吴之后急流勇退，和西施一起悄悄离去，下海做生意去了。但恐怕很多人没有注意到的是：范蠡是中国历史上践行做官不要发财、要发财不要做官的第一人。

据《史记·越王勾践世家》记载，范蠡在越国崛起称霸后，越王表示要与范蠡平分越国。但范蠡不从，他终于隐姓埋名走了。

范蠡离开越国后先是耕作种田，后来经商做生意。他乘船漂洋到了齐国，更名改姓，自称"鸱夷子皮"，在海边耕作，吃苦耐劳，努力生产，父子合力治理产业。不久，积累财产达几十万。齐王听说"鸱夷子皮"贤能，请他出任宰相。范蠡再次出任高官，但做了一段时间，他又想："住在家里就积累千金财产，做官就达到卿相高位，这是平民百姓能达到的最高地位了。长久享受尊贵的名号，不吉祥。"

范蠡是明智的。他清醒地意识到，做了大官，不应拥有大量的财产，熊掌与鱼，不可兼得。做官和赚钱不能兼而有之。要么做官不发财，要么发财不做官。他当机立断，做出了两者皆抛的决定。他再次辞去了齐国宰相的职务，秘密离去，迁徙到陶（今山东定陶西北），这个居于"天下之中"的最佳经商之地，是一个做生意的好地方。因交易买卖的道路通畅，经营生意可以发财致富。没出几年，范蠡经商积资又成巨富，遂自号陶朱公。

范蠡可谓贤能之人。两上两下，先官后民、再官又民，做官就不做生意，做生意就不做官，功成隐退，赚了大钱，也周济穷人，像范蠡这样的明白人，在中国历史上是屈指可数的。

智慧醒言

当官不为民做主　不如回家卖红薯

"当官不为民做主，不如回家卖红薯"，这是一句流传很久的俗语。意思是说，不论官职大小，官员必须对老百姓负责，为老姓办事。古往今来，不论是古时候的封建社会，还是现在的社会主义社会，都是对当官者的基本要求。

一、水能载舟，亦能覆舟

"水能载舟，亦能覆舟"这是我们耳熟能详的典故，统治者如船，老百姓如水，水既能让船安稳地航行，也能将船推翻吞没，沉于水中。这个典故形象而深刻地说明了老百姓的重要性。《左传·哀公元年》里还有一句话："国之兴也，视民如伤,是其福也。"纵观古今,什么时候坚持了以民为本,做官为民,则国富民殷,天下大治;反之,则民不聊生,天下大乱。

历史上水能载舟亦能覆舟的例子很多。秦始皇建立了秦王朝后,推行暴政,修阿房宫、建长城、焚书坑儒,导致天怒人怨。陈胜、吴广登高一呼,天下响应,秦王朝很快土崩瓦解。黄巢起义,一开始老百姓是支持他推翻晚唐的统治阶级的,但黄巢打到长安后烧杀抢掠,就被老百姓抛弃。王莽是大司马的时候,很得朝廷上下和群众拥护,但篡政为帝,受到士人和老百姓的反对,很快败亡。李自成打着"闯王来了不纳粮"的旗号推翻了明朝,但起义军内部腐朽,贪污腐化强抢民利,又被推翻。这些历史教训,刻骨铭心。

我们共产党的领导干部必须有责任感,有担当精神,这个责任感和担当精神最明显的表现形式就是"为民"。为人民服务,实现人民的利益,是我们中国共产党领导干部的境界和责任感。如果我们做到了,就会得到广大人民群众的支持和拥护。

二、知民爱民付诸行动

我们党是本着立党为公,执政为民的理念,要求党的领导干部做到权为民所用、利为民所谋、情为民所系。领导干部的手中的权力是人民给的,人民给了领导干部权力,那他们应是人民公仆,理应尽心尽力地负起责任,从老百姓的利益出发,多为群众办实事、做好事、解难事,做一个为百姓造福的好官。

领导干部要达到老百姓心目中好官的标准,首先,要知民。就是要深入群众,到群众中去,到基层去,到一线去,到困难和矛盾多的地方去,和群众交朋友,打成一片,去聆听群众的心声。只有和群众交上朋友,才能听到知心话、真心话。你对群众感情到位了,问题自然就好解决了。其次,要为民。我们党员干部要时刻想到手中的权力是人民所赋予的,是让你来为老百姓办事的,而不是让你作威作福,牟取私利的。只要心里装着群众,就会真心实意为民服务。再次,要付诸行动。领导干部只有认真倾听群众呼声,积极反映群众疾苦,真正与人民群众同甘共苦,为群众排忧解难,把为人民群众服务落实在行动上,才能真正代表人民群众的根本利益,从而真正改善干部与群众的关系。

三、做官的高级境界是"为民服务"

大凡做官者概有三种状态:

一是最低级的状态,是"为民害虫",这是最可恶的。这种状态为官者,利用别人赋予他们的权力（这个"别人"，在传统政治观念里是"皇帝"，在当代政治观念里是"人民"），不去造福人民，反而伤害人民。

二是中间状态，是"为民作主"。这里的为民作主，应当包括两个含义：一是维护了平民的正当利益（比如给被冤枉的百姓平反之类）；二是为平民作主。一直以来，在百姓心目中，当官的能够有"为民作主"的信念，进而能够做到这一点，可谓好官矣，而且，对此类官员，百姓必将视其为再生父母，感激涕零，感恩戴德。在官者心目中，能有此信念、能够做到这一点，便可问心无愧，对得起天地良心了。当然，这样的理念及其实践没有什么不好，此类官者也应得到人们的认可、尊敬和爱戴。然而，这个观念背后隐藏的依然不是真正的"民主"思想，而是残存着带有封建色彩的"官主"思想，也即，为官者曰：你们老百姓要依靠我们这些当官的来给你作主；为民者曰：我们需要你们来为我们作主。

三是高级状态，是"为民服务"，这是做官的高级境界。这个理念最符合当代政治观念和社会主义民主政治的要求。它内蕴的逻辑是官者拥有的权力是人民赋予的，为民服务是为官者最起码的职责，是人民对为官者提出的最低要求。如果你做到为民服务，仅仅证明你称职、履行了职责而已，人民不应因此而对你"感恩戴德"，只因你履行了职责而对你怀有自然的尊重和爱戴；如果你不能做到为民服务，就证明你不称职，那就请你走人。

平心而论，在以封建专制集权为主要特征的传统政治框架里，为官者能都达到"为民作主"的境界实属不易，而且也足以问心无愧了。可是，如果用当代民主政治的观念来衡量，仅是达到"为民作主"这个境界还远远不够，因为在为官者的骨子里还有封建的"官主"意识作祟，造就了中国百姓浓厚的"草民心态"，极不利于社会主义民主政治的构建。只有达到"为民服务"的高级境界，才表明为官者尽了该尽的基本义务，履行了该履行的起码职责，是人民拥护和爱戴的好公仆。

爱国篇

智慧名言

爱国情怀

我爱我的祖国,爱我的人民,离开了祖国和人民,我就无法生存,更无法写作。

——巴金

我是炎黄子孙,理所当然地要把学到的知识全部奉献给我亲爱的祖国。

——李四光

每一个党员干部,都应当与人民同甘苦、共命运。这样,我们党才有威信,国家才有希望。

——孔繁森

我们是国家的主人,应该处处为国家着想。

——雷锋

如果一个人没国家民族观念,即使富有,也实在令人惋惜。

——李嘉诚

为了全人类的和平与进步,中国人来到了太空。

——杨利伟

归来报命日,恢复我神州。

——吉鸿昌

虽然科学没有国界，科学家却是有祖国的！我是中国人，我的祖国现在正需要我！

——茅以升

你可知"妈港"不是我的真名姓？我离开你的襁褓太久了，母亲！但是他们掳去的是我的肉体，你依然保管我内心的灵魂。那三百年来梦寐不忘的生母啊！请叫儿的乳名，叫我一声"澳门"！母亲！我要回来，母亲！

——闻一多

假如我还能生存，那我生存一天就要为中国呼喊一天。

——方志敏

白眼观天下，丹心报国家。

——宋教仁

爱国之心，实为一国之命脉。

——蔡元培

国家是大家的，爱国是每个人的本分。

——陶行知

我正增加百倍的勇气和信心，奋励自励，为我们伟大祖国与伟大人民继续奋斗。

——邹韬奋

我有我的人格、良心，不是钱能买的，我的音乐，要献给祖国，献给劳动人民大众，为挽救民族危机服务。

——冼星海

天下兴亡，匹夫有责。

——顾炎武

苟利国家生死以，岂因祸福避趋之。

——林则徐

死去原知万事空，但悲不见九州同。王师北定中原日，家祭无忘告乃翁。

——陆游

先天下之忧而忧，后天下之乐而乐。

——范仲淹

以国家之务为己任。

——韩愈

捐躯赴国难，视死忽如归。

——曹植

国耻未雪，何由成名？

——李白

常思奋不顾身，而殉国家之急。

——司马迁

我是你的，我的祖国！都是你的，我的这心、这灵魂；假如我不爱你，我的祖国，我能爱哪一个人？

——裴多菲

我们为祖国服务，也不能都采用同一方式，每个人应该按照资禀，各尽所能。

——歌德

爱国心再和对敌人的仇恨用乘法乘起来——只有这样的爱国心才能导向胜利。

——奥斯特洛夫斯基

凡是不爱自己国家的人，什么都不会爱。

——拜伦

谁不属于自己的祖国，他就不属于人类。

——海涅

热爱祖国，这是一种最纯洁、最敏锐、最高尚、最强烈、最温柔、最有情、最温存、最严酷的感情。一个真正热爱祖国的人，在各个方面都是一个真正的人。

——苏霍姆林斯基

智慧故事

岳飞"精忠报国"

南宋著名的军事家、抗金名将岳飞,他精忠报国,光彩照人的故事千百年来几乎家喻户晓,人人皆知。

岳飞从小勤奋好学,文武双全。20岁那年,金兵侵犯中原,所到之处,烧杀抢掠。岳飞是个爱国的热血青年,他决定奔赴战场,杀敌报国。

岳飞的母亲最了解岳飞的心思,她为了鼓励儿子奋勇杀敌,报效祖国,在岳飞的背上刺下了"精忠报国"四个大字。岳飞铭记母亲的教诲,奔赴抗击金军的战斗前线,屡建战功,成了一名令敌人闻风丧胆的将军。

岳飞率领部队北伐,收复了被敌人侵占的大片国土。但就在他取得抗金斗争全面胜利之时,昏庸无能的宋朝皇帝听信奸臣秦桧乘机求和的劝说,一连颁发十二道金牌,强逼岳飞立即班师,岳飞壮志难酬,只好挥泪班师。这时岳飞写下了千古绝唱——《满江红》。

岳飞被免除兵权,宋高宗和秦桧派人向金求和,岳飞坚决反对。秦桧以莫须有的罪名将岳飞毒死,临死前岳飞写下了"天日昭昭,天日昭昭!"

这样,一代抗金名将岳飞惨遭杀害了,岳飞死时年仅39岁,但他精忠报国的故事一直流传至今。

【感悟】"精忠报国"是岳飞的人生格言。岳飞一生出入疆场,英勇抗击侵掠。他这种爱国主义精神和坚贞不屈的民族气节,成为中华民族世代相传的典范,激励了一代又一代中国人。"国家有难,匹夫有责",每当外侮前,人们总是以岳飞为榜样,坚决抵抗。岳飞的爱国主义精神将永远保留在中华大地上,永远流传。

屈原投江报国

楚国重臣屈原，早年受楚怀王信任，任左徒，常与怀王商议国事，主持外交事务，主张楚国与齐国联合，共同抗衡秦国。

屈原自身性格耿直，加之他人谗言与排挤，屈原逐渐被楚怀王疏远。怀王二十四年，屈原被逐出郢都，流落到汉北。流放期间，屈原感到心中郁闷，开始文学创作，在作品中洋溢着对楚地楚风的眷恋和为民报国的热情。后来曾经被召返，怀王三十年，楚怀王不听屈原劝阻，执意入秦，被扣留，后来客死秦国。

楚顷襄王即位后，昏庸无道，听信令尹子兰的谗言，再次驱逐屈原。屈原流落在今湖南沅水湘水一带。顷襄王二十一年，秦国大将白起挥兵南下，攻破了郢都，屈原在绝望和悲愤之下怀大石投汨罗江，以身殉国。

据说屈原投江后，楚国的百姓哀痛异常，纷纷拥到汨罗江边去凭吊屈原，当地百姓投下粽子喂鱼，以此防止屈原遗体为鱼所食。后来逐渐形成一种仪式，以后每年的农历五月初五为端午节，人们吃粽子，划龙舟，以纪念这位伟大的爱国诗人。

【感悟】为了国家和人民的利益而献出自己的生命，崇高的品德和情操在屈原的身上体现得淋漓尽致。屈原宁死不屈、不折不挠的爱国主义精神应该值得我们每个人学习，生而为人一定要把自己的命运和祖国的命运联系在一起，争取做一个对国家对社会有价值的人。

苏武牧羊不忘国

苏武是汉朝人，有一年，汉武帝任命苏武为中郎将，并持使节出使匈奴。

不料，匈奴人违背诺言，不放苏武返回汉朝，扣留了他，还劝他投降。苏武严词拒绝，说："我奉国家命令出使匈奴，丧失气节就是污辱了使命，丢大汉朝的脸。我如果那样，还有什么脸面见国人！"匈奴人用刀威胁他，他索性把脖子伸过去，宁死不从。

匈奴人见劝降不成，就把苏武放进地窖，不给吃喝。苏武就吃羊皮、吃雪，顽强地活着。后来，匈奴人又把他送到遥远的北海（今贝加尔湖），叫他放羊，说不投降就让他在那里待一辈子。苏武始终没有忘记自己是汉朝的使臣，代表着国家，坚决不做有辱国格的事。他宁肯每天挖野菜，吃田鼠，受冷挨饿，也不向匈奴人乞求。那根代表汉朝、表明使者身份的"使节"（一根长棍，上面挂着穗子），他一直放在身边，放羊的时候也拿在手中。天长日久，"使节"上的穗子都掉光了，他仍然紧握不放，表达了他忠贞爱国的精神。

苏武在匈奴度过了19个年头，始终没有屈服，匈奴人只好放他回汉朝。苏武牧羊不忘国，维护了国家的尊严，受到人们的尊敬。

【感悟】苏武出使敌国作为谈判使者，在面对敌人的威逼利诱下，他仍然保持本真，不背叛自己的国家，结果被敌国流放牧羊。但他从未忘记过自己的国家，体现了对国家的忠诚、临患不忘国家的气节。

陆游爱国　情跃诗中

南宋时期的爱国诗人陆游，从小受家庭爱国思想熏陶，爱国情怀深深植根于内心，对国家抱着一份浓浓的热爱。

陆游一生笔耕不辍，今存诗篇九千多首，内容极为丰富。他创作的大部分诗篇都跟抗击侵略者有关，或者是跟军营里的艰苦生活有关，爱国之情跃然于诗篇中。

陆游一生几经坎坷，却不忘爱国之情。他30岁那年，参加了礼部的考试，以优异的成绩获得了第一名，但遭到了奸臣秦桧的打击，被除掉了姓名。他34岁那年，当上了一个县官的属员，后又凭着才干担任了一个较大的官职，可是官场险恶，他又被罢免回乡。45岁那年，投奔了王炎旗下，努力为百姓做事，收复祖国的大好河山。但因南宋皇帝屈膝投降，陆游的爱国愿望再一次破灭。

陆游一生爱国如命。公元1210年，陆游已是一位85岁的老人了，在他去世前夕，用尽全力写下了《示儿》这首诗："死去元知万事空，但悲不见九州同。王师北定中原日,家祭无忘告乃翁。"这首诗相当于遗嘱,是陆游爱国诗中的又一首名篇。在短短的篇幅中,诗人披肝沥胆地嘱咐着儿子,无比光明磊落,激动人心!浓浓的爱国之情跃然纸上。

陆游一生致力抗金,一直希望能收复中原。虽然频遇挫折,却仍然未改变初衷。从诗中可以领会到诗人的爱国激情是多么的热烈、真挚,也凝聚着诗人毕生对信念的向往和执着的精神。

【感悟】陆游是一位创作特别丰富的诗人。他如在诗中一样,不时表现着爱国主义情怀,其绝笔《示儿》,是爱国主义诗派的一个光辉代表。他的作品以强烈的爱国主义精神和卓越的艺术成就,在中国文学史上获得了重要地位。他继承并发扬了古典诗歌现实主义和浪漫主义的优良传统,在当时和后代的文坛上产生了深远影响。他的这种爱国精神,真是世间少有,很值得我们学习。

华罗庚:毅然回国做贡献

1938年,抗日战争正进行得如火如荼,英国人要华罗庚留下来教书,但他毅然放弃在英国的一切回到祖国,到西南联合大学与同胞们共患难,清华大学的资格审查委员会一致通过,让只有初中文凭的华罗庚晋升为大学教授。

1946年秋天,迫于国内的白色恐怖,华罗庚再次出国,美国伊利诺伊大学把华罗庚聘为终身教授,并给他相当优厚的待遇,希望他把那里建成世界级的代数研究中心。然而,对于漂泊海外的游子来说,国外恬静安逸的生活无法抚慰华罗庚内心时常涌动的报国之情。

1949年10月,中华人民共和国成立的消息传到美国,华罗庚手捧报纸,欣喜若狂,一遍遍地读着中华人民共和国成立的消息,他渴望着及早回到祖国的怀抱。华罗庚决定回国的消息传出后,美国不愿意放华罗庚走,提出了十分优厚的条件,试图挽留华罗庚。华罗庚丝毫不为所动,他的一颗心早已飞向了大洋彼岸的祖国。

1950年2月,华罗庚悄然离开了生活四年的美国,乘上一艘邮轮,举家回国。

回国后，华罗庚把自己的毕生精力，投入发展祖国的科学事业特别是数学研究事业之中。他一生为我们留下了二百余篇学术论文，十部专著，其中八部为国外翻译出版，有些已列入20世纪数学经典著作之列。他还写了十余部科普作品。他的名字已载入国际著名科学家的史册，他是中国科学界的骄傲，是中华民族的骄傲。

【感悟】大数学家华罗庚，在"七·七"事变后，从生活待遇优厚的英国回到祖国，积极参加抗日救国运动。中华人民共和国成立后，他毅然放弃美国优厚的条件，举家回国，为祖国的建设和发展作出巨大贡献，不愧为"人民的数学家"。他的爱国事迹是中华民族的骄傲，他的爱国精神值得我们学习。

钱学森：爱国奉献　彪炳史册

中国航天事业奠基人、"两弹一星功勋奖章"获得者钱学森，数十年呕心沥血、攻坚克难，为了祖国的航天事业作出了彪炳史册的贡献。他的爱国奉献精神，激励了无数中国人。

1935年，国立交通大学毕业后的钱学森考取公费留学，远渡重洋，进入美国麻省理工学院学习。35岁的钱学森已经是麻省理工学院最年轻的终身教授。

1949年5月，钱学森收到了一封来自万里以外的信件，信件内容是邀请他回到中国，领导航空工业的建设。

拳拳赤子心，殷殷报国情。1955年10月，他终于回到了自己的祖国。作为世界著名的火箭与导弹专家，钱学森带领他的团队肩负着为中国造出第一枚导弹的重任。而此时的新中国，百废待兴。要造导弹这种尖端武器，困难是显而易见的。

此时，钱学森率领的团队，坚持自力更生，发展新中国的国防工业。他为此编撰了一部基础教材《导弹概论》，正是这部经典著作启迪了中国第一代从事导弹和火箭研制的航天人。

历经九年时间，由中国人自己制造的"东风一号"和"东风二号"导弹相继发射成功。1970年4月，由钱学森担任技术负责人的"东方红一号"卫星发射成功。在钱学森的建议下，我国在1992年选择了发展神舟飞船的载人航天之路。

从内蒙古着陆场回到北京的杨利伟，专程来到钱学森家中向老人报到。此后，每一位从太空凯旋的航天员，都会来到钱学森家中，向这位中国航天事业的奠基人报告好消息，直到钱学森去世。

钱学森作为中华民族知识分子的典范，他的自立自强和爱国奉献精神，鼓舞了无数中国人，也凝聚成了中国航天事业发展的磅礴力量。

【感悟】在美国定居，能聘为终身教授，这是多少人梦寐以求的啊！可为了祖国的繁荣富强，钱学森放弃了一切。回国后，他始终把自己的一切同党和人民联系在一起，没有后悔，没有抱怨，勇攀科学高峰，不断取得创造性的科研成果。他以毕生对科学的孜孜不倦的追求和贡献，展现出爱国科学家对党的无限忠诚，为祖国的科研事业作出了巨大的贡献。

袁隆平：稻谷里的爱国情怀

被称为"杂交水稻之父"的袁隆平，志存高远，心怀善念，为改变我国粮食生产的落后状态打了一个翻身仗。

大米，是中国人的主要食品。可长期以来，水稻产量不高，人口又那么多，农民们成年累月种田栽稻，还是满足不了"吃"的需要。粮食产量低，是我国经济发展的一个大障碍。农业科技工作者袁隆平决心为国攻关，解决这个难题。

袁隆平是湖南一个镇上的农校教员。虽然工作条件差，可他一心扑在科研工作上，专心培育能保持高产的杂交水稻的种子。为了这个理想，袁隆平不知花费了多少精力，有时候在试验田里观察，连家也顾不上回。经过十年的艰苦努力，终于培育成功了。

袁隆平培育的杂交水稻亩产达到一千多斤，在全国推广后，我国稻谷在几年中增产了一千多亿公斤！袁隆平获得了国家第一个特等发明奖。美国等国家也引进了他的成果。袁隆平为我国粮食安全、农业科学发展和世界粮食供给作出了杰出贡献。

【感悟】"杂交水稻之父"袁隆平,为我国粮食安全、农业科学发展和世界粮食供给作出了杰出贡献。他致力于杂交水稻技术的研究、应用与推广,充分体现了一位科学家造福天下苍生的伟大愿望;他为国攻关,解决粮食产量低的难题,充分体现了他稻谷里的爱国情怀。

智慧通言

人人要有家国情怀

《孟子》有言:"天下之本在国,国之本在家,家之本在身。",在中国人的精神谱系里,国家与家庭、社会与个人,都是密不可分的整体。"国家好,民族好,大家才会好","小家"同"大国"同声相应、同气相求、同命相依。

一、有国才有家

中国现代杰出的文学大师巴金曾深情地说:"我爱我的祖国,爱我的人民,离开了她,离开了他们,我就无法生存,更无法写作。"有一首歌曾这样唱:"没有天哪有地,没有国哪有家,没有家哪有我?"是的,我们每一个人都离不开我们亲爱的祖国,没有国,哪有家?

从封建社会时期至今,家国情怀便一直存在。处在安史之乱中的杜甫,忧虑身处山东、河南这两个沦陷区的几个弟弟,他们是生还是死呀!颠沛流离中的他,在异乡的戍鼓和孤雁声中观望着秋夜月露,只能倍增思乡之情。山河破碎,没有"国"哪有"家"啊!杜甫心中有"家",更有"国"。他漂泊四川成都,尽管自己处境艰难,茅屋为秋风所破,他仍向苍天呼喊:"安得广厦千万间,大庇天下寒士俱欢颜"。他懂得推己及人,希望温暖能普照天下,这就是家国情怀!

歌曲《国家》唱得好,"家是最小国,国是千万家;在世界的国,在天地的家;有了强的国,才有富的家。"这就是对"有国才有家"的最好的注释。我们要牢固树立有国才有家、有家才有我的家国情怀。

二、无国何有家

家是最小国,国是千万家,家国两相依,无国何有家?近百余年的中国近代屈辱史,给我们整个中华民族带来的苦难,让我们永远无法忘记。

忘不了,1903年中国驻美外交官谭锦镛,在旧金山遭毒打,美国狂叫:"凡是中国人都得挨打。"谭锦镛咽不下这口气,他自杀了……那时,哪有家国可言?

忘不了,1900年八国联军侵华,中国赔款四亿五千万两白银,这个数字是按照当时中国人口统计得来的,也就是中国人不分男女老幼,一人赔一两银。那时,哪有家国可言?

忘不了,1868年,德国强占山东胶州湾,"租借"99年;俄国强占辽宁旅顺、大连,"租借"25年;法国强占广东广州湾,"租借"99年。那时,谁都可以在中国家门肆意霸占,那时,中华民族任人宰割,有亡国灭种的危险。那时,哪有家国可言?

1937年7月7日,日本发动了卢沟桥事变,进一步扩大了对中国的侵略,中华民族到了生死存亡的紧要关头。日本教育自己的孩子尊严、体面,然而,他们却用刀尖挑着中华民族的婴儿取乐。中国老百姓卖儿卖女,是悲催的常态。那时,哪有家国可言?

历史再次证明,无国何有家?无家不成国。生活在"家"与"国"中的每一个人,都应该有家国情怀。

三、人人要有家国情怀

"家国情怀",是一个人对自己国家和人民所表现出来的深情大爱,是对国家富强、人民幸福所展现出来的理想追求,是对自己国家一种高度认同感和归属感、责任感和使命感。"家国情怀"是中华优秀传统文化的基本内涵之一,强调个人修身、重视亲情、心怀天下。家国情怀是一股永不衰竭的精神涌流,滋润着每个人的精神家园。我们应该牢牢记住,实现"两个一百年目标",需要祖国经济实力和国防外交的强大,更需要亿万中华儿女凝聚在中国精神气脉中最本真的"家国情怀"。

首先,"家国情怀"表现为爱国之情。苏武19年持节不屈,就在于他心中有汉,心中有国。卫律的威逼利诱,没能让他叛"汉";李陵的软话攻心,没能让他仇"汉";单于的漫长折磨,没有让他忘"汉"。朔风凛冽,无法冻硬他的爱国热肠;胡笳幽怨,无法软化他的爱国衷心。饮雪吞毡,就等归汉之日。陆游一生致力于抗金斗争,一直希望能收复中原。虽然频遇挫折,却仍然未改变初衷。从他的诗中可以领会到他的爱国激情是何等的执着、真挚!特别是留下绝笔《示儿》:"死去元知万事空,但悲不见九州同。王师北定中原日,家祭无忘告乃翁。"他那浓浓的爱国之情跃然纸上。

其次,"家国情怀"又表现为爱民之情。邓小平的一句"我是中国人民的儿子,我深情地爱着我的祖国和人民",赤子情、爱民心怀溢于言表。"县委书记的榜样"焦裕禄,下乡看望一位生病的老大娘,虽素昧平生,却满含热泪地呼之为"娘",视百姓为父母,表达殷殷的爱民之情。

此外,"家国情怀"还表现为恪尽兴国之责。顾炎武曾说"天下兴亡,匹夫有责",范仲淹也讲"先天下之忧而忧,后天下之乐而乐",作为社会中的每一员,都应该为国家的发展献计出力,将个人之梦融入中国的复兴之梦。

当然,"家国情怀"不是要我们抛却小家,忘却亲人,而是要我们推己及人,由"家"到"国",都捧出一颗爱心来,将对家的情意深凝在对他人的爱、对国家的担当上,这样的人生才能真正达成圆满。

"家国情怀"是一个人立德之源、立功之本。我们每一个人都应该有"家国情怀",在家尽孝,为国尽忠,这既是中华民族的优良传统,也是本分和职责,是心之所系,情之所归。

智慧醒言

普通人如何爱国

说到爱国,也许有人会说,我是一个普通人,既无去国怀乡之惆怅,又无丰功伟绩可报效祖国,爱国似乎是一件很遥远、高不可攀的事。其实,爱国是人人可做、处处可为的事。爱国当然需要以杰出人物为中流砥柱,但更需要普通民众的无私奉献。只要心怀一颗赤诚的爱国之心，爱国就是从身边小事做起，每个人都可以用自己的方式体现爱国之举。

关于爱国，长期以来有两种倾向，一是把爱国、极端化，爱国就仅仅意味着流血牺牲、不计个人得失；二是把爱国庸俗化、工具化，比如"爱国就用国货"。前者容易把爱国引向过激行动，或者让爱国显得高不可攀，非常人所能及；后者有消费爱国之嫌，是要借机推销东西，换取经济利益。

真正的爱国者，都希望国家能够强大，可以抵御外侮，保护人民，为每一位国民创造自由发展的条件。然而，在非战争状态下，衡量一个国家是否真正强大，主要标准已不是船坚炮利拳头硬，而要看制度、文化、价值观、社会形态等"软实力"。这些因素，关系到国民的权利、荣誉和幸福感，也关系到一个国家在世界上的形象和话语权。

所以，对一个普通人来说，爱国，就要尽自己所能，做好本职工作，当好现代公民，让国家变得更文明更先进。普通人到底该如何爱国呢？

首先，作为普通人，干好本职工作就是爱国。

我们普通人的爱国，还是要从把身边的事情做好开始。如果你是一名教师，能够为国家培养出更多的栋梁之材，这就是爱国；如果你是一名医生，能够挽救更多人的生命，让他们去为国家做贡献，这就是爱国；如果你是一个企业家，能够多创造就业机会，多为国家纳税，这就是爱国……众人拾柴火焰高！如果每个人都从我做起，增强主人翁意识，干好自己的本职工作，做好自己的事情，我们的国家才会更加富强，让那些对我们怀有敌意的国家不敢轻举妄动，这才叫真正的爱国。

其次，作为普通人，做一个好公民就是爱国。

我们应该如何做一个好公民呢？其实大家心里都有一杆秤，遵纪守法、诚实守信、团结互助、辛勤劳动、崇尚科学、艰苦奋斗、服务人民，等等，凡是大家能想到的做人的美德，都是我们做一个好公民应有的品质。

有人或许会问，这些与爱国有啥关系？是的，在我们的现实生活中，将这些品质与爱国直接对等也许不易，然而却有着千丝万缕的联系。假如你是个地产商，一个以服务人民为荣，为人民着想的地产商，自然不会建造出劣质房、天价房，你会想着让人人都能住得起房，这自然是在为国家减轻负担，是最具人性的爱国方式；假如你是一个个体商户，你不哄抬物价，不扰乱市场秩序，这也是一种爱国；还有，你外出就餐不剩饭、节约粮食，你在公共场所不大声喧哗，自觉维护公共秩序，你走在大街上不乱扔果皮纸屑、不随地吐痰、自觉维护环境卫生，等等，这些我们每个人都能做到的生活细节都可以折射出我们的爱国精神。所以，爱国并不是一件高不可攀、遥不可及的事，爱国对于我们普通人来说，就体现在一件件身边小事之中。

再次，作为普通人，热爱家乡就是爱国。

国家是由许许多多的地方和千千万万个小家组成的。作为普通人，我们的爱国不一定要做惊天动地的大事，我们的爱国，首先要从爱自己的小家，爱自己的家乡做起。我们很难想象，一个不孝敬父母、不爱自己家人的人会爱国；同样，一个不热爱自己家乡，不愿为家乡做点事情的人，你能指望他爱国吗？

爱国是我们每个普通中国人都应具有的最基本的品格。爱国不是体现在口头上，而是体现在实实在在的行动中。所以，我们每一个人都应从我做起，从身边小事做起，从一点一滴做起，脚踏实地，认真干好本职工作，做好自己的事情，在家做个好儿女，在单位做个好员工，在社会上做个好公民，这样就真正做到了普通人的爱国了。

快乐篇

智慧名言

快乐智慧

人生须知负责任的苦处,才能知道尽责任的乐趣。

——梁启超

尽可多创造快乐去填满时间,哪可活活缚着时间来陪着快乐。

——闻一多

乐人之乐,人亦乐其乐;忧人之忧,人亦忧其忧。

——白居易

快乐,是人生中最伟大的事!

——高尔基

人的智慧就是快乐的源泉。

——薄伽丘

愉快的生活是由愉快的思想造成的,愉快的思想又是由乐观的个性产生的。

——牛顿

有皱纹的地方只表示微笑曾在那儿待过。

——马克·吐温

乐观主义者总是想象自己实现了目标的情景。

——西尼加

生活不可能像你想象的那么好，但也不会像你想象的那么糟。

——莫泊桑

笑，就是阳光，它能消除人们脸上的冬色。

——雨果

快乐不在于事情，而在于我们自己。

——理查德·瓦格纳

智慧之子使父亲快乐，愚昧之子使母亲蒙羞。

——所罗门

在快乐时，朋友会认识我们；在患难时，我们会认识朋友。

——柯林斯

所有快乐中最伟大的快乐存在于对真理的沉思之中。

——阿奎那

真正的快乐是内在的，它只有在人类的心灵里才能发现。

——布雷默

家居的快乐，是所有志向的最终目标；是所有事业的劳苦的终点。

——塞·约翰生

一个有真正大才能的人会在工作过程中感到最高度的快乐。

——歌德

笑是一种没有副作用的镇静剂。

——格拉索

笑，实在是仁爱的象征，快乐的源泉，亲近别人的媒介。有了笑，人类的感情就沟通了。

——雪莱

真正的笑，就是对生活乐观，对工作快乐，对事业兴奋。

——爱因斯坦

快乐就像香水，不是泼在别人身上，而是洒在自己身上。

——爱默生

快乐的秘诀是：让兴趣尽可能地扩张，对人对物的反应尽可能出自善意而不是恶意的兴趣。

——罗素

最幸福的似乎是那些并无特别原因而快乐的人,他们仅仅因快乐而快乐。

——威廉姆·拉尔夫·英奇

人生最大的快乐是致力于一个自己认为伟大的目标。

——萧伯纳

人们需要快乐,就像需要衣服一样。

——玛格瑞特·科利尔·格雷厄姆

快乐之道不只在于做自己喜爱的事,更在于喜爱自己不得不做的事。

——巴里

做好事是人生中唯一确实快乐的行动。

——西德尼

一个人成为他自己了,那就是达到了快乐的顶点。

——德西得乌·伊拉斯谟

对于那些内心充溢快乐的人们而言,所有的过程都是美妙的。

——罗莎琳·德卡斯奥

世界上没有比快乐更能使人美丽的化妆品。

——布雷顿

科学的探讨与研究,其本身就含有至美,其本身给人的愉快就是报酬;所以我在我的工作里面寻得了快乐。

——居里夫人

智慧故事

智者快乐的箴言

有位智者,是个快乐人。人们纷纷上门拜访,向他请教快乐的秘诀。

这天,一位16岁的少年去拜访智者,问道:"请问我如何才能变成一个自己快乐、也能够给别人快乐的人呢?"

智者说:"我送给你四句话。第一句话是把自己当成别人。"

少年回答说:"是不是说,在我感到痛苦忧伤的时候,就把自己当成别人,这样痛苦就自然减轻了;当我欣喜若狂之时,把自己当成别人,那些狂喜也会变得平和中正一些?"

智者微微点头,接着说:"第二句话是把别人当成自己。"

少年沉思一会儿,说:"这样就可以真正同情别人的不幸,理解别人的需求,并且在别人需要的时候给予恰当的帮助?"

智者两眼发光,继续说道:"第三句话是把别人当成别人。"

少年说:"这句话的意思是不是说,要充分地尊重每个人的独立性,在任何情形下都不可侵犯他人的核心领地?"

智者哈哈大笑着说:"第四句话是把自己当成自己。"

少年说:"这句话的含义,我一时体会不出。但这四句话之间就有许多自相矛盾之处,我用什么才能把它们统一起来呢?"

智者说:"很简单,用一生的时间和经历。"少年沉默了很久,然后叩首告别。

后来,这位少年变成了中年人,又变成了老人。"智者快乐的箴言"在他人生经历中体现了,人们都说他是一位智者,一个快乐人。

【感悟】听完了故事,你从中受到启发了吗?人与人之间如果能够做到理解、宽容、相互尊重，让别人因为你活着而得到益处，而你因他人的快乐而感到满足，你就能获得美好快乐的人生。

油漆匠的快乐

一天，有位老太太请了一个油漆匠到家里粉刷墙壁。

油漆匠一进门，就看到老太太的丈夫双目失明，顿时流露出怜悯的目光。可是男主人开朗乐观，所以油漆匠在那里工作的几天，他们谈得很投机，油漆匠也从未提起男主人的缺陷。

工作完毕，油漆匠取出账单，老太太发现比原来谈妥的价钱打了一个很大折扣。她便问油漆匠："怎么少算这么多价钱呢？"

油漆匠回答说："我跟你先生在一起觉得很快乐，他对人生的态度，使我觉得自己的境况还不算最坏。所以减去的那一部分，算是我对他表示的一点谢意，因为他使我不再把工作看得太苦！"

油漆匠这番话，使老太太感动得流下了眼泪，因为这位慷慨的油漆匠只有一只手。

【感悟】一个人的态度就像磁铁，不论你从事什么样的工作，处于什么样的境遇，都会接受它的牵引。快乐是一种人生智慧，它的智慧在于，虽然我们很难左右身边的境况，但我们时刻都可改变自己的心境，做到心境快乐，因为快乐与否是我们自己心里的事。

老母亲的心愿

从前，有一个老母亲，一共有三个孩子，两个女儿和一个儿子。女儿已出嫁，儿子也已成家，已有一个小孙子。

两个女儿出嫁后，对老母亲很孝顺，常常回来塞钱给老母亲买好吃的。可老母亲又特别疼小孙子，常常把女儿给的钱又去塞给了儿子，让儿子给小孙子买吃的。

一天，大女儿回来时，邻居就把这个秘密告诉了大女儿。大女儿听了毫不在乎，说她给妈妈钱就是为了让妈妈高兴，妈妈愿意怎么花就怎么花，这是妈妈的心愿。如果妈妈把钱省给儿子和孙子能够换来她的开心和尊严的话，那这个钱就算花得值得。老母亲听了大女儿的话很开心，她说看着孙子吃比自己吃香多了。

过了一个月，二女儿回来了，她知道了这个秘密后非常生气，于是她天天守在家里开导老母亲，凡是她给妈妈买的吃的喝的，非要看着妈妈吃下去才行。老母亲气得什么都吃不下，最后抑郁而死。

【感悟】人的一生中什么最重要？当一个人做一件好事的时候，旁人考虑的可能是他这样做值不值得，这种付出有没有回报？然而这些都不重要，一个人拥有他想拥有的是最开心的，在人生的所有事情中人的心愿是最重要的。

开店赚快乐

小镇里有一对夫妻。男的在外面开了一家公司，生意红火，没日没夜地忙碌。女人一个人在家里，终日无所事事，日子过得不快乐。

男人想让她快乐起来，就让女人去亲戚朋友家串串门，跟他们聊聊天，打打麻将。女人于是去亲戚朋友邻居家里串门，聊天，打麻将，果然开心了一段时间。但话题聊完了，麻将打腻了，她又变得不开心了。

有一天，女人对男人说自己想开家花店。在女人看来，这里还没有人开花店，一定能赚钱。男人同意了，花店很快开张了。女人每天去花店做生意，她变得忙碌起来了。来买花的人很多，女人干得很开心。

可是过了几个月，男人算了一笔细账，发现女人根本不是经商的料子。她经营的花店不但不赚钱，还倒赔了不少。

一个朋友问他："你老婆的那家花店还开吗？"

他说："还开。"

"赚了多少钱？"

他笑了笑说:"开店一分没赚到,赚的全是快乐。"

朋友听了,虽觉得无奈,但说得在理。

【感悟】赚快乐比赚钱更重要。这个世界就是这样,并不是每一个人都有钱,有钱的人也不一定都快乐。然而,有钱和快乐哪一个更重要?问问自己就知道了。

秃头国王

某国王最近很不快乐,因为他的头发一大把一大把地脱落,御医束手无策,换各种秘方也不管用,眼看就快要掉光了。

"我身为一国之君,居然保不住自己的头发,岂不丢人?"国王对王后说,"每次看到比我年龄大的臣子,顶着浓密的头发对我微笑,我就觉得他是在嘲笑我,真想把他拖出去斩首!"

话传出去,满朝文武都不敢笑了,只有几个人不怕,照样盯着国王笑,因为那几个人比国王还秃头。王后看了灵机一动,对国王说:"你为何不把那些秃头全部升为高官?"

国王照做了,把那些秃头臣子都升了官。

"秃头可以做高官,秃头走运,秃头有什么不好?"

国王心想:"那些有头发的臣子,想秃头还秃不成呢!"

从此,国王每天都很快乐了!

【感悟】人的快乐常常建筑在"同一"上。譬如,我们是同一家人、同一国人、同一种人、同一遭遇的人⋯⋯常为秃头而不快乐的国王,把那些秃头的全升为高官,成为秃头"同一"之人,终于找到了安慰,消除了不快。

造船快乐

以前,有一个人充满悲伤,一点也不快乐,感觉世上没有快乐的事情。

有一天,这个人找到当时著名的教授苏格拉底,让他给自己指点迷津。苏格拉底没有说什么,而是叫那个人伐木造一艘船。那个人只好抛下这个问题,集中精力造船。

三天后,一艘船终于造好了。那个人又找到教授,教授与他上了船,快乐地嬉戏着。"我快乐极了!"那个人叫道。苏格拉底意味深长地说:"快乐就是这样,当你专心地做一件事,看到成果,快乐就会跟你而来!"

【感悟】人生快乐之法千万条,在做事中求快乐就是其中之一。那人按教授苏格拉底指点集中精力造船,看到成果,快乐极了!快乐,就这么简单。

智慧通言

人生处处充满快乐

"赠人玫瑰,手有余香。"一句再普通不过的谚语,却向大家揭示了一个浅显易懂的道理:真心给予别人快乐,自己才会快乐。人生处处充满快乐,现在就让我带你一同寻找快乐吧!

一、生活需要快乐

一个偌大的院子中央摆放着澡盆,一位母亲正在给年幼的孩子洗澡!或许是因为对水的好奇,又或许是因为爱捣蛋的天性,孩子在水里"扑棱,扑棱……"嬉戏,水花溅起,落在了母亲身上。那位母亲不但不呵斥孩子太调皮,反而吻了一下孩子的额头,孩子笑了,银铃般笑声再次响起……母亲对孩子的爱至深、至纯、至亲，这就是生活，母亲的快乐就是给婴儿洗澡！

生活中的点点滴滴，哭哭笑笑，酸甜苦辣，凝聚在一起，就像一张巨大的网，网住了我们的人生。生活百般滋味，生活中不能缺少快乐。也许你的人生一帆风顺，也许你的人生起伏不平，但是只要开心快乐地去面对，将快乐与生活融为一体，你一定会成为一个阳光的人，快乐的人。

其实，在我们的人生旅程中，很多时候根本无从选择，比如父母、性别、出生环境；比如可以选择学校却无法选择老师，可以选择工作却无法选择上司和同事。但很多时候又充满了选择，比如面对困难是坚持还是放弃、面对逆境是哭还是笑、面对挑战是快乐还是忧伤、面对生活是乐观还是悲观。因为无从选择，我们学会了接受的同时也经历了磨炼；因为可以选择，我们与命运相搏，追寻自身的价值。这就是生活。如果你不能把握住自己的选择，你就会失去了主宰自己命运的机会，失去了生活的快乐；如果你善于在生活的磨炼中求快乐，在选择中求快乐，你的生活就充满快乐。

是的，有时快乐需要自己的努力去达成。就像维持家中整洁美观，你得把好东西陈列出来，把垃圾丢掉。快乐就是搜寻生命中的好东西，有人看见美丽的风景，有人却只见玻璃窗脏了。看见什么，靠你自己用思想做抉择，你选择到好的东西，你的家就整洁美观，你就自然幸福快乐。

二、做事需要快乐

一位雕刻艺术家正挥舞着自己手中的小刀，全神贯注地投入创作中。他时而自言自语，时而痴痴地注视作品，时而若有所思地托着脑袋想问题。时间一点点流逝，一眨眼的工夫，两个小时过去了。但那位艺术家却从始至终未离开工作室半步，"哦，太好了，终于完成了！"突然传来他的一声欢呼，随即一蹦三尺高。那神情就好像做了一件惊天动地的伟事。这就是工作，艺术家的快乐就是吹着口哨欣赏自己刚刚完成的作品！

人生最大的价值，就是让自己活得精彩。苏格拉底说："每个人身上都有太阳，只是要让它发出光来。"我们大都是平凡的人，都做着平凡的工作、平凡的事，都处在平凡的工作岗位上，但平凡并不意味着平庸，只要我们让自己所工作的每一天都充实而有意义，工作自然会对我们显示出魅力，让我们为之快乐。

爱迪生曾说："在我的一生中，从未感觉是在工作，一切都是对我的安慰……"工作是一个人价值的体现，如果将它当成苦役，生活的乐趣从何而来？

每天很早就起床，急急忙忙赶往公司，坐一天，或者跑一天，好不容易熬到下班再拖着疲惫的身体回家……这样人生有什么快乐？干这样的工作活着有什么快乐？不要抱怨工作，如果觉得工作太枯燥，最容易和最简单的办法，就是改变一下自己对工作的态度，多投入一些热情，这才可以在工作中求得快乐。

有一个叫迈克的青年，在一家汉堡店工作。他每天工作都很快乐，特别在煎汉堡的时候，非常用心。许多人对他如此开心感到不可思议，纷纷问他："煎汉堡的工作环境不好，又是一件单调乏味的事，到底是为什么让你如此开心对待这份工作？"迈克高兴地说："在我每次煎汉堡时，便会想到，如果点这个汉堡的人可以吃到一个精心制作的汉堡，他就会高兴。所以我要好好煎每一个汉堡，使吃汉堡的人能感受到我带给他们的快乐。因此煎汉堡是我将自己的快乐传染给别人的一种使命，我必须愉快地认真地做好它。"

迈克的回答让许多不解的人十分感动，越来越多的人来这家店吃汉堡，同时也很想看看"快乐煎汉堡的人"。后来总公司重点对他进行了培养，并很快升他为分区经理。

迈克把做好每一个汉堡、让顾客吃得开心，当作自己工作的使命。他工作着也就是快乐着，他工作的快乐也是他人生的快乐。

三、健康需要快乐

有一位老先生不知道得了什么病，每天饭菜无味，人也一点精神都没有，每天闷闷不乐的。

这天，老先生到镇上的一位名医处看病，医生询问了老先生的病情后，给他开了一张处方，让老先生按处方去抓药。老先生来到药铺，卖药师傅一看处方，问道："这处方抓的药是你用的吗？"老先生说："是呀，是我要吃的药。"卖药师傅哈哈大笑起来，说："这药方是治妇科病的，医生肯定搞错了。"老先生赶紧回去找医生，没想到医生已离开镇上，要一个月才回来复诊。无奈，老先生只好先回去。回家后，老先生把医生开错处方的事告诉家人，大家都忍不住笑了起来，老先生也觉得很好笑，这以后，每当一想到此事，老先生便忍不住笑起来。

一个月后，老先生到镇上找到这位医生。老先生笑呵呵地告诉医生的处方开错了，医生也笑呵呵地告诉老先生，说这是他故意开错的，因为了解老先生的病是由于肝气郁结而引起的精神抑郁病，而笑则是治抑郁病的"特效药"，于是，就开了这张治妇科病的药方。老先生这才恍然大悟，想一想这一个月来，自己什么药也没吃，身体奇迹般的好了，原来这都是每天让他笑的药方的功效。

此故事中的医生有意开错处方的做法另当别论，但医生介绍笑看生活可以治病的方法是可取的。

关于健康与快乐，有很多说法："快乐最利于健康""健康是人生的第一财富""健康胜于富贵""笑一笑，十年少"……由此可见，健康和快乐紧密相连，健康需要快乐。

健康是我们每一个人的责任。唯有健康，才有能力照顾好家庭；唯有健康，才能有资格享受美好生活……快乐是健康的前提，为了爱你的人和你爱的人，务必找寻开心，收藏快乐！做一个快乐的自己。做一个健康的自己。健康快乐地生活，才是人生最重要的事！

人生苦短，做人就得潇洒走一回。珍惜自己的生活，珍惜自己的工作，珍惜自己的生命，做一个快乐的自己，让丰富多彩的人生处处充满快乐！你快乐了吗？

智慧醒言

让你人生快乐的十五个方法

快乐是什么？林肯说："人快乐的程度多半是自己决定的。"人生际遇对快乐程度的影响，其实远不及我们对事件的反应来得重要。成熟代表为自己的快乐负责，把注意力集中于已经拥有的一切，而不是放在没有得到的东西上，你就可能得到快乐。下面介绍十五个让人生快乐的方法，你不妨在实践中试一试！

一、在自我知足中快乐

人生的幸福，不取决于财富，只来自感觉；人生的快乐，不取决于得失，只来自知足。知足常乐，才是人生一种美好的境界。

明朝胡九韶，金溪人，家境很贫困，一面教书，一面耕作，仅仅可以衣食温饱。每天黄昏时，胡九韶都要到门口焚香，向天拜九拜，感谢上天赐给他一天的清福。妻子笑他说:"我们一天三餐都是菜粥,怎么谈得上是清福?"胡九韶说:"我首先很庆幸生在太平盛世,没有战争兵祸。又庆幸我们全家人都能有饭吃,有衣穿,不至于挨饿受冻。第三庆幸的是家里床上没有病人,监狱中没有囚犯,这不是清福是什么?"古人的"布衣桑饭,可乐终身"是一种知足常乐的典范。

二、在简单生活中快乐

人的烦恼源于十二字:"放不下,想不开,看不透,忘不了。"如果你带着简单的心情,看复杂的人生,走坎坷的路,烦恼的十二字就会变成快乐的十二字:"放得下,想得开,看得透,忘记了。"这时,你能不快乐吗?快乐就这么简单。简单生活,快乐人生,才是智慧人生的真谛。

三、在学会放下中快乐

佛家有这样一则故事。小和尚跟老和尚下山化缘,走到河边,见一个姑娘,发愁没法过河,老和尚对姑娘说,"我把你背过去吧。"

于是就把姑娘背过了河,小和尚瞠目结舌,又不敢问。这样又走了20里路,小和尚实在忍不住了,就问老和尚:"师傅,我们是出家人,你怎么背那个小姑娘过河呢?"老和尚就淡淡告诉他:"你看我把她背过河就放下了,你怎么背了20里还没有放下,所以你很累?" 这则故事告诉我们,该放下时就放下,不要在一个事情上过分地纠结,走入思考的盲区。

什么是有效率的人生,就是舍得的人生,就是能够放下的人生。人生的效率,只有放下,敢于舍得,才能轻松而快乐。该放下的就放下,该舍得的就舍得,得到的就是人生的高效和人生的智慧。例如,放下姿态、面子、过去、抱怨、偏见、猜忌等消极的情绪和心态。学会放下,就有快乐的人生;学会放下,就有轻松的生活;学会放下,未来的美好就属于你。

四、在专心做事中快乐

做事是人生不可或缺的一部分,一个人抱着什么样的态度去做事,也就是抱着什么样的态度去生活。曾有人说:"人生真正的快乐不是无忧无虑,不是去享受,这样的快乐是短暂的。缺少一份充满魅力的工作,你就无法领略到真正的快乐。"

那么,什么样的工作才算是有魅力的工作呢?一份工作是不是充满魅力,并不完全取决于工作本身,还取决于从事该工作的人对这份工作所持有的态度。

"一切皆由心生"，你认为自己在工作中做事很快乐，你就工作得很快乐；你认为上班做事简直是一件苦差事，你从每周一到周五就都会感到很不快乐。也就是说，做你想做的事情就会很快乐，好好做事就会变成我们为自己营造的快乐天堂。

五、在待人宽容中快乐

待人要宽宏大量，心胸开阔，度量大，能容人，能容事，宽容中收获快乐。原谅自己或别人。对别人不宽容，受苦的是自己。当我们宽容了，别人也会跟着改变，彼此谅解了，大家都会快乐。

不计较是一种宽容。人生，有多少计较，就有多少烦恼；有多少宽容，就有多少欢乐。快乐不是因为得到的多而是因为计较的少。

放下了也是一种宽容。对自己是个宽容，对别人也是个宽容，你宽容了自己，宽容了别人，自己才能一片海阔天空，自然就会快乐。

放下了，就是释然了，一种成熟后的胸怀。放下是无为而有为，无欲而有欲。放下就是岸，岸就在你脚下。随缘不是随便，而是顺其自然。把一切都放开，拈花微笑间，心如明镜，物来则应，物去则灭。

六、在帮助别人中快乐

人生得到快乐的方式多种多样，"助人为乐"就是其中之一。助人为乐乃快乐之本，就是说，帮助别人，快乐自己。当你帮助别人时，对方那感激的微笑或"谢谢"两字，会使你真正明白了"赠人玫瑰，手有余香"这句话的实质含义，也切身体味"助人为乐，乐在其中"的良好感觉。

感恩也是助人为乐的一种方式，当你以感恩之心，感恩父母，感恩老师，感恩贵人，感谢朋友的时候，能够欣赏生活的美，思考和祝福人生，你自然就充满了幸福感，充满快乐。

七、在善于解压中快乐

当今社会，快节奏生存方式，很多人在工作生活中都是手忙脚乱，越忙越乱，把事情弄得一团糟，自己也感觉压力很大、苦闷不堪。

其实，压力与否更多的是在于你的得失之心，你只想要好的结果，恐惧得到坏的结果，于是就蒙蔽了自己那颗本来能泰然处之、平和应对的心，压力便如影随形、接踵而来。你不解压，心里的压力只会不降反增，烦恼越来越多，久而久之也会为疾病埋下祸根。如果你能清醒地认为，起伏得失本是常态，尽力而为、顺其自然才是合理的态度。于是，在这些重压之下，你能抽出时间去释放压力，学着为自己解压，你就是一个在解压中得到快乐的人。

八、在忘记往事中快乐

忘记也是快乐。

要忘记名利。名利是身外之物，我们都是平凡的人，遇到不开心的事，不要以为上帝对自己是不公平的，其实，简单平凡的生活才是最大的幸福，忘记名利就会自然快乐。

要忘记怨恨。人活在世上，不可能没有爱恨，也不可能没有矛盾，但只要你好好地想想，那个人值得你恨吗？那个人值得你爱吗？那个人值得你去怨吗？我只能告诉你，没必要浪费自己的宝贵时间去憎恨一个不值得的人？恨一个不值得的人，是一种最愚蠢的事。只有忘记这些怨恨，才是一个快乐的人。

要忘记烦恼。烦恼和忧愁，其实是一种不成熟的心态。不用说，修身养性，让自己的心静下来，与世无争，烦恼自然就少了。另外，办事小心谨慎也能够免除很多不必要的烦恼，给人带来宽心和快乐。但最根本的办法是还把自己的生存简单化，不过多地在乎别人对你的评价，用心感受自己的快乐，并快乐着别人的快乐，这样你就会永远快乐了。

要忘记年龄。不管你有多老，都不要让自己的年龄成为自己变老的理由。只要有一个好的心态，只要我们自己不觉得老，别人怎么看是他们的事。忘记你的生理年龄，你就不会在"我老了"的阴影下生活，你的心理年龄就会越来越年轻，获得"返老还童"的快乐。

九、在转换角度中快乐

有个《卖伞与卖鞋》故事，说的是有一位老太太，她有两个女儿。大女儿家是卖伞的，小女儿家是卖鞋的。每当艳阳高照，老太太就为大女儿家发愁——伞卖不掉；而当阴雨连绵，她又担心小女儿家的生意无法开张。所以她就整天生活在郁郁寡欢之中。

一位智者对这位老太太说："我有办法能让你天天开心，但是你必须按我说的去做。"

"那我怎样做才能开心呢？"

"很简单，只要转换一下你意念的角度就行了。"智者停顿了一下，接着说："你何不这样想呢？每当艳阳高照，你的小女儿就会卖出很多的鞋子，你应该高兴才对呀！每当阴雨连绵，你大女儿就会卖出很大的伞，你也应当高兴才对呀！"

老太太恍然大悟，诚恳而又高兴地接受了智者的建议，从此她每天都开心快乐生活了。

所以，每当我们遇到一些烦心事时，还应像故事的智者开导老太太那样，让他换一个角度去寻快乐。

十、在活在当下中快乐

感到沮丧，是因为你活在过去。感到担忧和焦虑，是因为你活在未来。只有当你感到满足、开心和平和时，你才是活在当下。所以，不论昨天曾发生过什么事，也不论明天有什么事即将来临，你永远置身"当下"。从这个观点来看，快乐与满足的秘诀，就是全心全意集中于"当下"的每一分、每一秒之上，生活必须以"活在当下"为中心，我们要在生命的旅途中享受快乐，而不是把它留到终点才享用。

十一、在永向前看中快乐

有家早餐店，老板是一位四十多岁的人，个子瘦小，给人的感觉却非常阳光开朗。开早餐店很辛苦，没有节假日不说，还要早起晚睡。可他一天到晚都是乐呵呵的样子，他经常一边做早点一边哼着老歌。有的顾客好奇地问他："为什么你总是这么开心？"他憨憨地笑着说，自己学历不高，能在这个竞争激烈的城市找到属于自己的一席之地，还有什么不满足的呢？再说，他早餐店位置很好，将来生意会越来越好，每想到这些，心里就快乐得哼起老歌来了。

所以，一个人之所以快乐，正是因为懂得向前看，才能看到未来的希望之光。就像这位早餐店老板那样，不管暂时有多少烦心事，都能拥有一个好心态——不盲目与人攀比，懂得知足常乐、把握当下、珍惜所有。懂得向前看，看到将来早餐店越来越好的发展前景，快快乐乐走向美好的明天。

十二、在情感交流中快乐

情感交流贯穿于亲情交流、爱情交流和友情交流之中。

情感交流是一个家庭中最重要的组成部分。若一个家庭缺乏情感交流，势必会让家庭氛围紧张，让人感到压抑，我们若是生活在这样的一个家庭中又怎么会感到快乐呢？那么家还会是我们心灵的寄托吗？所以一个家庭中的情感交流能够让一个家庭更和谐，更团结，每个人都能开心快活。

情感交流是夫妻间维持感情的基础。太多的夫妻感情不和，整天跟对方像个陌生人一样，很少有进行情感交流，久而久之，夫妻之间就会必然导致各种问题的出现，争吵不断，甚至反目成仇、离婚。夫妻之间需要沟通交流，在交流中能够解决分歧，能够维护好彼此之间的感情，能够永葆爱情青春与快乐。

友情是生活中不可缺少的一部分，缺少友情交流，不仅生活无趣、乏味，人生更黯淡无光。有了友情交流，才有欢声笑语，生活才永存绚烂光彩！

在与同事、朋友相处的过程中，我们更看重的是彼此情感的沟通交流，而并不是工作上任务的交接、死板形式的沟通、吃喝嫖赌出来的感情，更多的是彼此之间真情的流露，感情的交流。所以，情感交流能让我们更好地与同事朋友相处、相助，生活更多彩快乐。

十三、在懂得欣赏中快乐

懂得欣赏是一种智慧，更是一种美德。这个欣赏包括欣赏别人和欣赏自己。

欣赏别人，看到别人的长处，在学习和赞赏中也必然收获友谊和快乐。当自己得到别人的欣赏时，受到他人的鼓励，同样会使自己感到幸福和快慰。

欣赏自己，学会头脑清醒地去审视自己，仔细思量，你才会把一些名利得失看成过眼云烟，让那些烦恼随风而逝，从而让你的生活变得更丰富，快乐，有意义。欣赏自己的劳动果实，更使自己感到无比自豪，心里有说不出的安慰和快感！

十四、在偶遇故知中快乐

故知，是指老朋友、旧友，在外地偶遇到了这样的人心里难免会很激动，也很兴奋。所以"他乡遇故知"也就被列为人生的"四大幸事"之一。

如果你偶遇故知，一定会感到意外的欣喜与快乐，眼前一定浮现出定格的永远的笑容……

偶遇故知，可不同于走亲访友，去外地看朋友，那叫"有朋自远方来之，不亦乐乎"。这样的心情自然没有"他乡遇故知"的惊喜，因为是"偶然遇到"所以更加惊喜。

或许在今天到各地的距离都被缩短，遇到故知的概率也比古代大很多，大家都没觉得有什么，但内心深处的那份惊喜和快乐却没有减少，依然保持旺盛的生命力。

十五、在智慧人生中快乐

智慧人生，就是快乐的人生。不管你处于哪个年龄阶段，如果你做到智慧生活，智慧工作，智慧处理一切，你自然就会收获快乐。比如，你正在弱冠之年，如果你做到智慧处事，智慧交友，你在成长过程中就会很快乐；你正在而立之年，如果你做到智慧创业，智慧抗挫，你在而立过程中就会很快乐；你正在不惑之年，如果你做到智慧思维，智慧识人，你在事业收获中也享受了快乐；你正在知命之年，如果你做到智慧总结经验，智慧处理仕途诸事，你的人生就少留遗憾，多些快乐；你正在花甲之年，如果你做到智慧传承，智慧养老，你就可以快快乐乐享受晚年。

知命之年的智慧大事

一、安稳仕途,平安着陆

虽说知命之年是尘埃落定的时候了,但要以气定神闲的心态,把握好现在,再加一把劲,完美收官,不留遗憾。

二、进行一次人生经验大总结

实践经验而得的智慧,往往胜于学习而得的智慧。胜也好,败也好,优也好,劣也好,都会成为人生宝贵的经验和深刻的教训,找出经验教训,引出规律性的东西,既可使以后的工作减少盲目性,又可成为后人的精神财富。

三、在"学会放下"中坦然生活

一个人在处世中,拿得起是一种勇气,放得下是一种肚量。人到中年,可以拿得起,放得下,看得开,活得透。要放下姿态、面子、过去、抱怨、偏见、猜忌等消极的情绪和心态,积极面对生活,幸福快乐地过好每一天。

四、在淡定从容中顺乎天命

在知命之年里,对你好的,懂得珍惜;讨厌你的,一笑而过。无需刻意讨好谁,也无须刻意厌恶谁。愿在未来的每一天里,我们都可以在淡定从容中顺乎天命,尽我人意,气定神闲,快乐生活。

五、在为社会创造价值中爱国报国

爱国的方式很多,各人根据各自实际而行动。作为公民,努力工作,为社会创造价值也是爱国报国。作为知天命的人,还要用自己的爱国情操和报国热忱影响和感染着后一代青少年。

六、用新的状态去迎接新的生活

"知命之年",虽说安于天命,但也要有另一种活法,用新的状态去迎接新的生活。千万不要认为自己50岁就是老了,年纪大不中用,很多人50岁才是第二次生命。具有更加成熟稳重的心态,更加见多识广的胸怀,是"知命之年"人生的另外一种活法的基本素质。

成败定论花甲年

人跨入60岁就是花甲年了。60年为一花甲,所以,60岁称为"花甲之年",又称为"耳顺之年",意思是人到了60岁这个年纪,听得进逆耳之言,指人生修行所能达到的一种高度。这时的你,如果走在街上碰到问路的,已有人开始喊你"老大爷"了!

人到60岁,如果从政,该不再计较官大官小,退了休,官大官小一个样,都是退休干部;如果经商,该不再计较利大利小,钱是挣不完的,心态平和才对自己身体有好处;如果舞文弄墨,当不再计较文名大小,文坛座次了,座次前后无所谓,别人都一样叫你"爷爷"。

人到60岁,经验、智慧、阅历等都积累到一定的程度。生活了大半辈子,经历过各种风浪,能识得复杂人事,领悟了人生的真谛,明白了幸福的意义。

人到60岁,毕竟已经退休,远离名利场,免去了往日的种种纷争,可以一心一意围绕延年益寿做文章了。

人到60岁,成败已定局,荣辱只等闲。心安了,放下了,淡泊了,都懂了,可以快快乐乐享晚年了。今后生活目标就是:健健康康度人生,稳稳当当过日子,扎扎实实做事情,快快乐乐享晚年。

天伦篇

智慧名言

天伦智慧

会桃花之芳园,序天伦之乐事。

——李白

老妻画纸为棋局,稚子敲针作钓钩。

——杜甫

皤腹老翁眉似雪,海棠花下戏儿孙。

——滕白

但愿人长久,千里共婵娟。

——苏轼

田舍之家,虽齑盐布帛,终能聚天伦之乐;今虽富贵已极,骨肉各方,然终无意趣。

——曹雪芹

母慈子孝,一派天伦之乐。

——朱自清

如果人的一生只有一天,我选择前半天在爸爸妈妈身边,听他们唠叨,给他们唱歌,让他们安享天伦之乐。后半天找个人相爱,分享喜怒哀乐,一同畅饮,一同入眠。一天的时间我要做最快乐值得的事。只不过我们不可能只有一天,一辈子的长度会让我们有时间去达成很多很多目的，只是，莫忘初衷，莫失本心，一天当一辈子，一辈子当一天。

——阿兰·莱特曼

所谓天伦之乐，从人生深一层的体会来看，没有乐，只有苦，不过人都是喜欢苦中作乐罢了。

——南怀瑾

智慧故事

千里探亲享天伦

清代乾隆年间，安徽桐城县有个人叫方观承，幼年随父方式济读书，聪敏勤奋，希望通过中举作进身之阶。

方观承的祖父、父亲都曾做过朝廷命官。清朝的文字狱使其祖父、父亲因一朋友写了一书而被株连，流放到黑龙江充军服役，其家产也被没收充公。年幼的方观承兄弟无依无靠，只得到寺庙中暂栖其身。

在寺庙中，方观承兄弟最想念的是祖父和父亲。一天，方观承向长老提出请求，允许他兄弟两人前往边疆探望长辈。方观承兄弟的义举，感动了长老，长老送其路费，含泪目送他们踏上探亲路程。

就这样，方观承兄弟一路上风餐露宿，跋山涉水，忍饥挨饿，搀扶相行。几个月后，他们终于见到了祖父、父亲。一家四口人陶醉在融融的天伦之乐之中。

方观承千里探亲的故事，至今被人们传为美谈。

自从祖父、父亲相继在黑龙江病故之后，方观承贫困至极，开始流落京城，后被定边大将军福彭收为幕僚，从此踏上仕途，后来官至布政使、浙江巡抚、直隶总督等，成为方氏家族中有名的人物。

【感悟】树有根，水有源。方观承兄弟小小年纪，在家遭横祸的艰难厄运中心中却装着长辈，不远万里，历尽苦难，来到亲人身边，给亲人精神上以莫大的安慰，使全家人重享天伦之乐，孝心义勇，天日可鉴！方观承兄弟千里探长辈义举，是值得年轻人仿效的情深意厚的天伦之情。

我的孩子怎么样？

某天，一城市发生了地震，救援工作在紧张地进行。

两天后，一个救援工作人员在抢救时，依稀听得一处有"救命啊！快来救我的孩子啊！"的呼救声，于是他立即循着声音搜索，发现声音是从一片废墟中传出来的。

"这里有呼救声！"一救援人员大声呼喊着，几个救援人员赶来了。他们在废墟里发现：一位年轻母亲四肢撑地，腰背拱起，顶着残砖碎瓦废梁，而在挡住的小空间下，有一个熟睡的婴儿，躲在她身下。这位年轻母亲不住地叨念着："快救我的孩子！快救我的孩子！"当救援人员把她俩救上来后，年轻母亲第一句话就问："我的孩子怎么样？我的孩子怎么样？"医护人员告诉她："你的孩子很好，没有危险。"当她听到自己的孩子安全了，没有危险了，心情一松，晕倒了。

医护人员赶快把这位年轻母亲送往医院抢救……

【感悟】这位母亲之所以能撑到现在，是她要救孩子出去这个强烈的念头支撑着她，如果没有这个信念，她自己也不能坚持下来。这种伟大的天伦之母爱是任何东西都无法替代的。

伟大天伦

故事一：血色母爱

一位母亲下岗了，但是她不忍心看着她的女儿整天闷闷不乐，便决定带女儿去滑雪，还买了两件银色羽绒服，让她女儿高兴。但不幸的事却发生了：她们太兴奋，滑得远离了指定的地方，导致雪崩，母女俩穿的银灰色衣服与白色相似，救援飞机根本看不到她们，母女俩都要冻僵了。最后，母亲把自己的血管割破，用鲜血写了"SOS"，使她的女儿获救，而这位伟大的母亲却因失血过多，永远地离开了她的女儿。

故事二：奶色母情

有一对夫妻是登山运动员，他们有一个非常可爱的孩子，孩子还在襁褓之中。

有一次，夫妻俩带着孩子去登山，路上遇到了雪崩，他们走不出这茫茫的山脉，只好等待救援。好久，还不见救援人员到来，孩子饿得哭了起来。于是，妈妈只好给孩子喂奶。要知道，这么寒冷的天，每一次给孩子喂奶，对妈妈来说都是极痛苦的。就这样，妈妈为了不让孩子挨饿，一直在寒冷中坚持给孩子喂奶，最后，妈妈被冻死了，还在维持着喂奶的姿势，而小宝宝一直在酣然入睡中。

【感悟】人类也好，动物也罢，唯有父母之爱是默默奉献，不求回报的。生死攸关的时候，他们总是义无反顾地舍弃自我，把生的希望留给后代。这两个故事中的母亲这种舍己救儿的壮举，是一份深沉而伟大的天伦母爱，是对天伦母爱力量的绝佳诠释。

离奇天伦

很久以前，山下有户人家，住着母子两人。母亲心性善良，平和宽容。儿子游手好闲，性格偏执。

一天，儿子眼看家里穷得揭不开锅了，加上母亲年迈多病，决定把母亲背到山上丢掉。

傍晚，儿子说要背母亲上山走走，善良的母亲便吃力地爬到儿子的背上。儿子一路背一路想："爬高点、走远点再把她丢掉，她才不会走回来。"

这时，儿子忽然看见母亲在他背上偷偷往路上撒豆子时，他很生气地问："你撒豆子干什么？"

母亲和蔼地说:"傻儿子,我怕你等会儿一个人下山会迷路呢。"
……

母爱就是执着的坚守,永恒的无私,不管人生如何百味,命运如何苦涩,她总是一心一意发出天伦的母爱!

【感悟】这个离奇故事不知感动了多少人!一个就要被孩子背到山上丢掉的母亲,还为孩子回家的路着想,她苦涩的命运,令人心痛;她永恒的母爱,让人钦赞。而她那不孝之子必引起一片唾骂。可是,当我们天伦之爱变得如此盲目时,我们是否应该反思一下:做母亲教会孩子爱他人远比爱孩子的意义重大啊!

谁是真正的赢家?

一天,某镇兄弟二人商量如何分配父母留下的两间破草房。

哥哥一向斤斤计较,破坛破罐都不放过,说:"长兄为父,这两间草房应该全归我住。"弟弟听后,觉得哥哥很不讲理,更没有手足之情,一气之下,索性把家产都给了哥哥,自己独自去外面闯荡世界。

多少年过去了。弟弟历尽艰辛,奋发创业,终于发家致富。而在家的哥哥却依旧穷困潦倒,仍然住在破旧不堪的草房里。

一天,弟弟从外地回来,看到贫穷哥哥的破房不能住了,就给哥哥一笔钱作建房之用,然后对哥哥说:"你当时算计了我,只想着在家里怎样战胜我,我却想着在外面怎样战胜更多的人,所以我们兄弟才有不同的结局。"

细细想来,弟弟的话的确不无道理。谁是真正的赢家?不言而喻。

【感悟】故事里自以为聪明的哥哥,以为算计了弟弟便得到了幸福,结果却恰恰相反。他不知道,赢了身边天伦情的人其实并没有什么,因为这个世界并不只有他们兄弟两人,打败了弟弟并不意味着拥有了整个世界,只有赢了自己才是真正的赢家。

智慧通言

正视天伦　珍惜天伦

父母、兄弟姐妹，血浓于水，不可更改，亦不能选择。人生天地间，天伦是最基础的、最深沉的爱的展现。这种天伦之爱，不管有声，或者无声，都是天地可鉴的。谁抛弃这种爱，谁背叛这种爱，谁就会被世人唾骂，就可能会悔之一生。所以，正视天伦，珍惜天伦，呵护天伦便成为人生必然。

中国人的信仰更多表现为对自己对家庭、对天伦的虔诚。"父母在，不远游"，父母是众多中华儿女心中的神；"儿行千里母担忧"，儿女是众多为人父母心中的神，天伦在父母儿女间周而复始的轮回，形成了强大的凝聚力和向心力。推而广之，对祖国母亲的热爱，成了多少中华儿女的心愿，爱国是更广大的天伦，这是我们中华民族生生不息的力量源泉和精神支柱！

天伦之乐，泛指长辈与小辈有血缘关系亲属间产生的乐趣。唐朝诗人李白在《春夜宴从弟桃花园序》中畅舒吟咏"会桃花之芳园，序天伦之乐事"。仙翁文采飘逸，皓雅朗隽，寥寥数语即把天伦畅叙乐境描绘得淋漓尽致。

现实生活中，亲情、友情、爱情是人类情感交流不可或缺精神支柱。亲情掘深度，友情展广度，爱情酿纯度，让世间情感交融和谐相处充满诚挚大爱，是人们追寻情感之理想境界。为此，人们一直珍惜天伦，爱护天伦，并默默亲体践行。比如针对当前一些家庭由于老辈与晚辈分居日渐生疏，思想观念产生鸿沟的状况，每逢节日，孝顺的晚辈与父母同赴外地旅游，或专心致志陪伴家庭亲人惬享天伦之乐，就是亲情掘深度倍加珍惜天伦之情的真切体现。

随着国家城镇化、网络智能化的大趋势，人们的情感培育亟待紧跟时代发展步伐节奏，倍加珍惜天伦，注重感情投资，营造丰盈情感，抵达丰盈一生。

前世因，今世果。我们要亲切地把天伦捧在手中，珍惜它，保护它，幸福快乐，天伦永享。

智慧醒言

天伦之乐与天伦之累

　　天伦之乐指家庭亲人之间团聚的欢乐，是令人向往的幸福无比的快乐事。但如果处理不当，可能使天伦之乐变成天伦之累，一字之差，谬以千里。唯有智慧天伦，方能确保天伦之乐，乐在其中。

　　为天伦之乐而乐。

　　在人生的旅程中，生命历程由小到大，再到老，回归自然，这是人生自然的规律。家是酿造天伦之乐的发源地，是传递幸福氛围的场地，在这里有分享不尽的天伦之乐，人间的幸福激情。比如，子女每天给父母倒一杯热茶，每天和父母互道晚安，父亲满足的笑脸、母亲慈祥的面容和儿女亲昵地搂着他们的肩膀……你快乐，我快乐，大家都快乐，这就是天伦之乐。

　　有这么一个故事：在开往上海的列车上，一位老太太要一个七八岁的男孩吃个鸡腿，小男孩看了看包装，说这是饲养的鸡，他不吃，老太太不解，问为什么？小男孩说，这个鸡腿是饲养的鸡做的，这些鸡没有享受过天伦之乐，它们没有感情的，我吃了这种鸡的鸡腿后，也会变得没有感情。这个孩子真不简单，一个才七八岁的孩子，竟然这么在乎所谓的天伦之乐。

　　天伦之乐，可以是孟郊的"慈母手中线，游子身上衣"的长长牵挂；也可以是王维"独在异乡为异客，每逢佳节倍思亲"的深沉感叹。天伦之乐是苏轼"但愿人长久，千里共婵娟"的美好祝愿；也是辛弃疾"最喜小儿亡赖，溪头卧剥莲蓬"的幸福场面……这些都是天伦之乐的至高境界，令人快乐无穷。

　　为天伦之累而累。

　　网上曾经有篇文章叫"戏说天伦之乐"，是这样说的：

　　"（老人退休后），走不尽的厨房路，干不完的家庭活。伴着星星，备下了二代的早餐，迎着朝阳，给三代穿上折腾的衣裳。

不争气的老腰,吞噬着你的灵魂。家庭就是孤岛,哪里是你逃生的地方?

享着退休待遇,身兼各种天职。洗衣做饭拖地板,买菜喂奶刷马桶。没有掌声鼓励你,只有索取等着你。还需自己哄自己,伟大信念支撑你。

苍天为你淌下泪,问你到底累不累。谁知你回答真干脆:你懂什么?这叫天伦之乐人人醉。"

当然这是"戏说"的,不一定当真的来看。但它道出了老人在天伦之乐中的一种现象:把"天伦之乐"变成"天伦之累"。

老人退休后空闲时间多了,帮助家里做一些力所能及的家务无可非议。但如同戏说的那种状况,是对天伦之乐的一种亵渎。

智慧看待"乐"与"累"。

如何看待天伦之乐的"乐"与"累"?这就需要分别看待,智慧处事。

作为子女的年轻人来说,对天伦之乐不要歧义的理解,还要讲究"分寸",不能将全部的任务都交给老人。首先,天伦之乐理念应该与老人达成一致。虽然不可能做到完全一致,但怎么做,做什么,应该事先沟通好;其次,要让老人有独立的自由时间可以支配。老人如果为了做家务,连健身的时间都被挤掉了,这是划不来的。如果老人因为带孩子累坏了,更是不划算的,对于家庭来说,是件麻烦事;再次,要怀有感恩之心。在看到老人的辛苦付出后,不能把这视为理所当然的付出,多关心老人的需求,让他们感受到子女的关爱,这是以身作则,孝敬老人,也是给自己孩子上言传身教课。多从情感和健康上给予关心,老人才不会让"天伦之乐"变成"天伦之累"。

作为父母前辈来说,首先要正确认识"天伦之乐"应有之义,什么"伟大信念支撑你""天伦之乐人人醉",都是自己哄自己的托词。其次,要根据自己的身体状况,在时间安排、家务数量上要量力而行,科学安排,千万不要以身体健康为代价,做那些得不偿失的事情,避免"天伦之乐"成为"天伦之累"。

天伦之乐无处不在,可以化解人间的忧愁,可以让美好时光倒流,给美好的生活增添动力,但要做到真正的天伦之乐,登上生活的美好巅峰,放下不愉悦的情感,关键一条就是要智慧对待天伦之乐,找回属于自己的天伦之乐,让人生旅程充满祥和的阳光,在温馨的环境中走向未来,登上人生追求的巅峰——天伦之乐的至高境界。

传承篇

智慧名言

传承智慧

不学礼,无以立。

——孔子

路漫漫其修远兮,吾将上下而求索。

——屈原

后人哀之而不鉴之,亦使后人而复哀后人也。

——杜牧

唯有民魂是值得宝贵的,唯有它发扬起来,中国才有真进步。

——鲁迅

处处是创造之地,天天是创造之时,人人是创造之人。

——陶行知

虽有尧之智而无众人之助,大功不立。

——巴金

由于有所共鸣与传承,人类才不至于过分地迷失和绕圈子走老路。由于有所区别,人类才会有所发展。

——王蒙

秉持传统,并非故步自封,现代的技术、现代的材料、现代的环境,都要用到，但关键是如何用，用什么样的审美标准去用，不为物役。

——白先勇

探视地面上的家乡往往会有岁月的唏嘘、难言的失落，使无数的游子欲往而退；探视地底下的家乡就没有那么多心理障碍了，整个儿洋溢着历史的诗情、想象的愉悦。

——余秋雨

问渠哪得清如许？为有源头活水来。

——朱熹

江山代有才人出，各领风骚数百年。

——赵翼

人生不是一支短短的蜡烛，而是一支暂时由我们拿着的火炬。我们一定要把它燃得十分光明灿烂，然后交给下一代的人们。

——萧伯纳

如果学习只在于模仿，那么我们就不会有科学，也不会有技术。

——高尔基

文化的进步乃是历史的规律。

——约翰·赫尔达

正确的道路是这样：吸取你的前辈所做的一切，然后再往前走。

——列夫·托尔斯泰

真正的文明是所有人种植幸福的结果。

——幸田露伴

父母的美德是一笔巨大的财富。

——贺拉斯

让老年人的智慧来指导青年人的朝气，让青年人的朝气来支持老年人的智慧。

——斯坦尼斯拉夫斯基

真正的文明在于每个人把自己应得的权利留给他人。

——英格索尔

推陈出新是我的无上诀窍。

——莎士比亚

我创造,所以我生存。

——罗曼·罗兰

真正的文明在于每个人把自己应得的权利留给他人。

——英格索尔

文化的进步乃是历史的规律。

——约翰·赫尔达

文化开启了对美的感知。

——爱默生

拙劣的艺术家永远戴着别人的眼镜。

——罗丹

不伴随力量的文化,到明天将成为灭绝的文化。

——丘吉尔

家庭之所以重要,主要是因为它能使父母获得情感。

——罗素

人类的创新之举是极其困难的,因此便把已有的形式视为神圣的遗产。

——蒙森

智慧故事

补碗匠

说起补碗，对于现在的年轻人，这绝对是个稀奇事，估计只能在电影里看到了。

可是，多年前这个补碗行业却屡见不鲜。那时，农村的小孩不小心打碎一只碗，吓得躲到外面游荡，好长时间都不敢回家。那个时候的农村还是很节俭的，加上物质不是很丰富，家具、衣服能补能修的就修一修补一补，照样可以用。于是，在农村出现补碗行业。

那时的补碗匠挑着一副担子，走村串户，早出晚归。补碗匠一般都是师徒两人，他们担子的两头，各置一只小木箱。一只箱子里放着补碗工具，如小锤子、小钻子、小镊子等，另一只箱子里放着补碗材料、釉泥和各式各样的铜钉。来到村子，他们就坐到村口的一棵大树下，静静地等候生意。

不一会儿，补碗匠的面前摆着不少只破碗。补碗活儿开始了。只见师傅在小心地做，徒弟在细心地看。那师傅一手拿起一只破碗在他的手上转来转去，接着像裁缝似的把碎片一块一块地拼接起来，拿着草绳箍住，再拿小钻子钻出了几个洞，然后用铜丝将破的碗片钉到一块，用釉泥反复地抹着，一只碗就补好了。

这个补碗过程，也是补碗手艺的传承过程，徒弟边做助手边学艺，十分快活。

人们来取碗时，看见破碗上"缝"着细密的纹路。高兴地拿起补好的碗，对着亮处晃一晃，不见漏光；放进水盆沉一沉，不见漏水。大家都称赞补碗师傅的手艺精湛。

补碗活儿干完后，补碗师徒二人对着大家笑了笑，把行头一一收起，不慌不忙地挑起担子，迎着夕阳离村而去。

【感悟】这些补碗精湛的手艺的确令人称颂。当然，对于今天来说，这些补碗手艺也许没有很多实际的用场了，但老艺人的手艺智慧精神很值得我们传承。

农夫的"遗产"

很久以前，有个农夫重病在身，三个儿子都想在父亲那里争到一笔遗产，天天催着父亲说出遗产藏在哪里？

一天，农夫把儿子们叫到床前说："孩子们，我即将离开这个世界了。我要留给你们的东西都埋藏在院子的葡萄园里，你们把这些宝藏统统都找出来吧！"儿子们以为那里埋藏了金银财宝，高兴得不得了。

农夫去世之后，儿子们把那葡萄园的地全都翻了一遍又一遍，结果什么宝物都没找到，却使葡萄园的地很好地耕作了一番，所以这年葡萄园比往年结了更多的葡萄。

有一天，农夫的邻居看见葡萄园里长出一串串葡萄时，就对农夫三个儿子说："你们那天把葡萄园的地全都翻了一遍，这正是父亲传给你们的最好的遗产——耕作技术。"三个儿子听了恍然大悟，说："是的，父亲传给我们的耕作技术终身受用啊！"

【感悟】世界上没有不劳而获的美事，劳动是最好的宝物。传承"辛勤劳动的耕作技术"就是农夫给儿子的最好的遗产。

缺口圆圈

一天，大礼堂里座无虚席，一位著名企业家在作企业管理报告。报告结束前，企业家留出15分钟时间让听众提问。

一位听众问："您在事业上取得了巨大的成功，请问，对你来说，成功的原因是什么？"

企业家听后，没有直接回答，只是拿起粉笔在黑板上画了一个圆圈，但并没有画圆满，留下一个缺口。他反问道："这是什么？"

观众便七嘴八舌回答起来："零""圈""未完成的事业""成功"……

企业家对这些回答未置可否，说道："其实，这只是一个未画完整的句号。你们问我为什么会取得辉煌的业绩，道理很简单：我不会把事情做得很圆满，就像画个句号，一定要留个缺口，让我的下属去填满它。"

企业家意味深长的回答，引来听众阵阵的掌声。

【感悟】留个缺口给他人，并不是说明自己的能力不强。实际上，这是一种管理的智慧，一种管理的经验，一种更高层次上带有全局性的圆满管理。这种最高境界的管理经验很值得传承给后代。

劝架奏效

一天，某市大街上，有两人在吵架，双方越吵声越大，引来一大群人前来看热闹。

原来是一对年轻夫妻吵架。男的三十来岁，戴副眼镜，看模样像是一位高校教师；女的面容憔悴，哭得十分伤心，吵着要撞汽车寻死。

那男的大声责骂妻子"没知识，跑到大马路当众出丑"，粗话连篇，越骂越凶；妻子则哭声不断，越哭越响，旁人劝也无济于事。

这时大街上来了一位老人，他镇定自若地上前拍拍那男的肩膀，说："你戴了副眼镜，像个教授。她没知识，可你有知识呀，有知识，就不要闷在肚子里，要拿出来用在说理上呀！"那男的听了一愣，害臊得倒不骂了。

老人停顿了一下，接着又对那男的说："你应该用你的知识来说服你的妻子！如果你只会跺脚，只会骂，不也变得很平常，没知识了吗？还是找个地方，冷静下来，好好劝劝她吧！"

那男的听完这一番话，顿时像泄了气的皮球，刚才粗野的劲头消失了。

接着，老人又去劝那女的，说："有话好好说嘛！找组织，找亲友，都好讲嘛！心里有什么委屈都讲出来，不要闷头哭！汽车不能撞，大卡车可是个大力士，你瘦瘦一个人怎么撞得过它呢？"众人不禁哄然大笑起来。那女的被大家笑得不好意思，倒也不哭了。

老人这番劝架的话确实奏效，那对夫妻平息了战争，慢慢地走到公共汽车站，上车走了。看热闹的人们啧啧称赞老人的劝架方法。

【感悟】劝说别人，应该从对方最在意的方面入手，当他开始注意自己形象的时候，你就很容易成功了。老人老经验，他的劝架技巧很值得年轻人学习。

学会欣赏别人

一天，孔雀爸爸领着小孔雀在森林里散步。

香樟树下，一只乌鸦"呀……呀"叫了两声。小孔雀指着乌鸦对孔雀爸爸说："爸爸，你看那只乌鸦，黑不溜秋的，多丑呀！"

孔雀爸爸看了看乌鸦，又瞅了瞅小孔雀，说："孩子，你真认为乌鸦长得丑吗？"

小孔雀点了点头。

孔雀爸爸遗憾地摇摇头，对小孔雀说："孩子，爸爸发现你缺少一种欣赏别人优点的本领。"说完，孔雀爸爸加快了脚步，走向那只乌鸦。

"早上好，乌鸦夫人！"孔雀爸爸主动打招呼，"您看起来可真漂亮啊！您的羽毛乌黑光亮，闪耀着紫色的光辉，是那么的优雅、高贵……"

乌鸦从没听过人这样夸奖她。她感动地看着孔雀爸爸，激动地说："谢谢您的夸奖，孔雀先生！"

乌鸦梳理一下翅膀上的羽毛，然后目光落在小孔雀身上，亲切地赞口道："您的小孔雀长得可真好看……"

小孔雀听了乌鸦的夸赞，不好意思地躲到了孔雀爸爸的身后。

孔雀爸爸知道小孔雀感到内疚，于是，转过身来对小孔雀说："孩子，一定要学会真诚地欣赏别人。因为每个人都有值得欣赏的优点和特点，当你学会真诚地欣赏别人的同时，你也会得到别人更多的欣赏。"

小孔雀牢牢记住了孔雀爸爸的话，很好的传承爸爸"欣赏别人"的美德。

【感悟】懂得欣赏别人是一种美德。"一定要学会真诚地欣赏别人",是孔雀爸爸给小孔雀传承的美德行为,小孔雀"牢牢记住了孔雀爸爸的话"就是这种传承必然产生的效果。

智慧通言

传承文化　人人有责

中华传统文化博大精深，源远流长。中华传统文化经过漫长的历史积淀，内容十分丰富，具有中华民族特点。中华传统文化在五千年的历史发展从来就没有中断过。靠的是什么？靠的是千百年来形成的民族精神，靠的是最顽强的生命力，靠的是绵延不绝的传承力量。

文字，是一个中华民族文化的精髓和传承的载体。传承文化在发挥文字传承载体的特色作用的同时，更重要的是充分发挥人在传承中的主力军作用，做到人人参与，人人有责。

一、老一辈肩负使命，主动做好传承工作

做好传承文化的传与带，是老一辈的光荣使命，更是即将退休人员的应尽之责。要牢记初心使命，发扬传承榜样精神，亲力亲为，具体细致做好各项传承工作。这不仅是技能的传承，更是一种精神的传承。老一辈的员工不仅传授技术和技能，还要在思想上、生活上给予帮助和关心，亲身示范，体现榜样作用。要为年轻人塑造无形力量，耳濡目染影响着年轻人对传承文化的正确认识，上行下效，让传承文化的火炬一代一代地传下去。

二、年轻人不负重托，热情做好传承工作

作为新一代的年轻人，一方面，好好学习祖国文化，建设祖国，报效祖国，有责任传承中华文化，共筑精神家园，为实现中华民族伟大复兴的中国梦凝聚强大的文化力量；另一方面，要虚心向老一辈求教，把他们留下的优秀传承作品和美好品德及作风接续下来，传递下去，这是造福当代、惠及后人的大事，接力棒在手，自有责任，让良好传承薪火相传，发扬光大。

三、社会上大力扶持，做到传承人人有责。

文化传承，离不开社会的大力扶持。一是把文化传承工作贯穿国民教育始终，全面提升传承力量和水平；二是加强保护传承文化遗产力度，推动民族传统文化项目的保护传承；三是把优秀文化传统内容融入生产生活各个方面，提高人民群众文化传承的自觉性；四是调动社会各方面力量，在不同岗位上有的放矢地做好传承工作。

传承弘扬中华传统文化，要传承中华文化基因、展现中华审美风范，从中华民族的辉煌历史和国家发展的伟大成就中汲取精神力量，更加自觉地用中华优秀传统文化滋养中国特色社会主义实践。如此，"以古人之规矩，开自己之生面"的文化强国之势才能蔚为大观。同时，传承要以民族的个性撬动世界的共性，不但要了解自己，还要了解世界，因为传承下来的东西，最终要交给世界，让这个世界信服。

智慧醒言

退休勿忘传承

文化传承，生生不息，这是历史使命的交接，也是退休老同志的光荣使命。我们要发扬务实肯干和忠诚传承的精神，如此才能不辱使命，继往开来，专心做好各自行业的传承工作。

老同志的传承工作要结合岗位的实际，确定传承项目和具体内容，做到项目到位，传承到人，攻克难题，有效传承。

一、传承好家风

传承好家风，是每个退下来的老同志所应负的传承使命。家风，也称门风，是一个家庭或家族里的行为准则，体现在父辈们身体力行和言传身教上。家风，亦反映一个家庭或家族行为处事的风格和特点，是其在社会上立足发展之本。

家风不仅关乎家庭或家族的兴衰，在一定意义上也关乎党风、政风、民风。好家风汇聚的是社会好风气，传递的是正能量。正可谓：家风正，民风纯，政风清，社风好。

家是最小国，国是千万家，千万家庭正是立足家教家风家道的伦理教化，才使新一代炎黄子孙成为恪守信念、传承文化、勇于创造美好生活的时代弄潮儿。

二、传承政德

如果你是从政者，退下来后要做好政德的传承工作。政德者，为政之德也。新时代的政德主要传承"善不可失，恶不可长"的政德观，弘扬政德、申明善恶，努力形成激浊扬清、干事创业的良好政治生态。要传承依法履职、秉公用权、廉洁从政从业以及道德操守等方面的规矩规范；传承政德教育基本问题上，逐渐积累出令人借鉴的丰厚经验；传递与中华传统文化为代表的优秀传统政德论说；传递培养造就为政以德的干部队伍的经验；等等，为政德传承工作尽献余热。

三、传承教育

如果你是教育工作者，退下来后要把教育传承工作抓紧抓好。教育工作的本身就是人类特有的传承文化的能动性活动。这里说的传承教育，既是指教育工作这种本身的传递的特定功能，更是指教育工作经验和成果的传承，例如各种文化教育及其活动的成果和经验等。退休的老教育工作者，对这些方面的教育工作积累了丰富的经验，必须及时传承给下一代，为新时代的教育工作多做贡献。

四、传承文艺

如果你是文艺工作者，退休后要用心做好文化艺术的传承工作。文艺的"传承"与"创新"、"传统"与"现代"是文艺界永恒的话题，传承和弘扬中华文化精神，体现在当今的文艺创作中。因此，文艺的传承工作比较具体，尤其重要。比如，要承继和坚守历代文艺家们在其作品中体现出来的一切进步的、关乎世道人心、顺应时代发展规律的价值关切。这种关切是面向社会的，也是面向大自然的、面向个体人生的。又如，传统农业社会逐渐为工业化、城市化、城镇化所取代，传统文艺传承保护成为首要问题。古往今来，文艺无不遵循着在继承中创造的规律。可见，文艺传承与创新的经验、传统文艺"现代转型"的有效途径都是文艺传承的主要方面。

五、传承书香

如果你是从书店或出版社等文化单位退休的，就要传承好书香文化各个方面的成功经验，比如打造书香品牌、铸造书香文化的经验；推进全民阅读、加强书香文化建设的经验;传统图书文化的创新与转化的经验;等等,将华夏书香不绝如缕地传衍下去。

六、传承手艺

如果你是手艺工匠,退休后要着手做好民间手艺的传承工作。手艺不仅仅是一门手工艺,更是一颗匠心,一份精神。手艺中最珍贵的就在于传承。所以,传承手艺的重任就落在退休的老工匠身上了,特别对于一些濒临失传的手工艺,急需传承与发展。中国传统手工艺,不论精雅清奇,或是豪奢气派,古老的手艺在普罗大众的日常生活中传承发展,才得以在岁月的沉淀中历久弥新。愿老一辈手艺人能将传统手工艺千载流传,让代代子孙都能见到先辈们智慧的结晶。

此外,其他行业的传承工作,同样要发扬传承榜样精神,结合实际,不遗余力,让各项中华优秀文化在薪火传承中不断发展。

总之,即将退休的老同志,要科学安排好自己的退休生活,退而不休地做好各项文化传承工作,使退休生活更加丰满充盈,用优异的传承成绩回答人生的"第二春"。

养老篇

智慧名言

养老智慧

食不语，寝不言。

——孔子

养心莫善于寡欲。

——孟子

知足不辱，知止不殆。

——老子

善养生者，若牧羊然；视其后者而鞭之。

——庄子

以治气养生，则后彭祖；以修身自名，则配尧舜。

——荀子

沉忧损性灵，服药亦枯槁。

——孟郊

多欲亏义，多忧害智。

——刘安

不见闲人精力长，但见劳人筋骨实。

——徐荣

冬不欲极温，夏不欲穷凉。

——葛洪

怠慢则不能不开精，险躁则不能理性。

——诸葛亮

盈缩之期，不尽在天；养怡之福，可得永年。

——曹操

树怕剥皮，人怕伤心。

——李悝

放情者危，节欲者安。

——桓范

厄穷而不悯，遗失而不怒。

——韩婴

爽口物多终作疾。

——李时珍

声色者败德之具，思虑者残存之本。

——林逋

莫嫌老圃秋容淡，且看黄花晚节香。

——韩琦

心安病自除。

——陆游

睡侧而屈，觉正而伸，早晚以时。先睡心，后睡眼。

——蔡季通

岁老根弥壮，阳骄叶更阴。

——王安石

怒时光景难看，一发遂不可制，既过思之，殊亦不必，故制怒者当涵养于未怒之先。

——申涵光

久立先养足，久夜先养目。

——吕坤

达人观之，生死一耳；何必生之为乐，死之为悲？

——蒲松龄

大怒不怒，大喜不喜，可以养心。

——钱琦

怒后不可食，食后不可怒。

——梁章钜

吃饭先喝汤，不用请药方。

——李光庭

治已病，不若治未病。

——曹庭栋

心胸坦荡，意志坚强；经常运动，锻炼身体；起居有时，饮食节制；养花读书，修养心性。

——张学良

健康不是一切，但没有健康就没有一切。自我保健，是明天健康的方向。

——吴阶平

物质是养老的基础，精神是养老的支柱，科学是养老的法宝。要有正确的养老观，开创人生第二春。

——王兴华

人生匆匆如烟云，欣逢晚年好光景。经常活动健身体，昼养生更要紧。

——许海清

劳逸结合，动静结合，养练结合康乐寿。

——庄炎林

人生百年不足奇，早起早睡健身心，少停多动添活力，乐观开朗有裨益。

——高德江

运动是健康的源泉，也是长寿的秘诀。

——马约翰

智慧故事

新潮养老观——五个退休老人的故事

目前，不少地方的老年人已经逐步形成一套健康、时尚的"新潮养老观"，初步呈现出独特的"养老文化"。请看下面几个退休老人的养老故事：

故事之一：换一种方式参与社会

9年前，老王从广州某运输公司总经理的位置上退了下来后，与几个友人联手创办了"广东公益恤孤助学促进会"，并出任会长，主要工作是募集专项捐款资助农村孤儿或特困儿童。他说："我很满意自己的身份转变，退休后需要换一种方式参与社会生活，回报社会。"这些年，他与志愿者跋山涉水寻访散落在偏僻村落里的孤贫孩子，为孤贫儿童募集善款四千多万元，共帮助了上万名孤困儿童。通过创办这个基金会，不仅让老王觉得自己仍有用武之地，生活也充实了，自己觉得更自信、更年轻。

故事之二：迎来事业"第二春"

马先生三年前办完退休手续不久，就在上海龙华古玩城租下一个铺面卖古玩、字画。他通过这个店面，保持了和社会的联系，每天店里人来人往使他获得不少信息，"藏友"们来店里喝茶聊天让他天天长见识。他每天心情都很愉快轻松，所以之前一些高血压、慢性胃炎的老毛病也慢慢好转了，感觉比退休前更加健康。他开心地说："退休前做好养老规划，退休后就可以无压力地享受人生。"

故事之三：争当"气质型老人"

65岁的齐阿姨退休后穿着比上班时更加讲究，她花很多时间在服装城淘价廉物美的靓衫，每次出门都要擦口红甚至化个淡妆。她认为，对渐失劳动能力的老年人来说，要尽量不把衰败形象带给社会。她说："年纪大了外表多少会发生变化，人也没有原来讨人喜欢。但注重打扮、乐观开朗则可以让人感到'养眼'。

老年人注重外形修饰是对社会的一种尊重。老年人以健康快乐的面貌出现在公共场所，也算是服务于社会。"

故事之四：继续学习延缓大脑衰老

年近90的张先生已有10多年的"网龄"，他70多岁时向家人宣布要学五笔打字。他认为一个人如果融不进他生活的时代，大家讲的话他听不懂，大众谈论的话题他不关心，那么，即便再长寿，也会活得孤独、可怜，活得没有质量。张先生仅花一个月时间就熟练掌握了五笔打字，后来又学会了上网。现在，他与一批同龄的网友经常在线上交谈、线下聚会，生活过得很有滋味，身体也很健康。

故事之五：讲究养生变身"健康管理师"

广州的王女士家有6口人，每年都会在她的安排下去小区一家医院体检并进行健康评估。医生会根据评估结果给出饮食建议，回家后她亲自下厨，有针对性地为每个家人进行"食疗"。她还和一批退休者在附近农村合租了一块地，亲自动手种有机蔬菜，生活过得充实愉快。王女士说："我家人这两年经过我的'初级健康管理'后，健康状况都有明显提高，儿子媳妇连感冒都没患过，我父母的病痛也减轻了，我和先生也很健康。"

【感悟】如何让老年人安稳地度过老年生活，是近些年大家关注的热点话题，也是老年人面临的一个很现实的问题。故事中老年人多彩的退休生活，陶冶了情操，焕发了青春，活出了滋味，活出了精彩！让我们为他们的"新潮养老观"点赞、助威、喝彩！

小姑娘的眼光

某地西瓜园里长满水灵灵的西瓜，绿油油一片。

一天，一个小姑娘拿着一元钱到瓜园买西瓜。瓜农见这点钱连1/5个西瓜也买不着，便想赶紧糊弄她走。不料，小姑娘在瓜园里细心地观察每个西瓜，一会儿，她顺手指了指瓜地里一个拳头大小、还没有成熟的西瓜，说："叔叔，我这一元钱只能买这种小西瓜，是吗？"

瓜农说："是的。只能买这种小西瓜。"瓜农心里想：不熟的西瓜怎么吃？本以为小姑娘会放弃买瓜，谁知小姑娘略作考虑后竟然答应了，并且接着就把钱递了过来，说："我就买这个小西瓜。"

瓜农不解，说："小西瓜又不能吃，你要它有什么用？"

小姑娘说："反正交了钱，这个小西瓜就是我的了，过两个月我再来拿。"

这回瓜农傻眼了，因为卖小西瓜是自己主动提出来的，所以只能吃这个哑巴亏了。

两个月后，那个小西瓜已经长大了，小姑娘来西瓜园抱着那个已经瓜熟蒂落的大西瓜高兴而去。

这时，瓜农虽很无奈，却很欣赏小姑娘的眼光。

【感悟】小女孩买西瓜看似一件不起眼的小事，里面却蕴含着"超前投资、赚取未来钱"的大智慧。养老问题也是一样，年轻的时候投资一小部分，年老的时候就能过上富足的晚年。

太阳每天都是新的

早上，太阳喷薄而出，新的一天开始了，充满了朝气，充满了希望！

一位满脸愁容的生意人来到智慧老人的面前，索取生活锦囊妙计。

"先生，我急需您的帮助。虽然我很富有，但人人都对我横眉冷对。生活真像一场充满尔虞我诈的厮杀。"

"那你就停止厮杀呗。"智慧老人回答道。

生意人对智慧老人的告诫感到无所适从，他带着失望离开了智慧老人。

接下来的日子，生意人情绪变得糟糕透了，与身边每一个人争吵斗殴，由此结下了不少冤家。一年以后，他变得心力交瘁，再也无力与人一争长短了，又只好去找智慧老人。

"哎，先生，现在我不想跟人家斗了。但是，生活还是一副重重的担子呀！"

"那你就把担子卸掉呗。"智慧老人回答道。

生意人对这样的回答很气愤，怒气冲冲地走了。

在接下来的一年当中，他的生意遭遇了挫折，并最终丧失了所有的家当。妻子带着孩子离他而去，他变得一贫如洗，孤立无援。于是，他再一次向这位智慧老人讨教。

"先生，我现在已经两手空空，一无所有，生活里只剩下了悲伤。"

"那你就不要悲伤呗。"生意人似乎已经预料到智慧老人会有这样的回答。可是，这一次他既没有失望，也没有生气，而是选择待在老人居住的山里，在一个角落住下了。

有一天，生意人突然伤心地号啕大哭了起来，几天，几个星期，乃至几个月都在流泪。最后，他的眼泪哭干了。他抬起头，早晨温煦的阳光正普照着大地。于是，他又一次来到了老人这里。

"先生，生活到底是什么呢？"

智慧老人抬头看了看天，微笑着回答道："太阳每天都是新的，一觉醒来又是新的一天，你没看见那每天都照常升起的太阳吗？"

这时，生意人终于悟到了智慧老人的生活锦囊妙计。从此，生意人看到的是灿烂的阳光，忘记的是心中的烦恼，在简单而愉快的生活中迎接崭新的每一天！

【感悟】生活中会遇到各种烦恼，如果你摆脱不了它，那它就会如影随形地伴随在你左右，生活就成了一副重重的担子。"太阳每天都是新的。一觉醒来又是新的一天，太阳不是每天都照常升起吗？"人到老年，要学会放下烦恼和忧愁，过着简单而愉快的生活。

烧水考题

在一次智力竞赛晚会上，有这样一道智力考题。

老师问："有个人要烧壶开水，生火到一半时发现柴不够，他该怎么办？"

同学们纷纷举手回答。

有的说赶快去找柴，有的说马上去借柴，还有的说立即去买柴。

老师听了同学们的回答，不是很满意，说："你们刚才说的办法都不错，但这不是最好的最智慧的办法。"

老师看了看大家，接着说："还有哪位同学要回答？"

这时，有一个同学站了起来，大声地说："把壶里的水倒掉一些，这壶水不就可以烧开了吗？"。

老师点头，同学顿悟……

【感悟】这个智慧小故事告诉我们：人生的许多寻找，不在于千山万水，而在于咫尺之间。对于生活面临的抉择，世事总不能万般如意，有舍才有得！人到老年，精力总会有限，不如"倒掉一些水"，只专注自己喜欢的人和事吧！

殊途同归

一天，笼中的鹦鹉看见乌鸦从天外飞来笼边，二鸟便对起话来。

鹦鹉对乌鸦说："你整天在野外蹦蹦跳跳，自由飞翔，多美呀！"

乌鸦对鹦鹉说："你整天在笼中有人照顾，安逸无比，多好呀！"

鹦鹉与乌鸦相互羡慕，叽喳不停。最后，二鸟便商议互相调换生活环境。

乌鸦住进笼子里，得到了安逸，但难得主人欢喜，最后抑郁而死。

鹦鹉飞上云天，得到自由，但长期安逸惯了，不能独立生存，最终饥饿而亡。

正是：鹦鹉乌鸦，互相攀比。调换环境，殊途同归。

【感悟】不要盲目羡慕他人的幸福，也许那并不适合你。老年人不要去攀比，过好自己的日子，享受自己的生活才是王道！

智慧通言

老年人的十六大乐趣

古人说人生有四大快事:"久旱逢甘霖,他乡遇故知,洞房花烛夜,金榜题名时。"这四大快事对于老年人来说,显然都是过去式了。但是老年人也能在快乐中生活,即人们常说的老有所乐。

老年人从岗位上退下来以后,怎样才能让自己的晚年过得快乐且富有意义呢?怎样才能让自己的身体健康长寿呢? 说一千,道一万,良好的心态是关键。要做到心境开朗,精神饱满,少私寡欲,顺其自然。良好的心态,是健康的基础,这就是人们常说的"养生先养心"。只要心态好,养老质量高,就能健康长寿。首先,要有"仰老"心态。老,只代表客观的"老",但心态不要老。老人要仰望世界,向前仰望,做到人老心不老。这里说的"仰老",并不是"倚老卖老",而是心态上做到老有内涵,老不衰退,老不落伍。其次,要有回归心态。人生在世,无论你做多大的官,地位多高,终归是要回归百姓生活,人到退休了,到老了,不还是一个普通的老人吗?

良好的心态要有良好的生活乐趣。要让晚年生活过得更有意义,就要把自己的余热和爱好融入稳定和谐的家庭和社会中去。老年人在社会和大家庭中与人相处,你会发现有更多的生活乐趣。许多老人自己会寻找,会创造,如琴棋诗画,种花养鸟,垂钓收藏,还有参加体育运动,结交新老朋友,重晚情,常交流,与子女儿孙,共享天伦之乐,没事唱两句,有了这种浪漫的乐趣,使生活更加充实,更有意义。

具体来说,老年人要有如下的16大乐趣。

一、健康长寿之乐

人生在世一辈子,临近晚年,才真正理解"健康第一"这句话的意义。于是,探索与实践健身之道、养生之道、长寿之道,追求生命的吉尼斯,比如那些无论春夏秋冬，天刚亮就去舞刀弄剑、打太极拳的，黄昏后就去跳舞、扭秧歌的，其乐无穷也。

二、维护尊严之乐

退休后最好的本钱是尊严。尊严，不是靠别人给的，是靠自己挣的。老年人要管好自己的事情，要维护好自己的尊严，老得庄重，老得善良正直，和蔼可亲，明白事理，雍容大度。这样才讨人喜欢，受人尊敬。

三、天伦亲情之乐

人到老年，最需要感情慰藉，感情万种，莫过于天伦亲情。夫妻和睦，儿女孝敬，子孙可爱，家庭和谐。

逢年过节，一家人欢聚一堂，体会天伦亲情之温暖，其乐无穷也。

四、读书学习之乐

人到老年，仍要学习，活到老、学到老，是人类至高无上的追求。学无止境，博览群书，遨游于学问之海，执着于新知之求，其乐无穷也。

五、思维想象之乐

人到老年，仍要勤于用脑，不能僵化，经常思考、探索、想象、回忆、憧憬，甚至幻想，避免患上老年痴呆症，老而敏锐，个中乐趣亦无穷也。

六、广交朋友之乐

人到老年，不可无友，老朋友不可少，忘年交也不可无，尤其是要多和青少年交朋友，能保持童心不泯，增添轻松、愉快、乐观、向上的情绪，从而有益于身心健康，与时俱进，其乐无穷也。

七、助人为乐之乐

老年人在社会上属弱势群体，常常受到他人照顾。反过来也应该多想他人，多行善事，力所能及地帮助他人。能够把帮助别人当作一大乐趣，则自有发挥余热、体现自我价值之感，其乐无穷也。

八、宽容大度之乐

老年人修身养性多年，应胸襟开阔，宽容大度，要包容他人，包容自己，还要包容社会。要心境豁达开朗，心情舒畅，其乐无穷也。

九、忘记往事之乐

要忘记名利，名利是身外之物，忘记名利就会轻松愉快；要忘记怨恨，怨恨一个不值得的人，是一种最愚蠢的事；要忘记烦恼，烦恼和忧愁，是一种不成熟的心态，必须忘记那些不必要的烦恼；要忘记年龄。不管你有多老，忘记年龄，你的心理年龄就会越来越年轻，其乐无穷也。

十、顺其自然之乐

退休后要知道，人生一切皆有因缘。苦乐人生是由咸甜苦辣所组成的，我们喜欢欢乐却无法拒绝苦难。自在人生，需顺其自然，随遇而安，其乐无穷也。

十一、淡泊名利之乐

老年人退休离岗，过去的名誉，现在看只不过是过眼烟云。钱不求多，够温饱就行。不在其位，不谋其政，与世无争，无忧无虑，吃也香甜，睡也香甜，其乐无穷也。

十二、放下执念之乐

凡事学会释然，放下执念，一笑而过，方能万般自在。不要留恋以前，不去计较那些得失。放下面子，放下过去，整理好自己的心态，其乐无穷也。

十三、改变心态之乐

一个人的心态，就是他的命。外面的大环境，不会因某个人而改变。但是，如果你的心态放宽了，如果你的心态改变了，那么你自己的日子也能有所变化。人到了花甲之年，人生已成定局，赶路也就变成了散步，奋斗也就变成了享受，心情悠闲地"春看百花秋望月，夏有凉风冬听雪"，其乐无穷也。

十四、游历天下之乐

退休后，时间充裕，只要有条件，即可游历天下，想去哪里就去哪里，细品天地之精华，甚至走出国门，遍及世界，其乐无穷也。

十五、知足常乐之乐

老年人最可贵的心态是知足，莫攀比，不贪心，知足者常乐，可使心胸洒脱，精神愉悦，其乐无穷也。

十六、平安幸福之乐

财富、名位是很多人所热衷追求的。但是如果求得了财富、名位，却失去了平安，这样的人生没有希望，没有意义。退休后，最大的希望是平安，所谓平安就是福，是最好的礼物。

智慧醒言

"养子防老"观念要改变

"养儿防老"来自成语"养子防老,积谷防饥",意思是指养育儿子以防老年无依靠,保存谷物为防备饥荒。

"养儿防老"观念是与我国农耕社会发展、传统文化和儒家价值取向分不开的。父父、子子要正其名,各司其职,抚养赡养是儿子承担的责任之一。"不孝有三无后为大。"把养儿防老代际传递,影响深远。

现今,早已不是"父母在,不远游"的时代了。百善孝为先,这是从子女的角度讲的,要求子女主动担责。防老则是从父辈角度讲的,未雨绸缪。人老失能要靠辅助生存,才有防老的需要。

养儿也不一定能防老。

我们传统观念的"养儿防老",其实有它的不足之处,因为它没有完全涵盖这个社会和时代背后的复杂变化。所以,养儿也不一定能防老,能陪伴我们到最后的,也许就不会是你的孩子。

事实上,父母退休后,如果与子女一起生活,如蒜瓣抱柱。子女多,赡养不一定好。"兄弟七八个围着柱子过,等到分家时,衣服都撕破。"现在到了分遗产的时候,真有脸皮都撕破的,我即使是独儿一个,"久病床前无孝子"。孝不是道德绑架,作为父母总希望子女幸福,活得舒坦,不会强带"不孝"的枷锁。所以,当今多少年迈父母不想成为儿女的负担,养子女也不是为了防老,即使养了也不一定能防老。

养儿防老的观念要改变。

养老也要改革,养儿防老的观念要调整改变。

有这样一个案例。刘嫂的老公去世后给刘嫂留下了两儿两女和五百万元。

刘嫂把老公的遗产存在了一家利息较高的理财——保险单,靠利息就可以过很不错的日子。

刘嫂告诉子女和儿孙们：去看她的人，每次见到她的面，都可以领1000元，如果未成年的孙子孙女想去看她，她会帮忙买来回的机票；陪伴她去餐厅吃饭的，她会全部买单，并且给每次陪她去的儿孙加发1000元。最重要的是，如果她死去的时候，刚好陪在她身旁的，可以先分到她遗产的一半。

就这样过了好多年，刘嫂一直自己出钱住在一家高档的养老院，她的孙辈们和女儿女婿、儿子儿媳们，几乎每个假日都来报到，刘嫂是养老院中拜访人数最多的"人气达人"！

到现在刘嫂老公的遗产剩余还很多，她也一直很快乐地生活着。

这个生活中活生生的例子告诉我们，养儿防老的观念真的要调整改变了！当我们有一天年老时，用对了养老方法，不但能够得到尊重，也能够充分享受亲情之爱。

养好自己才是防老良策。

在传统的思维模式里，养儿养女可以防老。可是，当你真的变老了，会慢慢发现，儿女和自己越来越远了，一方面是儿女到外地去工作了，和家乡的距离很远，另一方面是各自有了家庭，总是会"顾此失彼"。特别是有的儿子，真的是"娶了媳妇忘了娘"，如果媳妇当家，公公婆婆的日子，估计很难熬；女儿呢，也可能远嫁，好几年都不会回娘家看一看，那就几乎等于没有生，感情联系停留在打个电话，发个微信消息，此外就是邮寄一点生活必需品上。

所以，养好自己才是防老良策。首先养心，坦然接受变老的客观事实。其次养身，照顾好身上的各个部件，适度健身，严格生活习惯，学不止步，克己慎独。最后就是"靠自己"，凡事都要看远一点，提前准备好老年生活的"五大样"。

第一样：身体健康，是老年人最大的"福气"。人老了，健康比钱重要，能够干活，能够自己做饭，这样的老年生活，不仅仅是自己过得愉快，也会让出门在外的儿女放心。

第二样：夫妻互相陪伴，是最好的"保姆"。很多人一下子就变老了，不是年龄增长很快，而是精神垮了。精神颓废了，这是儿女无法"照顾"的，夫妻在一起，时间长了，这份感情，可以让老年人支撑着走过岁岁年年。

第三样：有存款，是你养老的"底气"。人老了，你得有点钱。不要把自己所有的钱都给儿女,要"留一点"。每个人都要经历生老病死,总不能等生病了,再去赚钱吧。所以说,人到晚年,最为忠实的仆人,就是自己手上的钱财,虽然它特别冰冷,可它却是这世上最为忠心的事物。

第四样:自己有房子,"金窝银窝,不如自己的草窝"。人老了,靠房子养老都比靠儿女养老强。起码自己的房子,住起来舒服。一代人有一代人的习惯,一大家子在一起住,难免有矛盾,这样,养老的质量就下降了,甚至越过越苦。

第五样:有退休金,生活费用有"源泉"。现在的老人,寿命一般比较长,但是社会在发展,光有存款是不够的,要有退休金,生活费就不成问题了。如果一直靠存款吃饭,估计也会"坐吃山空"。就是农村的老人,也建议自己买保险,年轻的时候,计划一下,到了老年,就可以每个月领点钱,起码可以做到衣食无忧。

生儿育女一辈子,养老还是靠自己。以上这"五样",应该在中年的时候,就考虑好,做好长期打算,避免"晚景凄凉"。等自己真的年纪大了,有儿女常常牵挂,过年过节回家看看,就很好了。

孝养篇

智慧名言

孝养智慧

父母之所爱亦爱之,父母之所敬亦敬之。

——孔子

不得乎亲,不可以为人;不顺乎亲,不可以为子。

——孟子

孝子不谀其亲,忠臣不谄其君,臣子之盛也。

——庄子

礼者,断长续短,损有余,益不足,达爱敬之文,而滋成行义之美也。

——荀子

谁言寸草心,报得三春晖。

——孟郊

父母者,人之本也。

——司马迁

父子不信,则家道不睦。

——武则天

臣无祖母,无以至今日;祖母无臣,无以终余年。祖孙两人,更相为命。

——李密

慈孝之心，人皆有之。

——苏辙

子孝父心宽。

——陈元靓

失去了慈母便像花插在瓶子里，虽然还有色有香，却失去了根。

——老舍

母亲是没有什么东西可以代替的。

——巴金

对老年人的尊敬是自然和正常的，尊敬不仅表现于口头上，而且应体现于实际中。

——戴维·德克尔

亲善产生幸福，文明带来和谐。

——雨果

一个人如果使自己的母亲伤心，无论他的地位多么显赫，无论他多么有名，他都是一个卑劣的人。

——亚米契斯

我们体贴老人，要像对待孩子一样。

——歌德

世界上的一切光荣和骄傲，都来自母亲。

——高尔基

你不同情跌倒在地的老人，在你摔跤时也没有人来扶助。

——印度谚语

丑恶的海怪也比不上忘恩的儿女那样可怕。

——莎士比亚

对孩子来说，父母的慈善的价值在于它比任何别的情感都更加可靠和值得信赖。

——罗素

母亲在家事事顺。

——阿尔科特

母子之情是世界上最神圣的情感。

——大仲马

那些博得了自己子女的热爱和尊敬的父亲和母亲是非常幸福的。

——伊林娜

亲人不睦家必败。

——林肯

谁拒绝父母对自己的训导,谁就首先失去了做人的机会。

——哈吉·阿布巴卡·伊芒

要用希望孩子对待你的方式去对待父母。

——苏格拉底

在孩子的嘴上和心中,母亲就是上帝。

——萨克雷

在这个世界上,我们永远需要报答最美好的人,这就是母亲。

——奥斯特洛夫斯基

卑鄙小人总是忘恩负义的;忘恩负义原本就是卑鄙的一部分。

——雨果

父母的美德是一笔巨大的财富。

——贺拉斯

感恩即是灵魂上的健康。

——尼采

没有感恩就没有真正的美德。

——卢梭

人世间最美丽的情景是出现在当我们怀念到母亲的时候。

——莫泊桑

忘恩的人落在困难之中,是不能得救的。

——希腊谚语

智慧故事

子路负米养双亲

子路,春秋时期鲁国人,非常孝敬父母。他从小家境贫寒,经常吃一些野菜,不过子路没有因此不孝顺父母。

家里没有米,为了让父母吃到米饭,他必须翻山越岭走到百里之外才能买到米,再背着米赶回家里,奉养双亲。百里之外是非常远的路程,可是子路一年四季经常如此。

冬天,冰天雪地,子路顶着鹅毛大雪,一步一滑地往前走。夏天,烈日炎炎,子路也不歇息继续赶路不停。每当看到父母吃上了香喷喷的米饭时,子路心里就感到无限安慰。

邻居都夸赞子路是一个勇敢孝顺的好孩子。

后来,子路的父母双双过世,他南下到了楚国。楚王聘他当官,给他很优厚的待遇。但子路并没有因此而感到欢喜,反而时常望天长叹,因为他的父母已经不在了,不可能再负米百里奉养双亲了。诗云:负米供甘旨,宁辞百里遥;身荣亲已没,犹念旧劬劳。

【感悟】这是民间广为流传的子路孝敬父母的经典故事。这个故事告诉我们:孝无分贵贱,只要有孝心,在任何情形之下,不计千辛万苦,你都能曲承亲意,尽力去做到。

中国有句古语:"百善孝为先",意思是说,孝敬父母是各种美德中占第一位的。一个人如果都不知道孝敬父母,就很难想象他会爱他的其他亲人和朋友。

黄香九龄能温席

黄香，是东汉时期一位文化名人。他为官品位不高，但他的人生历程中有一个亮点，也就是《三字经》上"香九龄，能温席"的记载，讲的是黄香九岁时能为父亲温席的故事。

黄香小时候，家中生活很艰苦。在他九岁时，母亲就去世了，黄香非常悲伤。他本就非常孝敬父母，在母亲生病期间，黄香一直不离左右，守护在妈妈的病床前。母亲去世后，他对父亲更加关心、照顾，尽量让父亲少操心。

一个冬夜，黄香读书时觉得特别寒冷。他想，这么冷的天气，爸爸一定很冷。想到这里，黄香心里很不安，为让父亲少挨冷受冻，他读完书便悄悄走进父亲的房里，给父亲铺好被，然后脱了衣服，钻进父亲的被窝里，用自己的体温，温暖了冰冷的被窝之后，才招呼父亲睡下。黄香温席的故事，就这样传开了，人称温席的黄香，天下无双。

人们常说，能孝敬父母的人，也一定懂得爱百姓，爱自己的国家。事实正是这样，黄香后来做了地方官，果然不负众望，为当地老百姓做了不少好事，他孝敬父母的故事，也千古流传。

【感悟】黄香九岁能为父亲温席，人称温席的黄香，天下无双。黄香因其孝子的名声而成为二十四孝之一，是世人的楷模。

孝敬父母，这是每个子女都应该做的事。百善孝为先，父母辛辛苦苦把我们养大，培养成人，我们要像黄香那样孝敬父母，懂得感恩。

兄弟争相养双亲

清朝时期，长江口外的崇明岛上，有吴氏四兄弟，小时候因家境贫困，父母不得已把他们卖给富家为童仆，以求一条生路。

四兄弟长大后，个个奋发图强，勤俭节约，赎回卖身契，回到家乡，娶妻成家,并合力建起了房子,过着幸福快乐的生活。

一天,老大召集兄弟们一起商量如何赡养父母之事。大家都很有孝心,也理解当时父母的苦心,表示要好好孝敬他们。接着,兄弟四人都争相供养父母,以示不忘养育之恩。

老大见大家都很有孝心,高兴地说:"现在大家想一想,今后我们供养父母的具体做法怎样?"接着,大家你一言我一语地说出各自的想法,气氛十分热情温馨。最后,老大说:"从下个月起,我们四兄弟每家轮流供养一个月。"后来,贤惠孝顺的妯娌们认为隔一个月才能轮到供养,时间太长了,故提出改为每家供养一日。以后又改为自老大起每人供养一餐,依次排下。还规定每隔五天,全家四房老少会聚一起,共烹佳肴,奉养父母。席上子孙、儿媳争相端菜敬酒,百般孝顺,真是合家欢乐乐陶陶!

兄弟争相养双亲,二位老人安享天年,福寿近百岁无病而终。

【感悟】故事中的兄弟争孝这种细水长流般的孝老爱亲举动最珍贵。故事的意义是,告诫世人:孝养就要像吴氏四兄弟那样,"弟兄争奉酒甘旨,纯孝妯娌浑归贤"。让孝老爱亲的传统美德得以传承和发扬。

有样学样

很久以前有个老人,与他的儿子、儿媳和孙子住在一起。

老人年过七旬,眼花耳背,连走路都很困难,生活不能自理。每当他吃饭的时候,汤匙也握不稳,常常会把菜汤洒在桌布或地上,儿子和媳妇都很嫌弃他。

有一回,老人吃饭时,又把汤洒了一地,碗也摔碎了。儿媳大为生气,指着老人的鼻子大声嚷骂。于是,以后他们不许老人上桌吃饭了。吃饭时,把老人赶到灶后的角落里,给他一小瓦盆,一点点饭菜。老人每顿饭都吃不饱,还得经常挨骂。老人伤心极了,常常一个人在灶后的角落里偷偷流泪。

有一天,老人又把瓦盆掉到地上打碎了。儿子和儿媳见状,便给老人做个木碗。一会儿工夫,木碗做好了,媳妇正想把碎木片清除出去,老人四岁的小孙子跑了过来,把地上的碎木片拾捡到了一起。

"你要这些碎木片做什么?"儿子问。

"我要把这些碎木片做成一只木碗,留着它,等我长大了,就把它拿出来给爸爸妈妈吃饭用。"

听到这话,儿子和儿媳相互对视了一会儿,先是一脸苦笑,最后哭了起来。他们似乎终于明白了:自己的所作所为,儿子都是看在眼里,记在心上的。

从此,他们不再将老人赶到角落里吃饭了,而且,即使老人洒了点什么,他们也不再说什么了。慢慢地,他们对老人越来越好了。

【感悟】这个故事告诉我们一个很浅显且很现实的"有样学样"的道理。别以为你对待父母可以随心所欲,谁知你的一言一行,你的孩子都是看在眼里,记在心上的。你今天对待父母的样子就是明天孩子对待你的样子,这就是"有样学样"的道理。

洗 脚

一天,一位刚刚毕业的大学生到一家大公司去应聘。面试时,公司经理什么也不问,只是要他回去为他父母洗一次脚。大学生一口答应,匆匆回到家里。

这位大学生家境贫寒。他出生不久父亲便去世了,从此,母亲做佣工拼命挣钱供他读书。直至今日,母亲还在做佣工。

大学生回来后,将去应聘的情况告诉母亲,母亲见儿子要替她洗脚,既感到很奇怪,又很理解,便按儿子的要求坐下,让儿子洗一回脚。只见大学生右手拿着毛巾,左手去握母亲的脚,他这才发现母亲的那双脚已经像木棒一样僵硬,他不由得搂着母亲的脚潸然泪下。在读书时,他心安理得地花着母亲如期送来的学费和零花钱,现在他才知道,那是母亲的血汗钱啊!

第二天,大学生如约去那家应聘公司,对经理说:"现在我才知道母亲为了我受了很大的苦,这次应聘,使我明白了在学校里没有学过的道理。我只有母亲一个亲人,我要照顾好母亲,再不能让她受苦了!"经理听了很满意,点了点头,说:"你明天到公司上班吧!"

【感悟】羊有跪乳之恩，鸦有反哺之义，一个个孝文化的典故，在中国源远流长。父母对子女恩重如山，这情、这债，是永远无法还清的！作为子女，在父母身体还康健的时候，要抓住点点滴滴的机会，尽自己一份孝顺心，关心他们，爱护他们，用自己实际的行动回报他们。毕竟时光荏苒、岁月匆匆，不要等到"子欲养，而亲不待"的时候，空悲切！

这家公司经理吩咐青年为父母洗一次脚的做法，值得点赞，这家公司是一所值得尊重的公司。

父母有病谁来拯救？

某公司开会，经理向下属问了一个问题："如果你的汽车和老妈同时掉到水里了，你是先救汽车还是先救老妈？"

所有人都举手表示必须先救老妈。

经理说："人命关天，自然是弃车救人要紧，更何况救的还是自己的老妈呢！可是，平常生活中我们是怎么做的呢？请问平时你定期给汽车做保养的举手。"

下属几乎全部都举手了。

经理接着说："请问给老妈定期做保养的有多少？"

结果几乎没人举手。

经理马上问："请问汽车重要还是老妈重要？"

下属瞬间陷入惭愧之中……

经理接着说："我想无人不知父母年迈，需要定期保养和调理身体。但是，真正能做到的又有多少呢？每年我国有10万多人死于交通事故，却有约190万人死于癌症疾病，相差大约20倍。车坏了可以换新的，父母病了谁来拯救？"

下属再次陷入惭愧之中……

【感悟】这是一个趣味小故事，解密生活里的孝敬智慧。如果汽车和老妈同时掉水里，按常理，是应先救老妈的，但事实上呢？谁都会定期给汽车做保养，却很少有人做到定期给老妈做保养和调理身体！车坏了可以换新的，父母病重了谁来拯救？这个现实的生活哲学问题，的确需要大家智慧思考，智慧行动！

智慧通言

孝养是一种智慧

孝，是中华民族的传统美德，是人伦道德的基础。中华文明源远流长，中华民族素以礼仪之邦著称于世。"君臣以忠、父子以孝、朋友以信"的"忠、孝、信"构成了中国传统社会的道德规范。在这三者中，最为基本的还是"孝"。孝的意识源于血缘关系和共同生活而自发形成的一种亲切之情，"忠、信"则是在孝的基础上衍生出来的。

孝养是人性反哺之义。

从传统的孝道规范和现时孝义的要求来看，儿女对父母尽孝，首先从孝养开始。"皮之不存，毛将焉附"，如果连父母都不能赡养，何为人子，何以言孝？孝养父母，是人性中反哺的重要环节，是天经地义的事。父母辛勤养育子女，年老后，尤其是退休后，子女应以报德之心，还恩之情赡养父母，以报答父母的养育之恩，使他们"老有所养"，衣食无忧。

孝养父母，就是要对老人高看一眼，厚爱一层。现在经济发展了，物质丰富了，人们的生活水平也不断提高，居住条件也有了很大的改善。生活好了，子女对父母的赡养要做到"锦上添花"，提高父母应该享有的孝养待遇。做子女的应当懂得：父母健在是福，家有老人是宝。孝养父母，就是要把法律的规定落到实处，做尊老爱幼的好公民。

孝养是传承孝道之德。

中国从古代到现代都十分注重对父母的孝养。我国的《中华人民共和国宪法》《中华人民共和国民法典》都明确规定："子女对父母有赡养扶助的义务。"作为子女要履行好法定的义务，承担孝养父母的责任。孝养父母，就是要对父母体贴入微，细致周到，给儿女们作出榜样。赡养父母要尽心尽力，不能应付了事，要把吃饱穿暖养起来，变为住好吃好穿好心情好，让父母健康愉快，安度晚年。

作为子女，要用自己的行动传承孝道，弘扬美德。"养老才能教子，敬老才能立身"，这是中国的古训，也是中华民族的传统美德。不论过去、现在还是将来，这个美德都不能丢。孝养父母不仅是人生的责任，也是人生的智慧。

孝养是智慧敬老之道。

孝养是一种智慧，是智慧敬老之道。而要做到智慧孝养，必须提高自我修持的能力，使孝养达到四个境界：

一是养父母之身。给父母钱财，给父母衣食，让父母能够生活，这叫孝父母之身，也是最低等级、为人子女最基本的孝。

二是养父母之心。在养父母之身的基础上，急父母所急，想父母所想，陪父母聊天，带父母出游，让父母高高兴兴，不使父母为自己忧心，不让父母因自己受辱，这是心理层面的孝，是中级之孝，用孔子的话说，就是"色悦"。

三是养父母之志。这是在前两项的基础上进一步的孝：达成父母的愿望，或是实现父母未尽的理想。这些就是养父母之志，是孝的高级境界。

四是养父母之慧。就是帮助父母建立正确的信仰，于信仰中重树正确的世界观、人生观、价值观，走上终生最光明的坦途，这是顶级的孝，真正的大孝。

孝敬父母的28种方式，你做到几条？

时光荏苒青春不再，转眼间父母鬓发已白，看着父母一天天的苍老，许多有孝心的年轻人都会不禁感叹！树欲止而风不静，子欲养而亲不待，又一边把孝顺这件事儿压到思维的某个角落，只在某个不经意间才会想起。请通过以下28种方式来回报感恩你的父母。

（1）记住父母的生日，生日当天送上生日礼物，或亲口说我爱你、我想你，条件允许的情况下，给他/她开一个生日party。

（2）常回家看看，如做不到，那就一周打两次以上电话吧！

（3）每年或每两年带父母去做一次体检。

（4）经常给父母拍照，尤其是带女朋友或者有宝宝时。

（5）认真回老人的短信和微信，不要因父母啰唆而表现得很烦躁。

（6）带父母去旅游。

（7）帮单身父母找一个老伴。

（8）常和父母谈心，谈谈你的工作、新认识的朋友。

（9）食物要炖得热的，软烂的，中老年人脾胃虚弱，不易消化。

（10）寒湿省份，给父母常备暖宝宝、保暖鞋、羊绒裤等保暖用品。

（11）学习一些养生之道，教会父母。家中常备一些常用药，另备热水袋、刮痧板、拔火罐、按摩椅、足浴盆等保健产品。

（12）常带爱人回家，如无，适龄男女给父母一个远期规划。

（13）每年帮父母洗一次脚，或者捶一次背，梳一次头，剪一次指甲，回味父母曾经为我们所做的事情。

（14）知道父母喜欢吃什么，亲手给他们做一两道菜。

（15）解决父母最基本的衣食住行问题，条件允许，给父母备足零花钱，每年亲手帮父母选一两套新衣服，让他们穿得舒服体面。

（16）准备录音笔或DV，聆听父母往昔的故事，记录今日的笑容，给自己留点温馨的回忆。

（17）父母若生病，须知亲情第一，工作事情第二，生病期间，凡事须亲力亲为，悉心照顾，切不可生嫌恶之心。疾病调理，为子女者，俱要放在心上。

（18）重要节假日在他们的身边，重要的决定要让他们知道。

（19）倾听他们的牢骚，解开父母的心结。

（20）不要对父母指手画脚，不要给父母脸色看，不顶撞父母，不辱骂父母。

（21）如有婚嫁，夫妻相敬如宾，纵使吵架，也得避开父母，老人最忌家庭不和。

（22）如有婚嫁，夫妻另一方须对老人包容、尊重和真心爱护，夫妻双方互相尊重，莫让老人担心，莫让老人生气，莫伤老人心。

（23）给父母购买合适的保险。

（24）帮助父母完成年轻时未完成的梦想，哪怕是坐飞机，看大海，爬长城这样的念头。

（25）和父母一起散步、聊天、锻炼身体。

（26）带父母看一场电影，唱一次卡拉OK，带他们体验一次新时代的高科技。

（27）无条件支持父母的业余爱好，尊重父母的选择和决定。

（28）爱所有的人。本着"老吾老以及人之老，幼吾幼以及人之幼"的精神，扩充到社会大众，此乃大孝。

智慧醒言

不尽孝道天理难容

在传统的道德理念中，孝道始终摆在第一位。因为孝道是责任是义务，是品行是良知，是感恩是回报。没有孝道就没有人道，没有人道就没有人性，没有人性，必遭谴责，天理难容。因此，孝道是生命中永远不可或缺的一道至臻至善的品行。

不尽孝道的现象。

俗话说："百善孝为先。"孝敬长辈乃人性本真，赡养父母乃天经地义。在我国，绝大多数老人晚年是愉快美好的，但也有儿女不尽孝道的现象，遗弃、虐待老人的恶劣行为时有发生。个别人因老人多病、没钱、自理能力差，就把老人当作"废物""累赘"，歧视与迫害他们。让老人住偏屋、过道，吃残羹剩饭，做力不能及的家务，有的甚至训斥打骂老人，更有甚者，把老人逐出家门，流落街头。这样的人连有反哺之义的禽畜都不如，完全丧失做人的起码道德，应该受到社会谴责，甚至法律制裁。

请看下面两个案例。

有一个老妇有两个儿子、两个女儿，老伴过世几年了，自己年龄也大了，不能自己一个人生活了，于是大哥决定轮流供养母亲。大哥说，我是老大，又是儿子，轮流一次负责四个月；老二也是儿子，轮流一次负责两个月；两个妹妹是女儿，每次轮流一个月。老妇在大儿子家、两个妹妹家都相安无事。轮到小儿子，正好在春节前，去了一个星期，小儿子就数落上了：在别人家花钱那么少，怎么来到我家就花费这么厉害？后来就把老太太一个人锁在老宅子里，每天给点吃的。再后来，可能吃的也不给了……老太太最后死掉了，据最早发现的人说，老太太是冻死的。

有户人家有三个人，也是三代人。一天，父亲对儿子说："你爷爷年老体弱，活在世上毫无用处，不如抛弃于深山算了。"

半夜，父子俩用一箩筐抬着老人到了溪边，正准备往下抛时，儿子说："爸爸，我们只要把人掷掉就可以了，何必把这箩筐也丢了呢？"

父亲生气地说："你这小子懂什么？连人都不要了，还要这破箩筐干什么？"

儿子说："若把这箩筐也掷了，将来我和我的儿子用什么把你抬到这里来呢？"

父亲闻之大为惊愕，犹如当头棒喝，大梦初醒！于是速速命儿子把老人抬回家中，好好赡养，再也不敢有不孝之举了。

这两个为数不多的养儿不孝案例说明同一个现象：养儿不孝如养狼。一个人，如果连自己的父母都不能孝顺，不能包容，不是人性扭曲，就是良知泯灭，其品德和道义无从谈起。不尽孝道，天理难容。这种人必定遭到众人的唾弃和舆论的谴责，最终必定会遭到惩罚。

不尽孝道的后果。

父母是自己的根，不孝顺父母，自己就成为枯树。人如果对父母都不好，更不可能对朋友好了，多怕是奸佞之徒，天地也不喜欢。人如果不孝顺父母，孩子也不能孝顺他，这样的人对朋友也不义，所以一生孤独。

中国人有句骂人的词语——"贱骨头"。这是因为一个人的贵或贱，是受人尊敬，或是受人轻辱，是由人的骨相决定的。一个人如果抵触、顶撞父母，正是毁坏自己骨相的。一般看到骨相不好的人，都会对他说："回家不要抵触、顶撞父母了。"这是古人说的"骨相定贵贱"。因为常做抵触、顶撞父母的事，他们骨相毁坏了，身上都旋绕着戾气，有了这股戾气，命运就不会通达，事与愿违。相反，如果我们孝敬父母，恭敬别人的果报是成为尊贵的人，尊贵的人，身上的戾气就少了，做事也会顺利几分。

杭州人陈子乐，生有两个儿子。因为父母年纪渐大，眼看着就只能吃而不能干活了，老大对老二说："我们不如分了家好。"老二说："我早就想分了。"于是两兄弟分开产业，各自开伙，谁都不管父母的饥饿寒冷。邻居们看不过，但怎么劝说都不管用。老父母生活无着，只得乞讨度日。

不久，老大生了儿子，没耳朵没鼻子，奇丑无比；老二也生下儿子，浑身是毛，像个猴子。兄弟俩还不知悔改，怨天怨地，认为自己没做坏事，怎么生的儿子会这样？怨恨的话还没说完，晴天一声霹雳，把老大打死在地。又过几天，老二上山砍柴，被两只老虎分尸，血骨遍地。远近的人都说，这是不孝养父母的恶报。

儿女本应尽孝道。

羔羊尚知跪乳，乌鸦亦求反哺。一个人如果对赋予自己生命和辛勤哺育自己长大的恩重如山的父母都不知孝敬，那就丧失了作为人该有的良心，丧失了最基本的道德品质。试想一下，一个连生他养他的父母都不爱，怎么能指望他去爱别人呢？

很久以前，一个小伙子特别信佛，放弃了与之相依为命的母亲，远走他乡去求佛。他经历了千辛万苦，经过了千山万水，一直没有找到他心中真正的佛。

有一天，小伙子来到一座宏伟庄严的庙宇，庙里的方丈是个得道的高僧。小伙子虔诚地在大师面前一跪不起，苦苦哀求大师给他指点一条见佛的道路。

大师见小伙子如此痴迷，长叹了一口气，对他说："你从哪里来，还回哪里去。当你在回去的路上走到深夜，你敲门投宿的时候，如果有一个人给你开门时赤着脚，那个人就是你要寻找的佛。"

小伙子欣喜若狂，多年的心愿终于有了实现的希望。他告别了大师，踏上了回家找佛的道路。

小伙子走了好几个月的时间，中间有许多次是半夜才看到路边有亮灯的人家。他一次次满怀希望地敲门，却一次次失望地发现，那些给他开门的人没有一个是赤着脚的。越往家里走，小伙子越失望，眼看着就快要到自己的家了，那个赤脚的佛依然没有踪影。

当他在一个风雨交加的后半夜终于走到自己家的门前时，他甚至沮丧得连敲门的劲儿都没有了。他觉得自己是个大傻瓜，世界上哪里有什么佛啊！

他又累又饿，无奈地敲响了家门。

"谁呀？"那是母亲苍老的声音。

他心头一酸："妈，是我，我回来了。"

只听屋里一阵噼啪乱响，不一会儿，母亲衣衫不整地开了家门，哽咽着说:"儿啊,你可回来了!"母亲一边说着,一边把他拉进屋里。

灯光下,憔悴的母亲流着泪,用无限爱怜的双手在他的脸上抚摸,泪光中分明是满足的笑容。小伙子一低头,蓦地看到母亲竟赤脚站在冰冷的地上!

他突然想起了高僧的话,"扑通"一声,跪倒在母亲的脚下,泪如泉涌:"母亲……"

这一刻,儿子顿时大彻大悟——亲情是佛,母爱是佛,父母是应敬的佛。

是的,亲情是佛,母爱是佛,父母是应敬的佛,事父母即事佛也。

孝敬父母是中华民族的传统美德,赡养老人是子女应尽的责任。在社会文明日益发展进步的今天,望天下守孝道之儿女,能尽孝尽道,报答父母的养育之恩,千万不要留下"子欲养而亲不待"的遗憾。

花甲之年的智慧大事

一、学会智慧养生

当今养生知识、养生花招铺天盖地，令人目不暇接，真使人心烦意乱，乱了方寸。这就需要用智慧养生来安神定志，以良好心态观之，以气定神闲处之，自然会找到适合自己的养生之道。其实，心态始终保持平衡，情绪始终保持稳定，才是最好的智慧养生。

二、选择养老方式

中国传统的养老方式主要有居家养老、社区养老、机构养老等三种。随着科技进步，新型养老方式日趋流行，诸如智慧养老、候鸟式养老、信息化养老、中国式养老等的新形式。何种适合你自己？同样要智慧选择，因人而异。

三、尽享天伦之乐

天伦之乐，人人向往人人乐。老人退休后常与儿孙等家人欢聚一起，悠哉乐哉，是人生的一件快乐大事。但天伦之乐也有高境界与低境界之分，真正的天伦之乐，放下不愉悦的情感，关键一条就是要智慧对待天伦之乐，找回属于自己的天伦之乐，登上人生追求的巅峰——天伦之乐的至高境界。如何去实现？只能由各人的智慧把控和实践体味了！

人生，是一个不断觉悟的过程

人的一生，是一个不断在智慧中自我觉悟的过程。

（1）年轻的时候，说话鲁莽，做事冲动，带着满身的棱角，去跟全世界对抗。长大后才慢慢变得平和沉稳，懂得有些话，不该说的，不能说，没必要说的，选择了沉默；明白有些事，不该做的，不能做，损人的事情，选择了罢手。其实，并非你有所顾忌，也并非有何畏惧，而是你慢慢地懂得了"话不可说尽，事不能做尽"的道理。

（2）年轻的时候，总以为拥有得越多，才会越幸福。为了金钱仕途疲于奔命，遇到事情都想争个我高你低。长大后才渐渐明白，钱财乃身外之物，生不带来，死不带去。所谓的名利地位，可遇不可求。如果德不配位，必有余殃。人的幸福更多时刻，是一种内在的感受，而非外在的表现形式。

（3）年轻的时候，谈笑风生，满嘴海阔天空，看到的是星光灿烂，渴望的是轰轰烈烈。长大后才慢慢学会归隐，懂得低调，遇事宽厚从容，得到不张狂，失去也不紧张，再浪漫的风花雪月，都抵不上柴米油盐和实实在在的一日三餐。

（4）年轻的时候，总以为呼风唤雨，是人生的荣耀，什么机会，都不愿丢失和错过！长大后才渐渐明白，过往不念，未来不迎，既不抱怨，也不纠缠，怀着一份感恩的心，以平静的心态去善待每一天。

（5）年轻的时候，什么事情都觉得很复杂，喜欢与人攀比，也常为这些事闷闷不乐。长大后才渐渐懂得，简单才能快乐，知足者常乐，不羡慕猜忌，也少了抱怨，世上许多人和事，仔细想想，很多都与自己无关。

（6）年轻的时候，背后有爹娘靠着，却总要嫌他们烦，甚至冷落他们，嫌弃他们。长大后才慢慢地明白"子欲养而亲不待"的悲哀，而应趁着父母健在，陪他们说话聊天，吃一餐家常便饭，都是人生的幸福与快乐！

所以，人生在不断自我觉悟的过程中，只要我们用智慧看人生，什么都看得透，看得准，爱该爱的人，做该做的事，我们的人生就会不断进步，不断成熟，走向智慧人生的美好未来！

智慧品味人生

——掩卷明慧（代跋）

少小时，我在小学念书。一天下午，我放学刚走出校门口，在校园池塘旁边看见一位小同学（老师的儿子），手里捧着一盅香喷喷的米饭在甜甜地吃，悠哉乐哉！当时我想：我什么时候也能像那小同学一样放学就能吃上可口米饭呢？于是，我暗下决心：一定要好好念书，将来长大后好吃上一口饱饭！那时少不更事的我，虽正处童真性情，但这种奋发意气散出的智慧意识已孕育于幼小心灵之中。

长大后，我从业记者数十年，也许是职业的特点，使我有机会接触社会各个阶层的人物。在采访活动中，我经常与他们促膝谈心，谈政事，议工作，说家庭，论奋斗，个中总离不开智慧人生这个永恒的话题。当中，他们既有甜蜜的回忆，也有酸楚的过往；既有成功的喜悦，也有失败的苦痛；既有感情的滋润，也有误会的中伤……人生的酸甜苦辣，给他们生活描绘了多姿多彩的画卷：一幕幕或喜或悲的奋斗情景，催人泪下；一个个动人心弦的人生故事，可歌可泣！而成功者回望走过的人生路，更多的是落英缤纷的智慧芬芳……因此，多少年来，我一直在思考，一直在自问：莫非这就是茫茫人生之路？莫非人生处处需要智慧？也许这些纷繁工作和多姿生活沉淀之缘故，也许那些风云人物及生动故事影响之驱动，"智慧人生"的写作命题在我的脑海里渐而生成……

本书在"代序"文中开门见山："开卷益智"，而在本"代跋"中又开宗明义："掩卷明慧"，这只是从"智慧人生"主旨角度命题的。就是说，在"代序"说明"开卷益智"之命题后，在这里的"代跋"中又接着说明"掩卷明慧"之命题，前"智"后"慧"，一呼一应，汇成"智慧"之妙也！

所谓"明慧"，就是弄懂人生的聪明才智，"掩卷明慧"就是说读完《智慧人生》后，弄懂了人生智慧原汁原味的意义，明白了智慧人生处处有味的道理，从而自觉将"智慧"落实到人生的具体实践中。这里说的人生智慧的"原汁原味"具体体现在情味、趣味、兴味、回味、韵味、嚼味等方面，就是说，我们要从这些方面去品出智慧人生的原汁原味，从而进入智慧人生的最高境界！

如何做到"掩卷明慧"？

一要深度思考，苦吟沉思。孔子说："学而不思则罔，思而不学则殆。"这都说明思考的重要性。"人类一思考，上帝就发笑。"这虽是一句广告词，但用于形容思考给你带来的感动与震撼，实在恰当。思考就是行动，思考的深度决定人生的态度，而正确的人生态度，恰恰是人生智慧的起点。我们只有深度思考，才能逼近问题的本质，才能明确前进的方向，才能树立挑战的信心，才能不失竞争的机会！但是我们的深度思考不是井底之蛙，终日思之而不行动，只有理论与实践相结合，才能实现理论的升华与实践的深化。

二要静静品味，越品越有味。品味智慧人生，如同品茶的过程一样，我们需要调动五官，进行视觉的看、嗅觉的闻和味觉的尝，以充分品尝杯中茶之原味，静静感受智慧人生之滋味。

三要若有所悟，越品味越浓。品读智慧人生，如同评价茶的黏稠度、顺滑度、柔软度一般，醍醐灌顶，意犹未尽，越品越浓，感悟多多。这里的"悟"，起码包括三方面意思：一是悟出智慧人生的真谛；二是悟出智慧人生的内涵；三是悟出智慧人生的思路。这种"若有所悟"，可使大脑开始有了一点涟漪、一点波澜，这些小涟漪、小波澜，最终呈现燎原之势的智慧波涛！

四要从事到理，升华认识。数千年来，哲学就与智慧紧密相连。"哲学"，人们通常称为"智慧之学""哲理"，就是关于宇宙人生的根本的原理和智慧，它的表现形式通常是智慧箴言式。所以，我们阅读智慧人生时，要用哲学观点看待人生世事，深刻领悟其哲理与内涵，深明事理，升华认识，以实现人生的最大价值，活出精彩的智慧人生。

五要身心投入，对号入座。凡事身体力行，一意专心，就会精力充沛、干劲十足，才智倍增。首先要培养自己对人生的兴趣，全身心地投入工作中，锲而不舍、持之以恒。其次要有自己追求的人生目标，要为自己的目标而奋斗不止。人生的目标，是一个不断积累的过程，实现目标的每一个"站点"都是一次评估、一次安慰、一次鼓励、一次加油。再次找准年龄段，对号入座，使智慧人生的方向性更明，操作性更准，可行性更强。

人生多坎路，智慧抚创痕。人生的意义，不仅在于我们走了多少崎岖的人生路，而更重要的是我们从中感悟到了多少人生哲理与智慧，这些亘古常新的人生智慧将帮助我们认清真正的人生的幸福和享受人生的快乐。所以，不管人生道路多么坎坷曲折、遭遇多少凄风苦雨，只要我们心中的信念没有萎缩，有着不可摧折的雄心、坚韧不拔的毅力、敢于担当的责任和乐观向上的心态，同时，清醒地看到人生没有彩排的生活现实，做好人生各个年龄段要做的几件智慧大事，此时此刻的你就会获得结结实实的智慧人生。

本书在写作过程中，参考了有关网站和书籍的资料，在此，谨致以诚挚的谢意！同时，衷心感谢为拙作出版给予帮助，并付出努力的各位同行和朋友！